Heinz Buschkowsky

DIE ANDERE GESELLSCHAFT

Ullstein

Besuchen Sie uns im Internet:
www.ullstein-taschenbuch.de

Ungekürzte Ausgabe im Ullstein Taschenbuch
1. Auflage Januar 2016
2. Auflage 2016
© Ullstein Buchverlage GmbH, Berlin 2014 / Ullstein Verlag
Umschlaggestaltung: Sabine Wimmer, Berlin
Titelabbildung: © Hans Scherhaufer
Satz: Pinkuin Satz und Datentechnik, Berlin
Gesetzt aus der Minion Pro
Druck- und Bindearbeiten: CPI books GmbH, Leck
Printed in Germany
ISBN 978-3-548-37624-0

Alle große politische Aktion besteht in dem Aussprechen dessen, was ist, und beginnt damit. Alle politische Kleingeisterei besteht in dem Verschweigen und Bemänteln dessen, was ist.

Ferdinand Lassalle (1825–1864)

Inhalt

Vorwort

Genau genommen sind eigentlich Sie schuld daran, dass dieses Buch entstanden ist. Es ist mein zweites. Der eine oder andere wird vielleicht denken oder sogar sagen: Hoffentlich sein letztes. Die Reaktionen auf *Neukölln ist überall* haben mich überwältigt. Bei Veranstaltungen oder auch persönlichen Treffen durfte ich erfahren, dass es viele Menschen gibt, die sich wie ich Gedanken um die Entwicklung unserer Gesellschaft machen. Sie haben mich schriftlich oder in Gesprächen wissen lassen, was sie von meinen Berichten, Beobachtungen und Schlussfolgerungen halten. Mal ausführlich, mal kurz und knapp, mal nett, mal weniger freundlich. Dabei ging es immer sehr schnell über den engen Aspekt der Integration hinaus. Deshalb ist dies auch vordergründig keine Fortsetzung meines Buches über Integrationsprobleme und Integrationsschwierigkeiten an sich, sondern ich widme mich der Frage, was Einwanderung in einer Gesellschaft bewirkt. Welche Spuren hinterlassen Einwanderer, welche legen sie neu? Spuren, die oftmals unsichtbar, aber doch nachhaltig sind.

Der Titel »Die andere Gesellschaft« ist bewusst mehrdeutig. Die andere Gesellschaft kann die sein, die sich in den letzten Jahrzehnten in unserem Land ganz allgemein entwickelt hat. Die sich aber, wie ich finde, ein gehöriges Stück von der entfernt hat, die mich mit ihren Werten geprägt hat. Die andere Gesellschaft kann die anderer Ethnien sein, die mit ihren kulturellen, religiösen und zivilisatorischen Eigenheiten auch unseren Alltag prägen. Eine andere Gesellschaft kann auch religiös dominiert sein mit Sichtweisen oder Bekenntnissen, wie wir sie aus unserer Historie noch nicht kannten. Hat sich doch die deutsche Gesellschaft bisher auf ihre christlichen Wurzeln berufen und sich auch als eine solche Gemeinschaft verstanden. Wir hatten auch in meiner Familie Berührungspunkte zum hinduistischen Glauben, aber das fiel doch eher unter die Überschrift »exotischer Einsprengsel«, weil ein Cousin eine Inderin oder umgekehrt geheiratet hatte.

Die Wortschöpfung der »christlich-jüdischen Tradition« durch einen früheren Bundespräsidenten habe ich bewusst vermieden. Sie ist meiner Meinung nach aus der Historie nicht abzuleiten. Natürlich haben das Judentum und seine Angehörigen der kulturellen Entwicklung in den letzten Jahrhunderten sichtbare, erlebbare und auch entscheidende Prägungen gegeben. Das war jedoch keine gemeinsame Tradition. Das Verhältnis war fast über die gesamte Zeit eher von Unterdrückung, Verfolgung und Vernichtung der jüdischen Gemeinschaft gekennzeichnet. Der Antisemitismus war keine Erfindung der Nationalsozialisten.

Eine Gesellschaft entwickelt und wandelt sich. Ständig, das ist ganz natürlich. Wenn ein Mensch sich schon in einem etwas fortgeschrittenen Lebensalter befindet wie ich, dann neigt er zur Reminiszenz. Ob das Jetzt und Heute einen Fortschritt gegenüber dem darstellt, was ihm von den Eltern und Großeltern mit auf den Weg gegeben wurde oder was ihn an Erlebtem geprägt hat. »Früher war alles besser« ist dabei ein recht häufiges, aber genauso falsches Urteil. Es kann nicht alles besser gewesen sein, sonst wären schreckliche Fehlleistungen der Menschheit oder einzelner Gesellschaften nicht erklärbar.

Zu meiner eigenen Person, Jahrgang 1948, kam also drei Jahre nach dem Ende des entsetzlichen Krieges und des Naziterrorregimes auf die Welt. In eine Zeit hineingeboren, in der Sieger ebenfalls darangingen, anderen ihre Sichtweise aufzuzwingen. Ich meine die Blockade. Wer weiß, wie alles gekommen wäre, wenn die Westalliierten nicht der Landnahme durch die damalige Sowjetunion getrotzt hätten. Irgendwie drängt sich mir beim Schreiben dieser Zeilen als Vergleich die Krisensituation in der Ukraine auf. Auch wenn ich heute nicht weiß, wie sich die Lage dort bis zum Zeitpunkt des Erscheinens dieses Buches entwickeln wird.

Ich bin mit ganz einfach zu verstehenden und – wie ich bis heute finde – auch ganz selbstverständlichen Wegweisungen in mein Leben entlassen worden.

1. Jeder Mensch ist erst einmal für sich selbst verantwortlich. (Jeder ist seines Glückes Schmied.)

2. Wenn du etwas haben willst, dann musst du etwas dafür tun. (Von nüscht kommt nüscht.)

3. Der Starke hat sich um den Schwachen zu kümmern. (Wer zwei Hemden hat, gebe dem eines, der keines hat.)

Diese ganz banalen Lebensweisheiten entwickeln, wenn man sie verinnerlicht, auch praktische Bedeutung für die Gestaltung des eigenen Weges. »Jeder Mensch ist erst einmal für sich selbst verantwortlich« ist die klare Ansage, dass ich selbst dafür sorgen muss, dass es mir einmal so gut geht, wie ich es mir erträume. Daraus abgeleitet, gibt es viele Volksweisheiten. »Hast du was, dann bist du was«, lautet eine. Viel profaner ist der Ratschlag, die Nase ins Buch zu stecken, der Lehrerin oder dem Lehrer zuzuhören, bei der Berufswahl wachsam zu sein und den Müßiggang, heute nennt man das Chillen, nicht die Oberhand über sich selbst gewinnen zu lassen.

»Wenn du etwas haben willst, musst du etwas dafür tun« – den Sinn dieses Satzes kann man auch ohne ein mehrsemestriges Studium verstehen. Man kann auch »keine Leistung ohne Gegenleistung« formulieren oder »ohne Schweiß kein Preis«. »Sich regen bringt Segen«, sagte die Oma. Dahinter steckt aber auch ein Stück die tiefgründige Philosophie, dass jeder Mensch zwar selbst seinen materiellen Status beeinflussen kann, dass er aber auch Teil des Ganzen ist. Wer emsig am eigenen Wohlstand schafft, stärkt damit bewusst oder unbewusst, gewollt oder ungewollt auch die Gemeinschaft, sprich die Gesellschaft. »Fragt nicht, was euer Land für euch tun kann, fragt, was ihr für euer Land tun könnt« ist ein berühmter Satz von John F. Kennedy. Eigenverantwortung, Selbstdisziplin, Fleiß, all das sind einschlägige Begriffe für mich. »Suchet der Stadt Bestes (…), denn wenn's ihr wohlgeht, so geht's auch euch wohl«, schrieb schon Jeremia an die Israeliten (Jeremia 29, 1.4-7). Also so neu nicht.

Der Starke hat sich um den Schwachen zu kümmern und nicht auf ihn hinabzuschauen, wenn der es selbst nicht schafft. Das nennt man Solidarität, und es ist der Auftrag aus unserem Sozialstaatsprinzip. Der Sozialstaat, der jedem garantiert, dass er sein Leben frei von existentieller Bedrohung oder sogar Vernichtung leben kann. Niemand soll in unserem Land ohne Obdach sein, niemand soll auf der Straße verhungern, und niemand soll vom Wissen ferngehalten werden, nur weil das eigene Elternhaus nicht so betucht ist wie andere. Das beinhaltet aber auch, dass jeder Einzelne, der über Schultern verfügt, die mehr tragen können als die Last des eigenen Schicksals, seinen Teil dazu beiträgt, dass die Gemeinschaft denen, die es nicht so gut packen, zur Seite stehen kann.

Das Leben kann grausam sein. »Doch mit des Geschickes Mächten / Ist kein ew'ger Bund zu flechten / Und das Unglück schreitet schnell«, hat uns der Dichter Friedrich von Schiller gelehrt. Deswegen ist es völlig fehl am Platze, mit dem Finger auf »die da« zu zeigen, denen es nicht so gut geht wie einem selbst, und zu glauben, man sei denen überlegen und sie hätten es nicht besser verdient. Treffen kann es jeden, schon heute Nachmittag oder morgen. »Hochmut kommt vor dem Fall« trifft es genau.

Sind die vorstehenden Grundsätze heute immer noch unbestritten? Sind sie nach wie vor das Rüstzeug für den Lebensweg, das Eltern ihren Kindern als Voraussetzung für ein erfülltes Leben mit auf den Weg geben? Diesen Fragen habe ich mich zu nähern versucht. Aus den Realitäten meines Umfeldes heraus, also unter den Rahmenbedingungen einer Großstadt. Die sind nicht zu vergleichen mit den etwas entspannteren Lebensformen auf dem flachen Land, in Dörfern und Kleinstädten. Dort lebt sich's betulicher.

Mich umgibt nicht nur die Großstadt allein, sondern dazu ein sich sozial sehr diffizil entwickeltes Gemeinwesen. Ich meine natürlich Neukölln. Früher nannte man ein solches Gebiet in Großstädten Arbeiterbezirk. Hier ist in den letzten 40 Jahren die übliche Durchmischung der Bevölkerung etwas aus dem Ruder gelaufen. Die prekären Lebensverhältnisse eines großen Teils der Bevölkerung sind nicht zu übersehen. Sie sind im Alltag evident. Streckenweise sogar ein dominierender Faktor. Das ist aber nichts Neues. Schon meine Mutter berichtete mir davon, in welcher Armut ihre Familie mit zwölf Kindern in den ersten beiden Jahrzehnten des vorherigen Jahrhunderts lebte. Dagegen geht es einem heutigen Hartz-IV-Haushalt ausgesprochen nobel. Aber keine Sorge, ich will mich nicht auf den Trip des früheren Berliner Finanzsenators begeben.

Die dritte Facette neben der Werteinkonsistenz und dem Großstadtturbo, die mein Urteil über die gesellschaftliche Entwicklung prägt, ist der Aspekt der Migration. Mich beschäftigen die neuen kulturellen Einflüsse, die durch die Einwanderung ausgelöst wurden. Die Frage, ob unsere Integrationspolitik im letzten halben Jahrhundert klug oder dumm war, ist diesmal nicht mein Thema. Mich bewegen stattdessen die Gedanken, wohin dieser Tanker, den wir Gesellschaft nennen, aus meiner Sicht steuert. Ich gebe zu, dass mir die Entwicklung Sorgen bereitet. Ich bin nicht schmerzbefreit. Das Bild, das ich male, ist nicht fröhlich. Doch wenn es mir im Alltag allzu sehr aufstößt, dann gehe ich dorthin, wo ich Freude habe an dem, was ich sehe und erlebe. Dorthin, wo junge Menschen fleißig und engagiert sind, trotz Spaß und Unfug an sich arbeiten und lernen. Dorthin, wo Eltern sich darum kümmern, was ihre Kinder den ganzen Tag tun. Oder auch dorthin, wo Lehrer mit ihren Schülerinnen und Schülern in der Gewissheit arbeiten, dass ihre Mühe übermorgen in Form gesellschaftlichen Fortschritts Früchte trägt. Das gibt es selbst in Neukölln.

Während ich dieses Vorwort schreibe, erinnere ich mich an zwei Begebenheiten. Als ich heute ins Büro fuhr, kam mir auf dem Fußweg eine Frau entgegen. Sie schob einen Kinderwagen: An ihrer linken Hand lief ein drei- bis vierjähriges Mädchen. Nichts Außergewöhnliches eigentlich. Wenn da nicht das lange wallende Gewand und der Gesichtsschleier gewesen wären. Nur ein klitzekleiner Schlitz für die Augen gab der Frau die Möglichkeit, sich zu orientieren. Man konnte nur ahnen, dass es sich um ein weibliches Wesen handelt. Die Dame trug einen Niqab.

Etwa zwei Stunden später machte ich eine kleine Pause. Ich ging an das geöffnete Fenster, um ein wenig dem Straßentreiben zuzuschauen. Auf dem gegenüberliegenden Bürgersteig liefen zwei Frauen mit Kinderwagen, die beide mit einer Burka vollverschleiert waren.

Ich habe diese Situation als ausgesprochen symbolträchtig

empfunden. Ich sitze in meinem Büro, schreibe Gedanken nieder, wohin unsere Gesellschaft sich im nächsten halben Jahrhundert entwickeln könnte, und im gleichen Moment umgeben mich kulturelle Einflüsse, die ich nicht akzeptieren mag für das Land, in das ich hineingeboren und in dem ich groß geworden bin. Das Land, das mir große Chancen und Gerechtigkeit geboten hat. Das mir als meine Heimat am Herzen liegt und zu dessen Wohlergehen ich ein halbes Jahrhundert beruflich beigetragen habe.

Schon hier im Vorwort will ich klare Position beziehen. Ich liebe dieses Land. In mir wohnt tiefe Achtung, Bewunderung und Respekt vor der Leistung all derjenigen, die diese Gesellschaft aufgebaut und geprägt haben. Ja, ich lebe gerne hier. Ich sage, wenn ich danach gefragt werde, auch durchaus mit Stolz, dass ich ein Deutscher bin. Ich flüchte mich nicht in Ersatzhülsen wie »Ich bin ein Europäer«, »Ich bin ein Demokrat« oder »Ich bin ein Weltbürger«. Ich möchte auch nicht in jedem Land dieser Erde leben. Es gibt Länder, deren Lebensbedingungen von mir nicht als besonders human und zivilisiert betrachtet werden.

Es war ein langer Weg mit viel Leid und Tränen, den unsere Gesellschaft zurücklegen musste, bis sie sich auf einer Stufe zusammengefunden hat, auf der Freiheit, Gleichheit und Solidarität keine Lippenbekenntnisse, sondern gelebte Staatsziele sind. Insofern betrachte ich die andere Gesellschaft, aus welchem Blickwinkel auch immer, mit Zurückhaltung. »Gold gab ich für Wackersteine«, warnte schon Oma. Aufgegeben und zerstört ist schnell. Besseres zu schaffen nicht immer ganz einfach. »Auferstanden aus Ruinen« ist kein Naturgesetz und ging auch schon schief.

Meine eigene Perspektive ist das Resultat subjektiver Erkenntnis. Nicht objektiv, nicht empirisch, nicht wissenschaftlich, vielleicht sogar noch nicht einmal sehr intelligent. Deswegen wollte ich es mir nicht allzu leichtmachen und werde Sie daher nicht nur mit meinen eigenen hilfsphilosophischen Betrachtungen traktieren. Ich bemühe mich, wo ich Bezug auf andere nehme, die Quellen auch zu benennen. Da ich es selbst überhaupt nicht mag, wenn mein Lesefluss ständig durch irgendwelche Fußnoten unterbrochen wird, lasse ich diese Hinweise gleich in den Text einfließen.

Ich habe mich aufgemacht und mit vielen Menschen darüber gesprochen, wie sie den Status quo und die künftige Entwicklung einschätzen. Diesem Buch liegen weit über 1500 Seiten niedergeschriebene Lebensgeschichten und Gefühlswelten zugrunde. Gespräche, die mich teilweise erschreckt haben, aber auch Gedanken, die mir Zuversicht für eine gute Zukunft vermitteln. Sofern meine Gesprächspartner nicht ausdrücklich Wert darauf legten, genannt zu werden, zitiere ich sie durchgängig anonym. Viele haben mich ermächtigt, ihre Namen zu erwähnen. Ich habe aber inzwischen gelernt, dass der Gehässigkeitsfaktor unterschätzt wird. Ich fühle mich dem Schutz meiner Gesprächspartner verpflichtet. Deshalb gebe ich meinen Ratgebern Deckung. Bestimmt werden nicht alle dieses Buch lesen. Deshalb danke ich ihnen an dieser Stelle.

Noch eines zum Schluss: Es gibt keine absoluten Wahrheiten. Noch nicht einmal in Umfragen, Berichten oder Wikipedia.

Wir und heute

Wer sich Gedanken über die Veränderungen in unserer Gesellschaft macht und beurteilen will, ob diese vorwärts- oder zurückgerichtet sind, muss zwangsläufig erst die Nulllinie finden. Den Ausgangspunkt, wie man unseren gesellschaftlichen Status quo einschätzt und definiert. Ich versuche das aus meiner Sicht.

Ich habe bereits im Vorwort das Bekenntnis abgelegt, dass ich ein Großstadtkind bin, nichts anderes kenne und das Stadtleben liebe. Das unterscheidet mich schon von einem Großteil der Menschen unseres Landes, die völlig anders sozialisiert sind. Die ihr gesamtes Leben in ländlicher oder kleinstädtischer Umgebung verbracht haben. Dort, wo die Familien seit Generationen ansässig sind und eigentlich jeder jeden kennt. Das sind komplett unterschiedliche Lebenswelten, die ich auch nur vage erahnen und beurteilen kann. Denn ich habe ja ein anderes Leben als das meinige nie erlebt. Allenfalls kann ich die nichtstädtische Gefühlswelt ein bisschen nachempfinden, seit meine Frau und ich uns vor 15 Jahren eine Ferienwohnung am Meer auf Usedom zugelegt haben. Dort ist plattes Land. Man merkt es schon bei der Anreise. Wenn Sie es mir einmal nachmachen, so werden Sie durch kleine Dörfer fahren. Früher sagte man »Fünf Häuser, sieben Spitzbuben«. Ich stelle mir immer wieder aufs Neue die Frage, was man hier um Gottes willen macht, wenn es abends dunkel wird. Wenn man es gut trifft, dann gibt es dort ein Dorfgasthaus, in dem sich eventuell ein paar Nachbarn treffen. Ansonsten bleibt nur der Fernseher, was manchmal die Höchststrafe sein kann.

Da, wo ich mein Zweitzuhause von 48 m² gefunden habe, sind drei kleine Ortschaften zu einer Großgemeinde zusammengeschlossen worden. 9600 Einwohner zählt diese »Metropole« nunmehr. Nicht alle sind damit glücklich. Im Gemeinderat wird schon darüber gemault, was denn das Gemeinderatsmitglied X von den Bedürfnissen der Menschen im Ortsteil Y weiß. Bürgermeister wurde vor einigen Jahren das bis dato amtierende Oberhaupt einer der kleinen Ursprungsortschaften. In einem Interview hat er mittlerweile verlauten lassen, dass ihm der hektische Betrieb der Großgemeinde schon sehr zu schaffen mache und er sich nach dem übersichtlicheren Aufgabenfeld seiner früheren Tätigkeit zurücksehne.

Vergegenwärtigt man sich den Tatendrang junger Menschen, so kann es eigentlich nicht wirklich überraschen, dass sie heute meist dem Ruf der Metropolen folgen. Fernsehen und Internet bringen bunte, aufregende Bilder in die Wohnstuben und Kinderzimmer, die den Hunger wecken, selbst einmal zu schauen, wie sich die Welt dort dreht. So ziehen die jungen Leute, und zwar insbesondere die toughen, die intelligenten, die mutigen und unerschrockenen, dorthin, wo es Action gibt und es nicht so langweilig ist, wie sie es zu Hause empfinden. Ich kenne das. Denn ich sehe ja die jungen Menschen, die aus diesen behüteten Gegenden nach Neukölln kommen. Wie sie hier ausbrechen aus den vermeintlichen Fesseln des provinziellen Lebens ihrer Eltern und ihrer Kindheit. Es zieht sie in die Stadt, wo die große weite Welt nach ihnen ruft und nur darauf wartet, dass sie sie anhalten. Allen finsteren Mächten – angefangen beim Spätkapitalismus über das Spießertum bis hin zum hausverwaltenden Miethai – werden sie die Zähne zeigen.

Die ländlichen Regionen leiden durchgängig unter Bevölkerungsschwund. Im Berlin umschließenden Brandenburg nimmt das inzwischen teilweise schon dramatische Formen an. Wer mit offenen Augen durch die Ortschaften fährt, sieht leere Häuser. Manchmal in größerer Zahl, als es bewohnte gibt. Das Technische Hilfswerk findet nicht mehr genug junge Leute, um überhaupt Ortsgruppen zu gründen. Das Handwerk und die Betriebe klagen über Nachwuchsmangel. Nicht nur der allgemeine Geburtenrückgang macht ihnen schwer zu schaffen, sondern auch die Abwanderung. Die Folge sind ein immer dünner werdendes Dienstleistungsangebot und eine sehr viel schlechtere Versorgungslage, als man sie in den Städten gewohnt ist.

Allein diese Entwicklung führt schon zu einer Veränderung im Land. Ich denke auch nicht, dass man die jungen Leute zurückholen kann. Wer einmal erlebt hat, welche Möglichkeiten zur Gestaltung des Alltags in den Zentren vorhanden sind, der möchte nicht mehr dorthin zurück, wo es nicht einmal einen Arzt gibt oder bei einem Herzkasper das Überleben davon abhängt, ob der Hubschrauber gerade frei ist oder nicht.

Der Stempel, den die Großstadt meiner Lebenserfahrung aufgedrückt hat, passt natürlich nicht überall. Sie werden beim Lesen des Buches die eine oder andere Stelle finden, an der Sie das, was ich schreibe, nicht werden bestätigen können. Sie werden es vielleicht sogar entsetzlich falsch finden oder als hysterisch und überspannt abtun. Schwarzmaler, Alarmist, dies wären dann so die einschlägigen Begriffe. Ich bin Ihnen deswegen gar nicht gram. Denn ich kann es nachvollziehen, dass die Welt eines Stadtmenschen, wie die meine, nur bedingt an die Gefühlswelt von Menschen anknüpfen kann, für die Sachen, die ich fast jeden Tag erlebe, kaum vorstellbar sind. Ich habe das immer wieder bei den Vorträgen gemerkt, die ich nach der Veröffentlichung meines ersten Buches quer durch die Bundesrepublik gehalten habe. Teilweise saßen mir Menschen mit ungläubigen Augen und fassungslosen Gesichtern gegenüber, wenn ich darüber berichtete, was es so alles gibt, nicht auf der großen weiten Welt, sondern als erlebbarer Alltag bei uns.

Es hört sich nahezu infantil an, wenn ich bei der Standortbestimmung die »überraschende« Feststellung mache, dass Deutschland in Mitteleuropa liegt. Ich persönlich möchte auch, dass das so bleibt. Diese Region der Erde hat sich in den letzten Jahrhunderten einen Zivilisationsstand und ein Wertegerüst erarbeitet, das auf den Einzelnen und seine unveräußerliche Würde abgestimmt ist. Mit einem Menschenbild geprägt von individuellen Freiheiten, die jedem Menschen zustehen und ihm durch nichts und niemanden genommen werden können. Wir nennen das die bürgerlichen Freiheitsrechte oder auch Menschenrechte. Die kollektivistische Vereinnahmung als »Volksgemeinschaft« oder »Arbeiterklasse«, die das Denken für uns übernehmen wollten, führte stets in die Diktatur und Unfreiheit.

Ich würde mich damit verheben, an dieser Stelle philosophische Betrachtungen über die Entstehung und den Wert dieser unabdingbaren Freiheitsrechte eines jeden Menschen anstellen zu wollen. Wie gesagt, die westliche Welt hat dazu Jahrhunderte benötigt. Absolutismus, Sklaverei, Feudalherrschaft und Tyrannei sind heute bei uns geächtet. Und dieses Heute hat noch nicht einmal eine allzu lange Tradition. Es reicht bei uns lediglich zurück bis 1945.

Ich halte unsere Gesellschaftsform mit der Freiheit des Einzelnen, dem Respekt vor dem Individuum und der Solidarität mit dem Schwächeren ein Stück weit für die Krone der menschlichen Entwicklung zum Gemeinwesen. Nicht von ungefähr erscheinen uns bestimmte gesellschaftliche Riten in anderen Ländern dieser Erde als geradezu barbarisch. Denken Sie an die Verstümmelung von kleinen Kindern, die Steinigung von Menschen wegen des Verstoßes gegen den Verhaltenskodex. Ganz zu schweigen von grausamen Bürgerkriegen mit Hunderttausenden Toten oder vom planmäßig durchgeführten Massenmord an als minderwertig angesehenen Volksstämmen. Wer die Berichte in den Medien verfolgt und aufmerksam zur Kenntnis nimmt, der kann sich nur wünschen, dass diese Teile der Welt es schneller als wir in unserer Demokratisierungsgeschichte schaffen, den Zivilisationsprozess zur freiheitlich-demokratischen Gesellschaftsordnung zu vollenden.

Es kann nicht als Fortschritt gelten, wenn die humanitären Errungenschaften und die demokratischen Rechte durch Einwanderung und Migration unter dem Deckmantel der kulturellen Bereicherung in Frage gestellt werden. Bereits an dieser Stelle bin ich weder zu Diskussionen bereit noch kompromissfähig. Kulturelle Identität findet dort ihr Ende, wo sie sich mit den Freiheitsrechten und der Menschenwürde auf Kollisionskurs befindet. Dem Kulturrelativismus darf kein Raum zur Entfaltung gegeben werden. Dazu jedoch später.

In unserem Land haben wir Regeln für das Zusammenleben der Menschen entwickelt, die dem friedlichen Miteinander aller dienen. Toleranz gegenüber dem Andersdenkenden und Respekt vor Lebensweisen, die sich von der eigenen unterscheiden, sind eigentlich selbstverständliche Dinge. Nun ist das aber immer so eine Sache mit der Toleranz und dem Respekt. Eigentlich erwartet sie jeder für sich von anderen. Für viele ist das jedoch eine Einbahnstraße. Sie sind nicht bereit zu akzeptieren, dass auch ein anderer eventuell recht haben kann oder sein Leben durchaus sinnvoll gestaltet, obwohl er es völlig anders organisiert. Darüber, dass diese Dinge nicht unter die Maxime »Recht hat immer der Stärkere« fallen, wachen staatliche Institutionen mit demokratisch legitimierter und kontrollierter Macht. Sie allein verfügen stellvertretend für uns alle über das Monopol, im Zweifel auch Gewalt und Zwang auszuüben, um Recht und Gesetz – als Maßstäbe unseres friedlichen Miteinanders – durchzusetzen.

Die erste Instanz, die den Auftrag hat, dem Nachwuchs jene Regeln beizubringen, sind die Eltern. Außerdem vermitteln sie ihren Kindern üblicherweise die Umgangsformen unter zivilisierten Menschen – all das, was unter die Überschrift »Was man tut und was man nicht tut« fällt. Meine haben das jedenfalls getan. Manche Hinweise fand ich gut und habe sie befolgt, gegen andere, die mir eher lästig waren, habe ich rebelliert. Aus diesem Protest der Jugend gegen bestehende Leitsätze und Normen der Gesellschaft entstehen Bewegung, Dynamik und Fortschritt. Dort aber, wo dieser Prozess des Heranwachsens der neuen Generation völlig ungesteuert voranschreitet, entwickeln sich Menschen, die mit dem Gefühl ausgestattet sind, dass für sie keinerlei Grenzen existieren. Sie meinen, dass sie der Mittelpunkt der Welt sind, bestimmen können, wo es langgeht, und alle nach ihrer Pfeife zu tanzen haben. Es entsteht eine Form von Verhaltensegoismus, der im Grunde genommen nichts anderes bedeutet als eine Über- und Unterordnung. Diese wiederum ist jedoch nicht mit Standesritualen oder gesellschaftlichem Ansehen begründet, sondern beruht schlicht und ergreifend auf einer Machtposition. Zumeist werden solche grenzdebilen Verhaltensweisen nicht nur von Machogehabe, sondern auch von hoher Gewaltbereitschaft begleitet. Muskeln ersetzen Wörter.

Wir alle stehen für eine soziale solidarische Gemeinschaft. Dafür, dass jeder von Geburt an ein Recht auf Essen und Trinken, auf ein Dach über dem Kopf sowie auf kostenlose Gesundheitsversorgung und Bildung hat. Das ist die Grundlage, die wir alle als unabdingbar für ein menschenwürdiges Leben ansehen. Essen, Trinken, ein Dach über dem Kopf, Lesen und Schreiben sind jedoch nicht der Standard für alle Menschen rund um den Erdball. Schon allein deshalb zieht es viele aus Ländern, in denen all das nicht so selbstverständlich ist, in die westliche

Welt. Armutswanderungen und Armutsflüchtlinge nennen wir das dann. Die USA haben einen Zaun gezogen und sind damit auch nicht besonders erfolgreich.

Europa gilt noch immer als Ort der Verheißung für Menschen aus Afrika und Asien. Die Zustände vor den spanischen Exklaven Melilla und Ceuta, an der griechischen Grenze oder auf dem Mittelmeer, wo viele bei dem Versuch ums Leben kommen, die italienischen Inseln zu erreichen, sind unerträglich. Davon profitieren vor allem Schleuserorganisationen. Sie nutzen die Hoffnungen und Sehnsüchte der Menschen aus und bringen statt Wohlstand oft den Tod. Eine Lösung habe ich auch nicht. Aber auf Dauer wird ein wie bisher inaktives Europa diesem Druck nicht standhalten. Für viele kam es überraschend, dass es nunmehr auch innerhalb der Europäischen Union eine Armutswanderung gibt, die eigentlich vorhersehbar war. Wenn Staaten untereinander die Grenzbäume abschrauben und Freizügigkeit vereinbaren, dann wird es die Menschen natürlich dorthin ziehen, wo die Lebensbedingungen am angenehmsten sind. Das ist ein völlig normales und nachvollziehbares Verhalten. Mit der Aufnahme von Rumänien und Bulgarien, also den Armenhäusern Europas, in die EU, war klar, dass dies eine Bevölkerungswanderung auslösen würde.

Der allgemeine Lebensstandard in beiden Ländern ist extrem niedrig. Es gibt dort unterdrückte Minderheiten, die türkische in Bulgarien, die der Roma in beiden Ländern. Im Zeitalter des Handys ist es dann nur noch ein kleiner Schritt dorthin, wo Nachbarn und Verwandte schon sind. Wenn in Rumänien ein Lehrer zwischen 200 und 300 Euro im Monat verdient und der Durchschnittslohn eines Arbeiters in Bulgarien bei 180 bis 200 Euro liegt, in Deutschland hingegen allein das Kindergeld für eine Familie mit drei Kindern ein Mehrfaches beträgt, dann muss man sich über den Impuls zum Kofferpacken nicht wundern. Insbesondere dann nicht, wenn die Kinder daheim noch nicht einmal einen Lehrer haben. Von 2011 bis 2013 ist die Zahl der in Deutschland gemeldeten rumänischen und bulgarischen Staatsangehörigen sprunghaft, um 64 Prozent, angestiegen. Dies entspricht in etwa auch den Neuköllner Verhältnissen, wo Ende 2013 ein Anstieg von 60 Prozent zu verzeichnen war. Die Betonung liegt allerdings auf »gemeldet«. Experten vermuten eine erhebliche Dunkelziffer.

Das soziale Netz in Deutschland ist so eng geknüpft, dass es, gemessen am Maßstab von Schwellen- oder Entwicklungsländern, bereits eine Lebensgrundlage der Luxuskategorie bietet. Da kann es dann nicht überraschen, dass sich in einer solchen Situation die organisierte Kriminalität, insbesondere professionelle mafiöse Schlepperbanden, schnell die Träume der Menschen im Sudan, in Somalia, in Pakistan oder in Afghanistan zunutze macht, um ohne Skrupel immense »Transferhonorare« abzuschöpfen oder einen einträglichen, florierenden Menschenhandel mit jungen Frauen zu betreiben. Dennoch können die Regelsätze von Hartz IV nicht die Rolle des Garanten für das Mindesteinkommen aller Bürger der EU oder auf der Welt übernehmen. Jedenfalls nicht, solange die Finanzierung auf ein Land beschränkt bleibt.

Deutschland ist eine Industrienation. Selbst dort, wo wir Landwirtschaft betreiben, tun wir es nicht mehr mit einem Ochsen und einem Holzpflug. Aus dieser schlichten Feststellung folgt, dass sich ein Mensch, der in einem solchen Staat Selbstverantwortung für sein Leben übernehmen will und muss, Kompetenzen anzueignen hat. Dies gelingt nur über das Wecken und Stimulieren der kognitiven Fähigkeiten. Über die Wahrnehmung und Verarbeitung von Impulsen der Umwelt. Das ist uns nicht in die Wiege gelegt, sondern will individuell erarbeitet sein. Wir nennen das u. a. die Aneignung von Wissen – auch Schulbildung genannt. Das heißt, jeder, der an dem Wohlstand des Landes partizipieren will, muss auch selbst dazu beitragen. Ein Topf, aus dem alle nur entnehmen, wird sehr schnell leer werden, wenn niemand etwas hineintut. Das ist wie mit den Getränken im Kühlschrank.

Der Wohlstand unseres Landes ist also darauf aufgebaut, dass jeder begreift, dass Geld und Konsumgüter nicht einfach so da sind oder vom Himmel fallen, sondern dass sie erarbeitet werden müssen. Das ist für viele unbequem oder schwer verständlich. Es gibt in jeder Gesellschaft Menschen, die den Zusammenhang von eigener Leistung und beanspruchtem Lebensstandard nicht verinnerlichen. Dass es den Menschen schwerfällt, die aus Regionen dieser Erde kommen, wo es zwar ein verständliches Streben nach einem besseren Leben gibt, aber keine Möglichkeit, diesem Ziel näher zu kommen, verwundert mich nicht. In diesen Fällen ist der Ausspruch »Deutschland, schönes Land, bekommst Geld, musst nichts tun« die einfache wie verlockende Formel, um zu erklären, wie unser Land in simplifizierter Sichtweise funktioniert. Es ist aber selbst für Menschen, die mit ihrer eigenen Hände Arbeit ihr tägliches Brot verdienen wollen, auch nicht verständlich, wenn sie hierauf die Antwort erhalten, wir können dich nicht gebrauchen. Das vermittelt das Gefühl der Wertlosigkeit. Die Ansage »du kannst doch nichts« wird empfunden als: »Du bist nichts wert.«

Aber lassen Sie uns zu den Eltern zurückkehren, die es nicht schaffen, ihren Kindern die Spielregeln unserer Gesellschaft beizubringen. Die Gründe dafür sind vielfältig. Möglich ist, dass die Eltern diesen Teil der Erziehung verpassen, weil sie ihn nicht mit Inhalten füllen können, vielleicht weil sie selbst niemals am Wertesystem beteiligt waren. Denkbar ist aber auch, dass das, was diese Eltern ihren Kindern beibringen, nicht dem hier üblichen Kanon unserer Regeln entspricht. Dass in der Heimat der Eltern ganz andere Regeln herrschen als in Mitteleuropa, dass sie zu Hause nach den Werten des Urgroßvaters aus dem heimatlichen Dorf gelebt haben und jetzt diese an die Kinder weitergeben. Die hiesigen Regeln und Werte gelten nicht für sie, sondern nur für »die Deutschen«. Diese Ansicht zieht natürlich Schwierigkeiten nach sich.

Die erstgenannten Eltern stellen ein soziales Problem dar. Unterschicht gibt es immer und überall. In jedem Land, in jeder Ethnie. Das Verhalten der anderen Eltern hingegen ist ein Werte- und Kulturproblem. Es kann auch religiöse Gründe haben. Auf jeden Fall aber erschwert und belastet es das Zusammenleben.

Menschen, die in einem Land leben, bilden eine Gemeinschaft, auch wenn sie sich gar nicht kennen. Wenn sich jedoch Einzelne oder Gruppen aus dem Kreis herausnehmen, sich außerhalb stellen und sagen, »macht ihr mal, wir haben damit nichts zu tun«, dann wird damit die Solidarität zur Gemeinschaft aufgekündigt. Nun könnte man darüber ja vielleicht auch noch diskutieren, warum es denn nicht möglich sein sollte, dass eine Gesellschaft auch eigenständige Cluster aufweist. Ich persönlich halte nicht so viel davon, aber die Möglichkeit dazu besteht natürlich. Fragwürdig wird dieser Ansatz jedoch, wenn die Erwartungshaltung entsteht, dass die Gemeinschaft meine Besonderheiten natürlich zu tolerieren, zu respektieren und vor allem zu alimentieren habe. Anders formuliert: Wer den Anspruch hegt, dass die Gemeinschaft seinen Lebensunterhalt finanziert und seinen Wohlstand erwartungskonform sicherstellt, der steht aus meiner Sicht auch in der Pflicht, die Gemeinschaft in ihren bestehenden Normen des Zusammenlebens zu akzeptieren. Der marokkanische Bürgermeister von Rotterdam, Ahmed Aboutaleb, hat einmal zu einer Burkaträgerin, die sich bei ihm beklagte, dass sie keine Arbeit bekommt, gesagt: »Ziehen Sie sich etwas Vernünftiges an, dann werden Sie auch Arbeit erhalten.« Genau das war es, was ich ausdrücken wollte. Wer durch seine eigenen Entscheidungen dazu beiträgt, dass er nicht Teil der Gemeinschaft ist, der kann das sicherlich gern tun. Aber er darf sich dann nicht beklagen, wenn er dadurch außerhalb des Kreises steht.

Das ist ein Problem, das sich inzwischen wie ein roter Faden durch unsere Einwanderungsgesellschaft zieht. Ja, Sie haben richtig gelesen: Einwanderungsgesellschaft. Deutschland ist ein Einwanderungsland. Auch wenn das viele von Realitätsverlust geplagte Politiker nach wie vor bestreiten. Bei rund 20 Prozent Bevölkerung mit Migrationshintergrund halte ich eine Diskussion über diese Frage schlicht für von gestern. Im Übrigen ist Deutschland gezwungen, auch ein Einwanderungsland zu bleiben. Schon aus rein demographischen Gründen. Noch in diesem Jahrhundert wird sich die Bevölkerungszahl Deutschlands von 80 Millionen auf ungefähr 46 Millionen verringern. Davon werden 25 Millionen Einwanderer und ihre Nachkommen sein und 21 Millionen »Biodeutsche«. Die Zahl der Alten wird extrem zunehmen, bis zum Jahre 2050 wird der Anteil der über 65-Jährigen auf 45 Prozent der Bevölkerung ansteigen.

Die Sozialausgaben werden geradezu explodieren. Das liegt erstens an dem Anstieg der Zahl der älteren Menschen und zweitens an der steigenden Lebenserwartung. Im Jahre 2000 kam auf rund vier Erwerbstätige ein Rentner. 2030 wird, mit dickem Daumen gerechnet, auf jeden Erwerbstätigen ein Rentner kommen. Ich sage immer, er sollte ihn gleich mit nach Hause nehmen. Das spart die Kosten für die Unterkunft. Diese Vergreisung bewirkt, dass die Menschen sehr viel länger als früher medizinische Versorgung benötigen. So schmerzlich es sein mag, es führt kein Weg an der Erkenntnis vorbei, dass die Arztrechnungen umso höher werden, je näher das Lebensende kommt. Als Beleg hierzu kann man einen einfachen Vergleich ziehen. Im Jahre 1970 kosteten acht Millionen Rentner gut elf

Milliarden an Sozialleistungen. Im Jahre 2010 waren es schon 20 Millionen Rentner, für die 140 Milliarden aufgebracht werden mussten. Ich verfüge nicht über die Möglichkeiten, die Kosten für das Jahr 2050 hochzurechnen. Fakt ist aber, dass ein erwerbstätiger Mensch unmöglich einen Rentner, seine Familie und sich selbst ernähren kann. Darüber hinaus wird von ihm dann noch verlangt, ganz nebenbei für seine eigene Altersabsicherung zu sparen. Das ist absurd, dieses System kann nicht funktionieren. Bleiben die Rahmenbedingungen unverändert, müssen unsere sozialen Sicherungssysteme kollabieren.

Hintergrund dieses Problems ist, dass unsere Geburtenrate völlig darniederliegt. Deutschland bräuchte 1,0 bis 1,2 Millionen Geburten pro Jahr, um sich als gesellschaftlicher Körper ständig zu regenerieren, also die Zahl der Einwohner konstant zu halten. Demographisch heißt das, wir brauchen eine Geburtenrate von 2,0 Kindern pro gebärfähiger Frau. Wir schaffen aber nur 1,4. In absoluten Zahlen sind das im Moment etwa 670 000 Geburten. Dass 20 Prozent der jungen Menschen unsere Schulen lebens- und ausbildungsunfähig verlassen, macht das Problem nicht gerade kleiner. Hinzu kommt, dass jedes Jahr etwa 150 000 auf Kosten der Allgemeinheit ausgebildete Akademiker dem Land den Rücken kehren, weil ihnen hier zu wenig Netto vom Brutto bleibt. Das bedeutet, jährlich fallen mehr als 280 000 Menschen als Stützen des Bruttoinlandsprodukts aus. Der verbleibende Rest ist einfach zu klein, um alle Herausforderungen der Zukunft in unserem Lande zu stemmen. Daraus folgt, dass wir einerseits eine höhere Geburtenrate stimulieren und anderseits qualifizierte Fachkräfte im Ausland animieren müssen, nach Deutschland zu kommen. Deswegen müssen wir ein Einwanderungsland bleiben und weiter um die klugen Köpfe dieser Welt konkurrieren. Dass wir dabei im Moment nicht sehr erfolgreich sind, ist eine andere Geschichte. Ich bin jedoch der festen Überzeugung, dass sich irgendwann die Vernunft Bahn brechen wird. Bereits sie erfordert, dass wir uns eine strukturierte und konzeptionelle Einwanderungspolitik zulegen müssen. Das heutige System des Zufalls ist überwiegend das System der Bildungsferne. Mit Bildungsferne kommen wir jedoch nicht weiter.

Die Frage der Animation zum Kinderkriegen hatten schon andere europäische Länder zu bewältigen. Sie haben auch Erfolge vorzuweisen. Frankreich, Schweden, Dänemark und Holland haben wieder höhere Geburtenraten. Vielleicht sollten wir uns dort einmal die Programme anschauen. Wichtig wäre jedoch, dass nicht nur die Geburtenrate in der bildungsfernen Schicht stimuliert wird, wo durch den Anreiz höherer Sozialleistungen dann die Kinderzahl den Lebensstandard steuert. Die Mittelschicht muss wieder einen Sinn darin sehen, Familien zu gründen und Kinder zu haben. Derzeit ist unsere Geburtenrate nicht nur zu niedrig, sondern sie ist auch schieflastig. Sie wird nämlich getragen von den meist gering bis gar nicht ausgebildeten Einwandererfrauen, die erheblich mehr zum Kinderreichtum des Landes beitragen als die beruflich qualifizierte, geschweige denn hochqualifizierte »biodeutsche« Frau. Bei den unter 40-jährigen Migrantinnen haben 13 Prozent keine Kinder zur Welt gebracht, und bei den »biodeutschen« Frauen gleichen Alters sind es 25 Prozent. Thema dieses Buches ist jedoch nicht die Frage der Familien- und der Geburtenpolitik. Ich habe das nur angerissen, um auf die vielfältigen Aspekte hinzuweisen, die auf die Entwicklung der Gesellschaft Einfluss nehmen (könnten).

Was uns unterscheidet

Wenn Menschen sich in einen anderen Kulturkreis begeben, dann muss ihnen eigentlich schon der schlichte Menschenverstand sagen, dass sie auf andere Gewohnheiten und Lebensweisen stoßen werden. Die Kernfrage, die sich dabei jeder stellen muss, lautet: »Bin ich überhaupt bereit, andere Lebensweisen zu akzeptieren, sie gegebenenfalls sogar zu übernehmen und mich nach ihnen zu richten?« Ich formuliere in meinen Vorträgen immer: Das heimatliche Dorf als Modell einzupacken, zu Hause auf die Kommode zu stellen und jeden Sonntag abzustauben, ist keine besonders günstige Ausgangsposition für eine erfolgversprechende Integration in der neuen Heimat. Aus solchen Verhaltensweisen resultieren nach meiner Ansicht die vielfältigen Problemlagen, die die Integration von Einwanderern erschweren.

Die angestammte Bevölkerung hegt natürlich die Erwartung, dass die neu Hinzukommenden sich nach den im Land üblichen Lebensgewohnheiten richten. Dabei kann der Fokus durchaus noch enger gefasst werden. Die »Neuen« sollen sich nicht nur an die Lebensgewohnheiten halten, wie sie im Land verbreitet sind, sondern, wie sie in der jeweiligen Region gelebt werden. Bräuche und Traditionen sind in Deutschland bekanntermaßen regional recht unterschiedlich. Im Norden an der Küste, im Westen des ehemaligen Ruhrpotts, in Hessen, im Schwäbischen oder bei den Bayern – jede Gegend hat ihre Eigenarten. Insofern ist es auch gar nicht ungewöhnlich, dass selbst »Biodeutsche«, die es aus beruflichen oder privaten Gründen in eine andere Wohngegend verschlägt, in der neuen Heimat anecken. So wird beispielsweise die etwas lockere Lebenseinstellung des Großstädters auf dem Land, wo dörfliche Sichtweisen nach wie vor dominieren, mit einer gewissen Skepsis gesehen. Ich will damit ausdrücken, dass die Maxime »So etwas tut man nicht« durchaus nicht von Flensburg bis Passau gleich definiert ist. Umso schwerer ist das natürlich für Fremde. Ich will deshalb auch nur an den Grundprinzipien festhalten, nicht so sehr am Brauchtum oder an Spezialitäten einer Region, die mitunter selbst unter Einheimischen umstritten sind oder belächelt werden.

Ein ganz wesentlicher Punkt ist aus meiner Sicht die Religion. Es hat sich in den letzten Jahrzehnten herausgestellt, dass mit zunehmender Dauer der Einwanderung Religionsaspekte immer mehr in den öffentlichen Raum getreten sind. Ich kann mich jedenfalls nicht daran erinnern, dass wir in den 1960erund 1970er Jahren Debatten über den Islam geführt haben, wie sie heute fast an der Tagesordnung sind. Sicher, es entstanden relativ schnell Hinterhofmoscheen, und es gab auch hier und da einmal die Frage, wie sich bestimmte Glaubensrituale des Islams mit der europäischen Lesart einer emanzipierten Gesellschaft vertragen. Aber die Dominanz, mit der selbsternannte Vertreter oder missionarische Anhänger des Islams den Versuch unternehmen, ihre Religion in den überhaupt nicht religiösen Alltag säkularer Staaten zu implementieren, ist nach meinem Erleben eher eine Entwicklung der letzten 25 Jahre.

An dieser Stelle muss sich jeder, der sich mit der Thematik beschäftigt, damit vertraut machen, dass eine klare Position von ihm erwartet wird. Ich will mich da auch nicht drücken. Andererseits sind die nachfolgenden Zeilen für mich die Selbstverständlichkeit schlechthin. Ich habe allerdings den Eindruck, dass es gesellschaftliche Kräfte gibt, die das in Frage stellen.

Die Bundesrepublik Deutschland ist kein Gottesstaat und soll es auch nie sein. Allein schon den Versuch zu derartigen Ansätzen gilt es politisch zu bekämpfen. Ich persönlich werde mich immer dafür engagieren, dass Religion eine Privatangelegenheit eines jeden ist und bleibt. Im Namen der verfassungsmäßig garantierten Religionsfreiheit lassen sich weder Worte noch Taten rechtfertigen, die gegen die Grundrechte oder im Extremfall sogar das politische System des Landes gerichtet sind. Religionsfreiheit ist kein Persilschein und kein Generaldispens von allen Normen.

Beim Staatsbesuch von Bundespräsident Joachim Gauck im Frühjahr 2014 in der Türkei gab es Auseinandersetzungen wegen dessen Äußerungen über öffentliche Vorgänge in der Türkei. Ich halte das von Bundespräsident Gauck Gesagte noch für sehr zurückhaltend formuliert. Ich empfinde schon, dass sich der türkische Ministerpräsident Erdoğan danebenbenommen und das Gastrecht missachtet hat. Wenn ich mir für einen Moment hingegen dessen Auftritte und verbalen Entgleisungen bei Besuchen in Deutschland vor mein geistiges Auge hole, dann war das, was Herr Gauck gesagt hat, klar, angemessen, aber höflich. Seine Worte waren, dass die demokratischen Grundprinzipien als gefährdet erscheinen, wenn man die Unabhängigkeit der Justiz, die Freiheit der Meinungsbildung und die Arbeit der Informationsmedien behindert. Solche Formulierungen rechtfertigen meines Erachtens die ausgesprochen ungezogenen Kommentare von Herrn Erdoğan keineswegs.

Eines der Statements des türkischen Ministerpräsidenten war, dass die Türkei ein islamischer Staat sei, was wohl einem protestantischen Pfarrer nicht gefalle. Unabhängig davon, dass mir die Intellektualität dieser Äußerung sehr begrenzt erscheint, ist dieses offenkundige Wunschbild aber bezeichnend. Die Türkei ist ein islamischer Staat: Heißt das, sie ist ein Religionsstaat? Ein Staat, in dem sich alle Bürger an die Riten einer einzigen Religion zu halten haben? Gelten nur die Glaubens- und Verhaltensnormen dieser bestimmenden Religion für das Zusammenleben der Menschen? Ist der Laizismus bald nicht mehr Inhalt der türkischen Verfassung und nicht mehr gesellschaftlicher Grundgeist?

Überträgt man diese Formulierung auf Deutschland, so müsste sie lauten, dass die Bundesrepublik ein christlicher Staat ist. Denn auf diesem Gebiet, das wir heute Bundesrepublik Deutschland nennen, hat es mit Ausnahme der christlichen und der jüdischen Glaubensrichtungen nie andere kulturelle Normen prägende Religionen gegeben. Von heidnischen Einflüssen einmal abgesehen. Dinge, die heute zum Alltag gehören, Feste, die wir feiern, sind aus dem jahrhundertelangen Werdegang von Traditionen des christlichen oder jüdischen Glaubens entstanden. In Deutschland hat sich – Ausgangspunkt war das Wirken von Martin Luther – die christliche Kirche sogar in zwei Glaubensrichtungen geteilt. Das war damals kein besonders friedlicher Vorgang. Trotzdem sind wir heute kein Land, in dem die Gesellschaftsordnung durch religiöse Dogmen gelenkt wird. Wir leben in einer Demokratie. Alle Macht geht vom Volke aus. Die Gesetze werden von einem Parlament beschlossen oder auch aufgehoben. Das Land wird nicht mehr, wie früher, nach dem Katechismus der katholischen Kirche regiert und auch nicht von Herrschern, die abhängig sind von ihrer Ernennung durch den Klerus. Unsere Gesetze unterliegen auch nicht der Kontrolle eines Wächterrates wie im Iran oder der Stammesfürsten wie in Afghanistan. Dafür haben wir mit der Judikative eine unabhängige Instanz (rechtsprechende Gewalt).

In Religionsstaaten ist so etwas undenkbar. Der Islam verfügt hierbei zumindest derzeit über eine Exklusivrolle. Er kennt keine anderen Gesetze außer denen, die durch den Allmächtigen oder seinen Propheten vorgegeben, verkündet, aufgeschrieben oder gelebt wurden. Der Mensch ist nicht befugt,

Gottes Gesetze zu ändern. Er hat lediglich die Pflicht, sie zu befolgen. Ohne mich in philosophischen Fallstricken verheddern zu wollen, glaube ich, dass der entscheidende Unterschied darin besteht, dass Normen und Gesetze in demokratischen Gesellschaften nicht als für alle gottgegeben betrachtet werden, sondern von Menschen gemacht sind. Sie sind nicht das Produkt einer übergeordneten spirituellen Ebene. Dort, wo eine bestimmte Religion den Alltag in all seinen Facetten durchdringt, kann es auch keine Religionsfreiheit geben. Allein schon deshalb, weil die Weltreligionen zumeist für sich in Anspruch nehmen, die einzig wahre zu sein. Ein Glaube, der für sich das Alleinvertretungsrecht für die Seligmachung der Menschheit reklamiert, kann andere Religionen höchstens dulden, mitnichten jedoch als gleichberechtigte Alternative akzeptieren. Deshalb verstehe ich auch, dass viele Menschen sagen, sie seien nur dann bereit, sich mit der Frage auseinanderzusetzen, ob der Islam bei uns tatsächlich diskriminierungsfrei behandelt wird, wenn in anderen Ländern den christlichen Kirchen eine ebensolche Gleichberechtigung zuteilwird. Wir alle wissen, dass das nicht der Fall ist. Uns ist bekannt, dass in anderen Teilen der Welt nach wie vor Anhänger des christlichen Glaubens verfolgt, tyrannisiert oder ermordet werden. Dies ist ein ganz wesentlicher Punkt. Ich komme auf ihn noch zu einem späteren Zeitpunkt zurück, weil er meines Erachtens für die Entstehung einer oder mehrerer anderer Gesellschaften nicht unbedeutend ist.

In unserer Lesart der Wertschätzung des Menschen machen wir keinen Unterschied, ob es sich um Männlein oder Weiblein handelt. »Schniedel dran oder Schniedel ab« hat bei uns keinerlei Bedeutung bei der Einschätzung, ob ein Mensch wertvoller und wichtiger ist als ein anderer. Auch das ist keine jahrhundertealte Tradition in unserem Land. Das Wahlrecht der Frauen ist bei uns noch keine 100 Jahre alt (1919). Die Gleichberechtigung hat ihren Siegeszug als politische Bewegung sicher erst mit dem Entstehen der Bundesrepublik Deutschland angetreten. In diesem Zusammenhang muss man Alice Schwarzer erwähnen, egal, ob man sie mag oder nicht. Die Bewegung der Lila-Latzhosen-Weiber hat die Einsicht in die Notwendigkeit der Gleichberechtigung, der Emanzipation durchaus gestärkt. »Emanze« war vor noch nicht allzu langer Zeit nicht als Lob gemeint. Auch heute kämpfen wir mit Quotendrohungen oder Gleichstellungsgesetzen immer noch darum, dass Frauen in allen gesellschaftlichen Ebenen ebenbürtig werden. Ich erinnere hier nur an die Diskussion über eine Quote in den Aufsichtsräten großer Unternehmen. Aber so weit will ich den Bogen gar nicht spannen. Mir geht es im ganz Kleinen erst einmal nur darum, wie wir in unserem Land Jungen und Mädchen erziehen.

Wir haben im Bereich der Einwanderer gerade zu diesem Thema Sichtweisen, die nicht den unsrigen entsprechen. Die Welt wird dort bestimmt durch das Wissen und die Klugheit der Männer. Die Frauen sind wichtig für die Bewahrung der Familie, das Gebären der Söhne und die Haushaltsführung. Mädchen und Frauen haben eine von der göttlichen Fügung gegebene dienende Funktion. Deshalb formulieren insbesondere muslimische Eltern für Mädchen und Jungen unterschiedliche Erziehungsziele. Jungen haben tapfer, stark und kampfesmutig zu sein. Sie sind diejenigen, die die Ehre der Familie verteidigen und auch wiederherstellen. Mädchen obliegt es rein, keusch und gehorsam zu sein. Sie sind es, auf die man aufpassen muss, damit sie die Ehre der Familie nicht beschmutzen. Verliert eine junge Frau ihre Jungfräulichkeit, so hat sie die Ehre der Familie beschmutzt. Das Gleiche gilt nicht etwa für den jungen Mann, der sie »flachgelegt« hat. Der darf das. Jungen brauchen so etwas, heißt es.

Bei Eltern, die diese Grundeinstellung haben, führt das natürlich zu Verhaltensweisen, die sich nicht mit unseren Überzeugungen vertragen. Mädchen müssen nicht jeden Tag zur Schule. Wenn die Tante krank ist, geht die Pflege der Tante vor. Mädchen müssen nicht unbedingt Hausaufgaben machen, der Haushalt geht vor. Mädchen müssten eigentlich von Jungen ferngehalten werden und Jungen von Mädchen.

Nicht wenige Schulen stehen immer wieder in leidenschaftlichen Auseinandersetzungen über die koedukative Erziehung, sprich das gemeinsame Lernen und Unterrichten von Jungen und Mädchen. Bis vor vier Jahrzehnten war das auch noch nicht die Regel in allen Bundesländern der Republik. Es gibt heute noch reine Jungen- und reine Mädchenschulen. Insbesondere im privaten Bereich. Blüten treibt es aber dort, wo verlangt wird, dass der Schulhausmeister die Turnhalle nicht betreten darf, wenn darin Mädchen turnen.

Es mag sicher sinnvoll sein, wenn sich junge Menschen in der Pubertät befinden, nicht gerade das Thema Fortpflanzung mit beiden Geschlechtern gemeinsam zu unterrichten. Damit tut sich kein Lehrer einen Gefallen. Das Verlangen aber, den Kindern die Erklärung der Funktionen und Gesetzmäßigkeiten des Körpers prinzipiell vorzuenthalten, ist meines Erachtens nicht akzeptabel. Ich finde es richtig, dass wir junge Menschen damit vertraut machen, wie ihr eigener Körper funktioniert, wie man ihn pflegt, wie man ihn gesund erhält und wie man ihn ruiniert. Dazu gehören Hinweise auf drohende Krankheiten bei gedankenlosem Sexualverhalten ebenso wie die Souveränität eines jeden Menschen, selbst darüber zu bestimmen, welche Nähe er zur Sexualität finden will oder nicht. Die Ansicht, dass ein Mädchen, das über Sexualkontakte verfügt, eine Schlampe ist, während ein junger Mann, der Sexualkontakte pflegt, sich nur auf die Ehe vorbereitet, um ein guter Liebhaber für seine spätere Frau zu sein, beruht lediglich auf der Über- und Unterordnung der Geschlechter. Dasselbe gilt für die Auffassung, dass Mädchen nicht allzu lang auf der Schule zu bleiben brauchen: Die Entscheidung über die Schulbildung von Mädchen wird dann häufig nicht nach Lerneifer, Intelligenz oder Berufswunsch getroffen, sondern orientiert sich daran, dass es völlig ausreicht, wenn sie lesen und schreiben können. Denn weitere Wissensansammlungen könnten sich eher als hinderlich für den Gehorsam erweisen und sie nur aufmüpfig machen.

Die Geschlechterfrage ist für meine Begriffe neben der Religion und der Akzeptanz des Gewaltmonopols des Staates, zu dem ich noch komme, einer der drei Grundpfeiler, aus denen sich unterschiedliche Gesellschaften und Werteordnungen entwickeln. An keiner anderen Stelle wird das Verständnis einer Gesellschaft von der Gleichwertigkeit und Gleichberechtigung der Geschlechter offenkundiger als beim Selbstbestimmungsrecht, seinen Partner für das Leben zu finden und sich mit ihm zu verbinden. Die weitverbreitete Unsitte der Zwangsverheiratung raubt jungen Menschen ihr Recht auf Selbstbestimmung. Sie nimmt ihnen die natürlichste Form der Selbstfindung. Die Entscheidung über das weitere Leben, über die Hinwendung zu einem Menschen, mit dem man das Leben gemeinsam verbringen will. Romantisch kann man das auch Liebe nennen. Andere sagen: »Die Liebe kommt schon, Hauptsache, die Ehe ist vernünftig. Sie hat ein solides ökonomisches Fundament und ist auch mikropolitisch durchaus hilfreich.« Also sprich, es dient der Verknüpfung von Familien oder Ökonomien.

So neu ist der Gedanke eigentlich nicht. Im Haus Habsburg hieß es: »Kriege führen mögen andere, du, glückliches Österreich, heirate.« Ehen und Eheschließungen hatten eine rein staatspolitische Bedeutung.

Die Zwangsehe wird auch verharmlosend »arrangierte Ehe« genannt. Egal, wie man sie nennt. Sie steht im Widerspruch zu unserer Verfassung und zu Artikel 1 des Grundgesetzes, »Die

Würde des Menschen ist unantastbar«, weil sie eine selbstbestimmte Weichenstellung des Lebens nicht zulässt.

Nicht weit davon entfernt ist die Frage der Vergewaltigung in der Ehe. Dort, wo die Grundüberzeugung herrscht, dass die Frau dem Manne Untertan und gehorsam zu sein hat, kann es überhaupt keine Vergewaltigung geben. Es ist das Recht des Mannes, sich seiner Frau zu nähern: wann er will, wie er will und sooft er will. Auch das kann man zivilisatorisch nur als rückwärtsgewandt bezeichnen.

Daraus folgt, dass es selbst über das schrecklichste Ende von Partnerschaftskrisen, nämlich über Tötungsdelikte, unterschiedliche Betrachtungsweisen gibt. Verlässt eine Frau ihren prügelnden Ehemann, so ist sie damit ungehorsam und beschmutzt die Ehre der Familie. Tötet der Verlassene seine Frau, so befand er sich in einer Entschuldigungssituation, da er seine Handlung emotional nicht steuern konnte. Er musste seine Ehre wiederherstellen. Nach einer vom Bundeskriminalamt in Auftrag gegebenen Studie des Max-Planck-Instituts für ausländisches und internationales Strafrecht gibt es in Deutschland im Jahr etwa zwölf »Ehrenmorde«. Da Mord statistisch nicht nach Motiven erfasst wird, muss von einer ausgesprochen hohen Dunkelziffer ausgegangen werden. Nach einem solchen Tötungsdelikt formulierte ein ranghoher – in diesem Fall jesidischer – Religionsvertreter sein Verständnis für die Tat, weil sie den Regeln der Religion entsprechend geschah. »Wir werden unsere Religion nicht aufgeben.« Ich glaube, klarer kann man es nicht ausdrücken.

Das Thema Gewalt in der Familie ist ein weites Feld. Es ist auch nicht auf Einwanderer beschränkt. In »biodeutschen« Familien wird ebenfalls geprügelt. Nicht nur, aber überwiegend als Form der Asozialität. Bei Einwanderern, vorwiegend dort, wo nach wie vor die Machokultur gepflegt wird, genießt Gewalt eine gesellschaftliche Akzeptanz als Problemlöser (wer als

Erster, am schnellsten und am härtesten zuschlägt, hat recht«). Die Ächtung von Gewalt als Ausdruck der Primitivität ist dort fremd. Nach den Erkenntnissen des Kriminologischen Instituts Niedersachsen sind insbesondere Jugendliche mit türkischem und afrikanischem Migrationshintergrund relativ häufig von häuslicher Gewalt betroffen. Bei einer Befragung gaben knapp 20 Prozent der türkisch- und afrikanischstämmigen Jugendlichen an, zu Hause Opfer von körperlichen Misshandlungen geworden zu sein. Das ist etwa dreimal so häufig, als es bei deutschen Familien der Fall ist. Konkret beginnt es mit den Schlägen des Vaters oder Lebensgefährten, unter denen die Kinder und auch die Frau leiden, geht über das aggressive Machoverhalten bis hin zu Gewalttaten der jungen Männer im öffentlichen Raum. Hinter allem steht die Grundüberzeugung, dass es die Befugnis Einzelner gibt, andere zu malträtieren.

Ein derartiger Denkansatz ist mit unserer prinzipiell gewaltfreien Gesellschaftsordnung unvereinbar. Grund- und notstandslose Gewalt ist bei uns gesellschaftlich geächtet. Es gibt für sie keine Entschuldigung. Weder im persönlichen noch im öffentlichen oder politischen Raum. Wer gewalttätig gegenüber Personen oder Sachen wird, hat die Solidarität und die Hinwendung der Gemeinschaft verwirkt.

Bei einer Diskussionsrunde in meiner Zeit als Jugenddezernent mit durchweg akademisch gebildeten muslimischen Männern wurde mein Vortrag über die Ächtung der Gewalt nur mit Kopfschütteln zur Kenntnis genommen. Meine Darstellungen der Rechtslage, sprich der Ermächtigung des Staates, auch in die Familie einzugreifen, Kinder aus der Familie zu holen, wenn ihr Wohl dort z. B. durch Gewalt gefährdet ist, stießen auf erbitterten Widerspruch. Kinderschutzrechte, gewaltfreie Erziehung und das gesamte Regelwerk des Kinder- und Jugendhilfegesetzes wurden von meinen Gesprächspartnern als Absurdität wahrgenommen. »Der Staat hat in meiner

Familie nichts zu suchen, in meiner Familie bestimme nur ich!«, war die durchgängige Resonanz.

Dies findet ja auch im praktischen Leben seinen Widerhall. Wir wissen von den »Gerichten«, die im Wohnzimmer tagen, bei denen die Männer der Familie zusammensitzen, angebliches Fehlverhalten von anderen (meistens Frauen) erörtern und dann ihr Urteil fällen. Im schlimmsten Fall zerbricht das Familienoberhaupt, der Mann und Vater, das auf dem Tisch liegende Holzstäbchen. Das bedeutet den Tod. Es kann auch zu dem »milden« Urteil kommen, dass die fehlbare Person zur Läuterung in die Heimat gebracht oder gehörig verprügelt oder zur Erziehung mit einem besonders gottesfürchtigen Mann verheiratet wird.

In meiner Eigenschaft als Bezirksbürgermeister erhalte ich regelmäßig Kenntnis von derart dramatischen Geschehnissen hinter den Wohnungstüren. Lässt man das öffentliche Interesse einmal außen vor und betrachtet nur die betroffenen Menschen, so ist dieser Aspekt der, der mich am meisten abstößt. Ich hätte es früher nicht für möglich gehalten, dass ich noch einmal eine zumindest teilöffentliche Renaissance der häuslichen Gewalt erleben würde. Mir ist durchaus geläufig, dass die Prügelorgien der sogenannten Haushaltsvorstände noch bis weit in die zweite Hälfte des vorherigen Jahrhunderts auch ohne Einwanderung gang und gäbe waren. Ich hatte geglaubt, wir hätten das überwunden. Aber die Realität ist eine andere. Durch die Zunahme der Zahl bildungsferner Familien in unserem Land haben auch diese eher robusten Verhaltensweisen eine Wiederbelebung erfahren.

In Deutschland herrscht Gewaltenteilung. Die Legislative schafft Normen und Gesetze, die Exekutive führt sie aus und die Judikative ist die Recht sprechende Gewalt. Das haben wir alle in der Schule gelernt. Die Gewaltenteilung ist »heiliges«

Element der Demokratie. Zu ihr gehört auch der Grundsatz des Gewaltmonopols des Staates. Nur staatliche Organe sind zur Ausübung unmittelbaren Zwangs, wie es so schön heißt, ermächtigt.

Unmittelbarer Zwang heißt, es gibt eine schlichte Ansage, was Sie zu tun oder zu lassen haben. Wenn Sie dem freiwillig nicht nachkommen, legen die Vertreter der öffentlichen Gewalt Hand an Sie. Es kann auch sein, dass Sie weggesperrt werden, wenn ein Gericht so geurteilt hat. Manchmal müssen Sie nur eine Geldbuße zahlen. Die Entscheidung, welche Konsequenzen Ihr Fehlverhalten hat, treffen Gerichte in einem rechtsstaatlichen, gesetzlich festgelegten Verfahren.

Es kommt immer wieder vor, dass die Arbeit der staatlichen Organe nicht der eigenen Vorstellung entspricht. Dann gibt es eine Diskrepanz zwischen dem, was man erwartet oder sich gewünscht hat, und dem, was tatsächlich passiert ist. Das geht mir auch nicht selten so. Das ist die Quelle witziger Sprüche wie »Vor Gericht oder auf hoher See ist man in Gottes Hand« oder »Vor Gericht bekommen Sie kein Recht, vor Gericht bekommen Sie ein Urteil«. Darüber kann man lange diskutieren, darüber gibt es viele Schriften. Auch ich habe mehrfach öffentlich mein Unverständnis über bestimmte Gerichtsentscheidungen geäußert. Allerdings habe ich dabei nie das Prinzip der Gewaltenteilung in Frage gestellt. Dass Richter hingegen gelegentlich jedwede Form von Kritik als Majestätsbeleidigung betrachten, ist eine andere Geschichte und mehr der Rubrik der Befindlichkeiten zuzurechnen.

Die praktische Bedeutung im Alltag ist eine ganz einfache. Bei uns darf nicht jeder selbst entscheiden, was Recht ist. Bei uns hat auch niemand das Recht in die eigene Hand zu nehmen. Es gibt weder Selbstjustiz noch Richter Lynch – sollte man meinen. Aber das Leben hat da inzwischen für eine gewisse Relativierung gesorgt. Manche Einwanderer – und hier insbesondere muslimische – neigen eher dazu, ihre eigenen, manchmal menschlich durchaus nachvollziehbaren Vorstellungen von Recht und Gesetz, von Wiedergutmachung und Strafe zur Anwendung zu bringen. Die Ehre der Familie ist bei uns nicht justiziabel, aber von einer enormen Bedeutung in diesen Communities. Deshalb nutzt ihnen der Richter in der schwarzen Robe überhaupt nichts, denn er kann den an ihn gerichteten Erwartungen nicht gerecht werden. Sie halten es für angemessener und nachhaltiger, wenn die Söhne gemeinsam mit ein paar Cousins das Problem auf ihre eigene Art lösen. Wir lesen dann über den Verlauf der Angelegenheit in der Zeitung, meist in den Boulevardblättern mit großen Überschriften. Das, was man in den ehemaligen Heimatländern der Einwanderer gelernt hat, nämlich dass Dörfer und Großfamilien auf diese Art und Weise ihre Einflusssphären und ihre Macht abstecken, wird vielleicht in einem kleinen, etwas abgemilderten organisatorischen Ablauf bei uns weiterhin umgesetzt.

Es gibt dafür auch Institutionen. Sie heißen Friedensrichter. Sie haben die Juristerei nicht studiert. Eher ist es so, dass bereits der Vater und der Großvater Friedensrichter waren. Es sind erfahrene, meist ältere Männer, die von einer der zerstrittenen Parteien beauftragt werden, eine Angelegenheit zu regeln. Sie hören alle Betroffenen an und fällen dann ein Urteil. All diese Friedensrichter erklären stets, dass sie ehrenamtlich arbeiten. Erstaunlich ist nur, dass es sich meist nur die finanziell bessergestellte Familie leisten kann, einen bestimmten Friedensrichter hinzuzuziehen oder ihn im Zweifelsfall sogar einfliegen zu lassen. Hier zwei Beispiele zur Erläuterung.

Es kommt in Neukölln zu einer Schießerei. Es gibt Verletzte. Die Polizei findet etwa sechzig Projektile in den Hauswänden. Monate später erscheinen bei der Gerichtsverhandlung die sich damals bekriegenden Kontrahenten und erklären dem Richter, dass er gar nichts mehr zu verhandeln bräuchte. Sie hätten sich untereinander längst geeinigt und verweigern weitere Aussage. Was bleibt dem Richter anderes übrig, als die Freisprüche auszufertigen?

Der zweite Fall: Ein junger Mann überfährt einen anderen, der dabei zu Tode kommt. Die Untersuchungen der Polizei ergeben, dass der Autofahrer schuldlos ist. Das Fehlverhalten lag eindeutig bei dem anderen jungen Mann. Die Familie, die ihren Sohn verloren hat, sieht das aber nicht ein. Es wird ein Friedensrichter hinzugezogen, und im Verlauf der Beratungen, man könnte dies auch eine Gerichtsverhandlung nennen, wird das Urteil gefällt. Die Familie des Autofahrers hat als Ausgleich für den Verlust des Sohnes 50 000 Euro zu zahlen. Sollte die Familie dies nicht tun, müsse man darauf hinweisen, dass das Leben in einer Großstadt gefährlich sein könne.

Nun werden Sie beim Lesen dieser Zeilen vielleicht denken: Mein Gott, was geht das mich an? Sollen die doch machen, was sie wollen. Dieser Gedanke wäre oberflächlich und nicht konsequent zu Ende gedacht. Was passiert eigentlich, wenn Sie bei einem Unfall, bei einem Rechtsgeschäft oder bei einer Familienstreitigkeit in ein solches Verfahren gezogen werden, »weil es bei uns so üblich ist«? Dann befinden Sie sich urplötzlich in einer Situation, die Ihnen nicht nur fremd ist, sondern in der Sie auch hilflos sind. Selbstjustiz legt die Axt an die Grundsätze unserer Gesellschaftsordnung. Egal, wer sie mit wem praktiziert, sie ist nicht akzeptabel und nicht hinnehmbar.

Mit großem Erstaunen registriere ich seit Jahren, wie scheinbar teilnahmslos unsere Gesellschaft auf solche Vorgänge blickt. Es ist fast so wie beim paralysierten Kaninchen, das auf die Schlange starrt. Lediglich auf Tagungen von Juristen, Richtern und Polizeibeamten kommt dieses Thema immer wieder hoch.

Bezeichnend ist, dass das überaus empfehlenswerte Buch *Richter ohne Gesetz* von Joachim Wagner zwar hochinteressant, professionell recherchiert und spannend zu lesen ist, auf dem Büchermarkt wirtschaftlich jedoch wenig erfolgreich war. Dieses Werk ist meiner Auffassung nach – ich weiß, dass ich jetzt einer Verschwörungstheorie anhänge – systematisch totgeschwiegen worden. Ich jedenfalls kann es Ihnen an dieser Stelle nur empfehlen. Es gewährt tiefe Einblicke in eine Welt, die so im Verborgenen stattfindet, dass man sich dem Verdacht von Wahnvorstellungen aussetzt, wenn man darüber redet.

Den Begriff des staatlichen Gewaltmonopols habe ich bereits mehrfach erwähnt. Damit untrennbar verbunden ist das Wort der gesellschaftlichen Exekutivkräfte: der Polizei. »Es gibt keine rechtsfreien Räume bei uns«, lautet das Mantra aller führenden Polizeibeamten und Politiker. Das müssen sie auch so sagen. Wenn sie das Gegenteil zugeben würden, was sollten sie dann auf die Nachfrage »Ja und, was tun Sie dagegen?« entgegnen? Ich meine, natürlich gibt es rechtsfreie Räume. Dort, wo die normative Kraft des Faktischen im Sozialraum längst geregelt hat, welche Großfamilie das Sagen hat und bestimmt, was Sache ist, gibt es eine zweite Norm, die im Zweifelsfall zur Anwendung gelangt. Sie lautet: Polizeiliches Handeln muss stets auch die Verhältnismäßigkeit der Mittel im Auge behalten. Hört sich logisch an, ist logisch. Führt aber beispielsweise zu folgender Situation.

Rücksichtnahme und Lärmvermeidung sind für viele, zumeist junge Männer in Gaststätten, Teehäusern oder auf der Straße keine beachtenswerte Botschaft. Eine Gruppe zumeist junger Männer sitzt in der warmen Jahreszeit bis tief in den frühen Morgen vor einer Gaststätte auf dem Bürgersteig, lacht, singt und palavert. Die Kraftfahrzeuge stehen in drei Reihen. Die erste Reihe auf dem Fußweg, die zweite auf der normalen Parkspur und die dritte auf der Fahrbahn. Aus einer solchen Situation entwickeln sich Konflikte. Eine Streife fährt vor, mahnt zu etwas mehr Ruhe und fordert die Entfernung der ordnungswidrig abgestellten Fahrzeuge. Dies wird mit einem großen Hallo und lautem Geschrei quittiert. Wenn sich nun die Polizisten entschließen, Recht und Gesetz durchzusetzen, haben sie es in null Komma nichts etwa mit 30, 40 oder noch mehr Menschen zu tun, die auf sie einschreien, sie schubsen, ihnen die Mützen wegnehmen, am Funkwagen rütteln oder sogar versuchen, ihnen die Waffen zu entreißen. Nicht auszuschließen, dass eine Hundertschaft die Sache beruhigen muss. Was glauben Sie, wie oft Polizeibeamte eine solche Situation eskalieren lassen, bis sie die Ansprache erhalten, ob dass denn sein müsse? Ob sie denn bedacht hätten, dass ein falsch geparktes Auto oder ein lockerer Rundgesang nun wirklich nicht den Einsatz einer Hundertschaft rechtfertigen? So entstehen Freiräume.

Bei mir in Neukölln gibt es stadtbekannte Autoraser, die auf dicke Hose machen und die Straße rauf- und runterdüsen. Jeder kennt sie. Auch die Polizeibeamten. Sollen sie sich mit diesen Irren mitten auf einer belebten Geschäftsstraße eine Verfolgungsjagd liefern? Wie wären die Kommentare, wenn dabei jemand die Gewalt über den Wagen verlöre und es Verletzte und Tote gäbe? Das führt natürlich dazu, dass die jungen Leute Polizeibeamte überhaupt nicht respektieren. In dem sehenswerten Film *Unter Verdacht* sagt ein junger Intensivtäter: »Ich scheiß auf deutsche Polizei.« Der Drehbuchautor muss diese Formulierung aus dem richtigen Leben genommen haben. Insoweit muss man sich auch über versuchte Gefangenenbefreiungen nicht wundern. Denn es ist mittlerweile kein exklusives Ereignis mehr, wenn sich hurtig eine Horde zusammenrottet, die dann zum Polizeiabschnitt zieht, die Freilassung der Inhaftierten fordert oder mit dem Sturm des Gebäudes droht. Ich erinnere mich an meine Jugend. Ich glaube nicht, dass von uns irgendjemand auch nur auf die Idee gekommen wäre, in »kriegerische« Handlungen mit der Polizei einzutreten. Heute ist das bei uns so. Auch hier kann ich Ihnen mit einem Beispiel dienen.

Ein Funkwagen fährt im Rahmen des Streifendienstes mit langsamer Geschwindigkeit durch eine Geschäftsstraße. Dahinter ein schnittiger BMW mit zwei jungen Männern darin. Ihrem äußeren Anschein nach sind es Männer mit Migrationshintergrund, wie es so schön heißt. Als die Verkehrssituation es erlaubt, überholt der BMW den Polizeiwagen, setzt sich vor ihn und bremst ihn aus. Die beiden jungen Männer steigen aus, treten an den Funkwagen heran und hauen der einen Polizeibeamtin die Faust ins Gesicht. In Windeseile bildet sich eine Gruppe von etwa 50 Personen um das Geschehen. Alle reißen sofort das Handy aus der Hose. Allerdings nicht, um Hilfe zu rufen, sondern um den Verlauf dieser Nachmittagsattraktion zu filmen. Der Funkstreife gelingt es, Verstärkung herbeizurufen. Die kommt auch. Die beiden jungen Leute sind noch am Ort, man lässt sich von ihnen die Ausweise geben, schreibt die Personalien auf, gibt die Ausweise zurück und wünscht den beiden jungen Männern noch einen schönen Tag.

Ich kann nicht verhelen, dass mich eine gewisse Hoffnungslosigkeit erfüllt hat, als ich diese Geschichte hörte. Deutlicher kann eine Missachtung eigentlich nicht ausfallen. Nicht nur, dass man irgendjemanden tätlich angreift, nur weil er einem im Straßenverkehr lästig ist. Nein, selbst den Repräsentanten von Staat und Gesellschaft wird der Respekt verweigert.

Einen hab ich noch: Ein Amtsgericht führt die Zwangsversteigerung eines Wohnhauses durch, das einer arabischstämmigen Großfamilie gehört. Obwohl fast alle Mitglieder Hartz IV beziehen, ist der Clan sehr intensiv unternehmerisch tätig. Die Zwangsversteigerung ist durch den Zoll ausgelöst worden, weil die Familie bei ihren Geschäftstätigkeiten etwa zwei Millionen Euro Zollschulden angehäuft hat. Als das Haus zur Zwangsversteigerung ausgeschrieben ist, werden Interessenten, die es besichtigen wollen, mit klaren Hinweisen belehrt, dass man sehr besorgt um deren Familie sein müsste, wenn sie sich näher an das Haus heranwagen würden oder sie es gar ersteigern sollten. Es war für Interessierte so gut wie unmöglich, eine Besichtigung vorzunehmen.

Während der Versteigerung war der Gerichtssaal voll von jungen Männern. Es waren Angehörige der Familie, Freunde, Bekannte und Cousins da, die sich im Saal breitmachten und der Verhandlung des Gerichts laut johlend folgten. Der Rechtspflegerin wurden Fortpflanzungsangebote gemacht und letztendlich konnte die Zwangsversteigerung erst zu Ende gebracht werden, nachdem die Polizei die Störenfriede aus dem Gerichtssaal entfernt hatte. Vor der Tür stand eine Einsatzbereitschaft der Polizei etwas hilflos herum, schaute unglücklich und ließ sich von den jungen Männern beschimpfen, die sich dann laut hupend und den Mittelfinger aus dem Fenster streckend entfernten.

Solche Erlebnisse prägen. Und natürlich fragt man sich: Haben wir das geahnt, als wir die Menschen einluden, in unser Land zu kommen? Haben wir wirklich gewollt, dass solche Situationen der demonstrativen Missachtung unserer Gesellschaft entstehen, in denen wir oft hilflos und ohnmächtig einer Kulturlosigkeit gegenüberstehen? Warum sind wir so machtlos? Warum setzen wir uns als Gesellschaft diesen flegelhaften Umtrieben, diesen zerstörerischen Kräften nicht geschlossener entgegen?

Wir sind eine Gesellschaft, die zu Recht von sich behaupten kann, offen, liberal und solidarisch zu sein. Eine Gesellschaft, die ihre Bürger schützt und sie vor existentieller Bedrohung bewahrt. Eine Gemeinschaft, die eigentlich vom Einzelnen erwarten kann, dass die Vernunft das Tun und Handeln steuert, und nicht, dass stattdessen den Ideologien und Religionen mit den Dogmen des Fanatismus Raum gegeben wird. Unser oberstes Ziel ist und bleibt, dass jeder Mensch in unserem Land ein selbstbestimmtes Leben führen und zu Wohlstand gelangen kann. Damit dies für jeden erlebbar wird, versuchen wir junge Menschen, die bei uns geboren werden, zu eigenständigen Persönlichkeiten zu erziehen und in die Gesellschaft zu führen. Erinnern Sie sich, was ich eingangs ausgeführt habe? Jeder ist seines Glückes Schmied. Ja, aber dazu sind auch die Fähigkeiten vonnöten, die ein Schmied für seinen Beruf braucht. Kompetenzen, das eigene Leben zu gestalten und sich Menschheitswissen anzueignen.

Die Fähigkeit, die eigenen Wünsche selbst umzusetzen, ist es, die wir eigentlich von allen jungen Leuten erwarten, die ein konstruktives Mitglied unserer Gesellschaft sein wollen und sein sollen. Die Grundlagen dafür legen einerseits die Eltern, denn sie sind die Basis und auch die entscheidende Instanz. Der Staat stellt andererseits die Rahmenbedingungen für ein gesundes Hineinwachsen in die Gesellschaft sicher, muss aber auch regelnd und intervenierend eingreifen, wenn dieses gesellschaftliche Ziel in Gefahr ist. So zum Beispiel, wenn sich Dinge verselbständigen, ganze Teile der Bevölkerung sich voneinander abschotten und nur noch misstrauisch beäugen.

Dass Einwanderung zur Bildung von Parallelgesellschaften führt, ist ein natürlicher Vorgang. Man sucht den Kontakt und die Nähe der Landsleute. Man spricht dieselbe Sprache, es riecht wie zu Hause im Treppenhaus, und es wird genauso gekocht. Ich sehe in Parallelgesellschaften eigentlich auch nicht die große gesellschaftspolitische Dramatik. Interessanter wird es schon bei der These des Politikwissenschaftlers Hamed Abdel-Samad, der nicht von einer Parallel-, sondern von einer asymmetrischen Gesellschaft spricht, die sich auseinanderentwickelt. Es ist eine Gesellschaft, in der sich einzelne Bevölkerungsteile voneinander absondern, in der es eigentlich keine Bindeglieder mehr gibt, sondern nur noch ein »Die da« und »Wir hier«. Die Guten sind immer »Wir hier«, und »Die da« sind die Schlechten.

Für Migranten ist die Floskel »die Deutschen« ein stehendes Erklärungsmuster und Abgrenzungskriterium für das Anderssein und das Trennende. Meist verbunden mit einer Klage oder dem Einnehmen einer Opferhaltung. Zu diesem Aspekt komme ich später. In diesem Teil ging es mir um die Diskrepanz, in der sich unsere Gesellschaft zu den Kulturen vieler Einwanderer befindet. Ich bewerte unsere Errungenschaften und Möglichkeiten als Fortschritt und vor allem als bewahrenswert. Die Frage, warum nicht alle, die hinzukommen, dies ebenfalls als etwas Positives für sich annehmen, es im Extremfall sogar mit Füßen treten, bleibt für mich an dieser Stelle offen.

Denn wir wissen nicht,
was wir wollen

Die Welt, in die ich einmal hineingeboren wurde, gibt es nicht mehr. Die Erde hat sich weitergedreht, die Gesellschaft hat neue Konturen angenommen. Auch in meinem kleinen Neukölln. Das ist alles völlig normal. Zwischen dem Beginn meines Erinnerungsvermögens und heute liegt ein gutes halbes Jahrhundert. Ich bin groß geworden ohne Fernseher, ohne Auto und in einer Einzimmerwohnung für vier Personen. Ich glaube, heute wäre meine Familie ein Fall für den Europäischen Gerichtshof für Menschenrechte. Damals war das Land im Aufbau. Heute kämpft es darum, das Erreichte zu bewahren. Teilweise empfinden Menschen Angst, das zu verlieren, was sie als verdienten Wohlstand und selbstverständlich gewordenen Lebensstandard empfinden.

Mit der gewachsenen Lebensqualität und dem Konsumrausch einer Wegwerfgesellschaft haben sich auch Anspruchshaltungen manifestiert. Die Erwartungshaltung ist groß. Kinder wachsen heran mit allgegenwärtiger Unterhaltungselektronik und immer verfügbaren Fortbewegungsmitteln. Argwöhnisch beobachtet man, ob andere nicht mehr haben als man selbst. Ich konnte lange mit dem Begriff Sozialneid überhaupt nichts anfangen. Als junger Mensch hat mich so etwas nicht bewegt. Heute weiß ich, dass gerade dieser Aspekt eine wesentliche Triebfeder für das veränderte Bewusstsein von jungen Menschen ist: Mir geht es nicht schlecht, weil ich arm oder krank bin. Nein, mir geht es schlecht, weil es meinem Nachbarn besser geht. Solche Gedanken bestimmen die Zufriedenheit. Das ist sicherlich sehr bösartig, trifft es aber ziemlich genau.

Wie erwähnt kommt hinzu, dass die Grundmaxime, dass jeder erst einmal allein für sein Leben verantwortlich ist, immer mehr in den Hintergrund tritt. Aber wo sollen Wohlstand, Lebensstandard, materieller Überfluss und Konsumbefriedigung denn nun herkommen? Das Zauberwort heißt: Staat. Der Staat ist dafür verantwortlich, dass es mir gutgeht. Er ist dafür verantwortlich, dass ich einen Job habe, möglichst viel verdiene, meine Kinder in der Schule hervorragende Noten erreichen und ich die Wohnung habe, die ich will und die mir zusteht. Tritt diese Anspruchsbefriedigung nicht ein, hat der Staat einen schlechten Job gemacht und ist schuld. Ich werde benachteiligt und diskriminiert. Ich bin langzeitarbeitslos, weil mir das Job-Center keinen Job besorgt. Meine Kinder haben keinen Schulabschluss, weil die Lehrerin oder der Lehrer sie nicht leiden konnten, rassistisch waren und sie benachteiligt haben. Meine Miete konnte ich nicht bezahlen, weil ich dringende andere Ausgaben hatte. Außerdem ist die Miete zu hoch und der Hauseigentümer ohnehin ein erpresserischer Kapitalist. So oder ähnlich lauten die Vorwürfe bei öffentlichen Veranstaltungen oder in Zuschriften. Dieser Trend der Vollkasko-Mentalität mit ständiger Schuldzuweisung an Dritte ist ein kollektiver Werteverlust ohne Exklusivrolle von Einwanderern.

In Briefen werfen mir Leute vor, dass das Bezirksamt schuld sei, wenn sie ihre Wohnung verlieren. Sie würden doch schließlich seit drei Monaten auf ihr Wohngeld warten. Nun ist das sicherlich nicht schön, dass der Wohngeldantrag drei oder fünf Monate in der Warteschleife liegt. Gleichwohl habe ich von meinen Eltern wichtige Grundsätze über den Umgang mit Geld mit auf den Weg bekommen. Wenn wir am Monatsersten die Lohntüten umstülpten und das Geld auf dem Tisch sortierten (so war das damals wirklich), dann gab es Dinge, die wurden gar nicht diskutiert. Als Erstes wurde die Miete weggelegt, danach das, was wir für Straßenbahn und Autobus brauchten, um zur Arbeit und Schule zu kommen. Als Drittes bekam Mutter das Haushaltsgeld, was sie immer als zu wenig empfand, und dann wurde für Schuhe, Kleidung und Ähnliches vorgesorgt. Ganz zum Schluss blieb der Rest für Spielsachen oder fürs Kino.

Heute werden die Prioritäten häufig anders gesetzt. Die Miete wird seit Monaten, in Extremfällen seit Jahren nicht oder nur teilweise gezahlt. Dagegen genießen Pay-TV, Spielekonsole und alle mögliche sonstige Unterhaltungselektronik in Wohn- und Kinderzimmer oder in der Schultasche eine diskussionslose Priorität. Das Auto vor der Tür repräsentiert unseren Wohlstand und steigert das Ansehen. Im Übrigen zahlt man noch die Dinge ab, die bisher schon unbedingt sein mussten.

Wenn ich das so formuliere, dann bin ich mir bewusst, dass in diesen Sätzen auch ein Stück Ungerechtigkeit enthalten ist. Es gibt Menschen, die jeden Cent umdrehen müssen, die wirklich vom Schicksal gebeutelt sind und die den Beitrag für die Klassenreise in der Schule oder die Gruppenreise der Kindertagesstätte ein Jahr ansparen. Diesen Menschen gehört meine Solidarität. Für sie ist das soziale Netz geknüpft. Genau in diesen Fällen gibt es aber auch so gut wie nie Mietschulden. Die treten immer dort auf, wo das Befriedigungsverlangen dominiert und Selbstdisziplin ein Fremdwort ist. Als Wichtigstes kommen Eigeninteresse und Wunscherfüllung. Erst danach kümmere ich mich (eventuell) um meine Verpflichtungen. Ich habe es genau andersrum gelernt. Das ist keine ethnische Charakter- und Willensschwäche, die es ohnehin nicht gibt. Es ist einfach mangelnde soziale Kompetenz.

Ausgangspunkt dieses Kapitels war aber die nicht so spannende Feststellung, dass sich die Dinge eben geändert haben, auch in Neukölln. Einen großen Anteil daran hat natürlich die Bevölkerungsentwicklung. Hierbei ist die Einwanderung der wesentliche Faktor. Im Jahre 2014 hat Neukölln 322 000 Einwohner. 135 000 davon haben einen Migrationshintergrund, das sind gut 42 Prozent.

Eine Großstadt ist nicht homogen, auch Neukölln hat sehr unterschiedliche Wohngebiete. Wo es einen Schlosspark gibt und Einfamilienhäuser vorherrschen, sind Sichtweisen und Lebensgewohnheiten anders als in der Innenstadt. Dort ist der Anteil der Einwanderer und ihrer Nachkommen sehr viel höher als in den bürgerlichen Gebieten oder in der Betonsiedlung Gropiusstadt, die durch Christiane F. zu einiger Bekanntheit gelangt ist. Die Bandbreite des migrantischen Bevölkerungsanteils variiert zwischen den einzelnen Ortsteilen oder Kiezen, wie man in Berlin sagt, zwischen 18 und 67 Prozent. Allein daraus erklärt sich schon, warum selbst innerhalb Neuköllns die Menschen zu einer unterschiedlichen Bewertung der bezirklichen Entwicklung und ihrer Lebensqualität kommen.

Man muss kein Hellseher sein, um zu prognostizieren, dass ein Stillstand der Bevölkerungsveränderung noch lange nicht erreicht ist. In dem anhaltenden Prozess steckt eine enorme Dynamik. Wir erkennen das an der alljährlichen Zunahme der Anzahl von Einwandererkindern bei der Einschulung. Heute liegen wir insgesamt bei durchschnittlich 67 Prozent, wobei der Anteil in den Schulen des Neuköllner Nordens schon bis auf 95 Prozent angestiegen ist. Die Zahl der Schulabgänger spiegelt diese Entwicklung ebenfalls wider, zeigt aber auch die Geschwindigkeit, mit der sie erfolgt. Im Jahr 2000 hatten noch 20 Prozent der Kinder, die unsere Schulen verließen, einen Migrationshintergrund. Zum Schuljahresende 2013 waren es knapp 60 Prozent. Innerhalb von gut einem Jahrzehnt hat sich der Anteil also verdreifacht.

Es ist klar, dass diese Zahlen uns ein Signal geben, wie sich die Bevölkerung Neuköllns in 10 bis 15 Jahren zusammensetzen wird. Ich sage voraus, dass Einwanderer und ihre Nachkommen in den Jahren 2020 bis 2025 in Neukölln einen Bevölkerungsanteil von 75 bis 80 Prozent ausmachen werden. Es wird dann eine migrantisch geprägte Stadt sein.

Mein erster Gedanke bei dieser Erkenntnis ist: Das ist doch kein Beinbruch. Richtig. Ein Einwanderer, ein Migrant, der Sohn oder die Enkelin eines Einwanderers sind an sich nicht der besonderen Erwähnung wert, warum auch? Bei den sozial schwachen Einwanderern und ihren sozial schwachen Nachkommen sieht das schon anders aus. Viele von ihnen erwarten einfach, dass die Gesellschaft ihnen die Wege ebnet, damit sie ihren bestehenden niedrigen Status verlassen können. Meine These dazu ist: Die Gesellschaft ist auch gut beraten, wenn sie das tut. Welchen Benefit erzielt sie denn, wenn sie weiter zuschaut, wie wir junge Menschen nahtlos von der Schule zum Job-Center transferieren? Keinen. Deshalb glaube ich, dass sich jede Anstrengung organisatorischer, personeller und finanzieller Art lohnt, um aus Menschen, die zu scheitern drohen, lebenshungrige, mündige und kompetente Gesellschaftsmitglieder zu formen. Das hört sich eigentlich, wie ich finde, logisch und einfach an. Man muss es nur wollen. Wer will schon Hartz-IV-Empfänger schmieden?

Ganz so einfach kann es dann aber doch nicht sein. Sonst würden wir an dieser Aufgabe ja nicht seit Jahrzehnten scheitern. Wie kommt es, dass es Menschen auch nach 20, 30, 40 Jahren Aufenthalt in Deutschland nicht gelingt, sich in eine mitteleuropäische Gesellschaftsordnung zu integrieren und ihren Kindern das Rüstzeug zu vermitteln, das sie für ihr eigenes erfolgreiches Leben benötigen? Ich habe in den letzten Monaten mit vielen Einwanderern oder ihren Kindern gesprochen und ihnen genau diese Frage gestellt. Insbesondere interessierte mich, wie sich die Einwandererfamilien sehen, die sozusagen »unsichtbar« sind. Die neben uns leben, ohne dass wir sie bewusst als Einwanderer zur Kenntnis nehmen. Die ihrer Arbeit nachgehen, die einen Gewerbebetrieb führen, deren Kinder das Gymnasium besuchen – ja, auch so was gibt es reichlich in Neukölln – und hervorragende Abiture machen. Ich habe zum Teil sehr beeindruckende Einblicke gewonnen, aber ich habe auch Unverständnis und Kopfschütteln über das Verhalten der deutschen Gesellschaft kennengelernt. Dort, wo Aufstiegs- und Leistungswille ein Zuhause gefunden haben, urteilt man sehr hart über diejenigen, die ich dezent zurückhaltend als Trittbrettfahrer bezeichnen möchte.

Es ist noch nicht lange her, dass es in der Politik und auch bei Organisationen und Institutionen nur eine Sichtweise zur Frage der Integration gab: Integration in Deutschland ist eine einzigartige und unglaubliche Erfolgsgeschichte. Diejenigen, die wie ich über Integrationsdefizite klagten und darüber Aufsätze verfassten, wurden als Nestbeschmutzer, als Alarmisten bis hin zu Rassisten und Rechtspopulisten diskreditiert. Dabei liegen die Problemfelder unübersehbar vor uns. Sie sind im Übrigen nicht neu. Ich darf an dieser Stelle auf die Prognosen des ersten Ausländerbeauftragten der Bundesrepublik Deutschland, Heinz Kühn, hinweisen. Bereits 1979 prophezeite er in seinem ersten Memorandum, was passieren wird, wenn wir den Bildungsaspekt bei der Integration der damals so genannten Gastarbeiter vernachlässigen. Der Volksmund würde sagen: »Na siehste, Schuld eigene.«
Inzwischen scheint sich der Wind aber etwas zu drehen. Ich habe mit großem Interesse das Jahresgutachten des Sachverständigenrats deutscher Stiftungen für Integration und Migration 2014 gelesen. Bisher neigte auch diese Institution eher zum Schonwaschgang oder zu einer Einschätzung, wie sie uns die Gesundbeterin Frau Prof. Dr. Böhmer, die ehemalige Mi-

grationsbeauftragte der Bundesregierung, immer wieder versucht hat einzureden.

Ich will aus dem erwähnten Jahresgutachten nur einige Schlaglichter wiedergeben. Da ist die Rede von Licht und Schatten in der Integrationspolitik der letzten fünf Jahre. Es wird eine »zuwanderungspolitische Gesamtstrategie« vermisst und ein »nationaler Aktionsplan Migration« gefordert. Das hat mich etwas verwundert. Wir haben doch einen ganz erfolgreichen und umfassenden Integrationsplan, den uns Frau Prof. Böhmer als Problemlöser anempfohlen hatte. Aber nun gut. Der Sachverständigenrat kritisiert, dass ein Dialog über eine zuwanderungspolitische Gesamtstrategie bislang nicht erfolgt sei. Darüber hinaus vermisse er eine Migrationspolitik aus einem Guss. Einigen gelungenen Initiativen stünden nach wie vor Baustellen und verpasste Chancen gegenüber.

Das könnte alles von mir sein. Nichts anderes rede und schreibe ich seit Jahren. Ich verweise auch immer auf handfeste Daten, die ich aus dem Kulminationspunkt namens Neukölln regelmäßig liefere. Nicht, weil sie nur hier ablesbar sind. Nein, sie wären es auch anderswo. Jedenfalls dort, wo die Bevölkerungsstruktur vergleichbar und die sozialen Verhältnisse identisch sind. Trotzdem gilt das Benennen von sozialen Verwerfungen nach wie vor als verpönt oder in Neusprech als unkorrekt. Das scheint mir auch der Grund zu sein, warum mein Leitspruch »Neukölln ist überall« zuweilen mit einem empörten »bei uns nicht« erwidert wird.

Mir macht der Sachverständigenrat Mut. Dessen Studie ist für mich seit langer Zeit wieder einmal ein prominenter Hinweis darauf, dass wir in Fragen der Integration und des mit der Einwanderung einhergehenden gesellschaftlichen Wandels einfach eine Schippe zulegen und uns diesen Themen vielleicht doch mit unverstellterem Blick nähern sollten. Ich bin nicht so vermessen zu glauben, dass das nun auch gleich zu einem

Durchbruch meiner Sichtweise führt. Aber ich spüre einen Hauch Realismus, und das ist doch schon einmal ein guter Anfang. Irgendwann wird dann auch der Letzte begreifen, dass nur eine starke, selbstbewusste, vor allem eine intervenierende und Leitlinien setzende Gesellschaft den Wandel in ein modernes Einwanderungsland bestehen wird. Der Fortschritt ist nun einmal eine Schnecke.

Ich finde, das Wort Wandel ist positiver besetzt als Veränderung. Wenn Sie durch Neuköllns Straßen gehen, dann springt Ihnen der Wandel förmlich in die Augen. Geschäfte, deren Namen und Reklamen an der Hauswand Sie nicht lesen können. Menschen, die anders gekleidet sind, als es den mitteleuropäischen Gewohnheiten entspricht. Verhaltensweisen, die gewöhnungsbedürftig sind. Das Aufeinandertreffen von unterschiedlichen Kulturen und Lebensgewohnheiten erfordert Toleranzbereitschaft, Liberalität und Offenheit. Ich glaube, darüber muss man sich nicht austauschen. Aber das darf keine Einbahnstraße sein.

Wie bereits gesagt, wer seine Heimat verlässt, um sich in einen fremden Kulturkreis zu begeben, der weiß, dass er auf andere Lebensgewohnheiten und andere gesellschaftliche Rituale stoßen wird. Es irritiert mich immer wieder, wie man darüber unterschiedlicher Meinung sein kann. Selbstverständlich bedeutet Wanderung und Einwanderung, dass jemand partizipieren will am Wohlstand eines anderen Landes. Selbstredend bedeutet das dann, dass derjenige sich nicht nur zum eigenen Nutzen, sondern auch zum Nutzen der Gemeinschaft einzubringen hat. Es ist doch lächerlich, dies in Frage stellen zu wollen. Der demagogische Spruch vom Land mit viel Geld für nix kann doch nicht ernsthaft Gegenstand des Diskurses sein.

Integrationsbereitschaft ist nur ein anderer Begriff für Anpassungsfähigkeit. Nämlich die Fähigkeit, sich für die Lebenswelt der neuen Heimat zu öffnen. Das heißt natürlich nicht, die zu Hause erlernten und von Vorfahren überlieferten Werte nun plötzlich über Bord zu werfen. Man muss nicht schlagartig Heino gut finden, wenn man aus Somalia stammt. Man muss auch nicht fortan Bier für eine Offenbarung oder Schweinekotelett für eine Delikatesse halten. Obwohl ich bei Letzterem durchaus offen bin.

Anpassungsfähigkeit hat nichts mit Assimilation, mit Selbstaufgabe zu tun. Sie bedeutet eigentlich nichts anderes als Respekt und vielleicht auch Hochachtung vor dem Land und den Menschen, die es zu einem erstaunlich höheren Wohlstand gebracht haben als die eigene Heimat. Auch wenn es nicht immer gerne gehört wird, so möchte ich doch an eines erinnern: Einwanderer verlassen ihre Heimat nicht, weil sie es gar nicht mehr aushalten vor lauter Wohlstand, Bildungseinrichtungen, Sozialleistungen und Gesundheitsversorgung. Nein, die Menschen kommen, weil es ihnen dort, wo sie geboren wurden, dreckig geht. Weil sie verfolgt werden oder weil sie ihre Familie nicht ernähren können. Weil die Kinder nicht zur Schule gehen können, weil es eben keine gibt. Oder weil sie nicht wissen, ob sie gegen einen Gewehrkolben rennen, wenn sie die Tür öffnen. Das ist doch der reale Hintergrund von Wanderung, auch der aus Südosteuropa. Wer sich die Lebensbedingungen in Bulgarien und Rumänien einmal zu Gemüte führt, der weiß, warum Menschen nach Frankreich, Deutschland oder Skandinavien wollen. Sie sind auf der Suche nach Glück und einem besseren Leben. Aber kann das wirklich die isolierte Aufgabe des Sozialsystems einzelner Länder sein? Ist es nicht eher ein Gebot für die Europäische Union, auf eine Verbesserung der Lebensverhältnisse und Lebensbedingungen beispielsweise in diesen beiden (Mitglieds-)Ländern zu dringen? Die Diskriminierung der Roma dort zu beenden? Die Sozialsysteme der anderen EU-Länder können nicht die Lösung für diese Binnenprobleme sein. Hartz IV ist nicht der Schlüssel zur Behebung gesellschaftlicher Ungereimtheiten und Ungerechtigkeiten in anderen Mitgliedsstaaten.

In Neukölln leben Menschen aus rund 160 Nationen. Nationen sind kleinere Maßeinheiten als Kulturkreise. Insofern will ich mich auch nicht in der Zuschreibung von Nationalitäten ergehen. Ich bin der festen Auffassung, dass die Nationalität kaum Bedeutung für das Verhalten im Ankunftsland hat, eher der Kulturkreis. Kulturelle Übungen, Eigenheiten und Gewohnheiten prägen die Menschen. Werte, die jemand verinnerlicht hat, steuern sein Verhalten und sein Verhältnis zu anderen Menschen. So wie die Werte meines Elternhauses mich sozialisiert und geprägt haben.

Ich empfinde bestimmte kulturelle Riten anderer Kulturkreise als abscheulich. Ich bin überhaupt nicht bereit, auch nur einen Gedanken daran zu verschwenden, ob sie zur Identität eines Menschen gehören und damit hingenommen werden müssen oder nicht. Nach Angaben von Terre des Femmes werden in weiten Teilen Afrikas bis zu 90 Prozent aller Frauen körperlich grauenhaft verstümmelt. Wer dies aber auch bei uns tut und glaubt, das damit rechtfertigen zu können, dass es nun mal zu seiner Identität gehöre, anderen Menschen Schmerzen zuzufügen, sie zu quälen und ihnen ein Stück Lebensqualität zu rauben, mit dem möchte ich nicht in einen Diskurs treten. Der gehört für mich schlichtweg hinter Schloss und Riegel. Ich will damit ausdrücken, dass die Akzeptanz anderer kultureller Lebensweisen Grenzen in unserer Ethik und Sozialordnung findet.

An dieser Stelle begegne ich unweigerlich dem Begriff des Kulturrelativismus. Egal, wie schrecklich und grausam wir in der westlichen Welt bestimmte Riten und Bräuche empfinden, solange sie in den Herkunftsländern akzeptiert (oder gewollt) sind und so gelebt werden, müssen wir das wohl oder übel hinnehmen. Was ist aber, wenn Menschen aus einem Kulturkreis in einen anderen wechseln? Sie sind beherrscht von erlernten und eingeübten Gepflogenheiten. Kann von ihnen erwartet werden, dass sie die Riten des neuen Kulturkreises respektieren und achten? Oder können sie darauf bestehen, ihre Heimatbräuche weiterzupflegen und zu konservieren? Ahmed Aboutaleb, der Bürgermeister von Rotterdam, hat einmal gesagt: »Ich diskutiere mit niemandem die Gesetze dieses Landes.« Das ist eine leichter verständliche Formulierung als die staatstragenden Worte über Kulturrelativismus. Noch einfacher ist der Satz »Hier ist Österreich«, den ich in der Alpenrepublik bei solchen politischen Diskussionen oft gehört habe.

All diese Aussprüche meinen das Gleiche. Einwanderer haben sich der neuen Heimat nicht zu unterwerfen, aber anzupassen. Ich habe einmal etwas trivialer formuliert, dass derjenige, der in einen Fußballverein eintritt und dort Handball spielen will, ein Problem bekommen wird. Genau an dieser Stelle sind wir. Daraus resultieren viele gesellschaftliche Diskussionen und Reibungen. Allerdings treten diese nicht durchgängig bei allen Einwanderern auf. In Neukölln lebt eine erstaunlich große Zahl von Menschen, die hinduistisch orientiert sind, es gibt russisch-orthodoxe, Juden und Muslime. An dieser Stelle nähern wir uns einem hochsensiblen Thema, nämlich dem von Religion, speziell dem Islam.

Ich bin inzwischen zu der Überzeugung gelangt, dass der Islam für mich nur bedingt als eine reine Religion zu betrachten ist. Für seine Anhänger ist er eher eine Weltanschauung, eine Weltordnung, eine Schöpfung der Gesellschaft nach göttlicher Fügung. So sehen sie ihn. Der Islam gibt seinen Gläubigen nicht nur eine spirituelle Ebene vor, sondern er beansprucht auch bis in die heutige Zeit, der bestimmende Faktor des täglichen Lebens und der täglichen Handhabungen für sich selbst oder gegenüber den Mitmenschen zu sein. Dies kollidiert in eklatanter Weise mit den Grundüberzeugungen westlicher Demokratien, wie es auch Deutschland eine ist. Dort setzen irdische Instanzen die Normen und erwarten für diese Respekt und Normentreue. Davon kann die Berufung auf eine höhere Gewalt niemanden freisprechen.

Für uns ist die Gesellschaft Ausdruck menschlichen Gestaltungswillens. Sie ist das Resultat von Reformation und Aufklärung, sprich der Umsetzung von Wissen und Vernunft in Normen des Zusammenlebens, und das Ergebnis politisch gestalterischer Kraft. Hieraus folgt, dass das Individuum im Zentrum aller Betrachtungen steht, nicht eine Gruppe, eine Gemeinschaft oder die Umma. Bei uns bilden der Einzelne und seine Würde den Mittelpunkt von nicht zur Disposition stehenden unveräußerlichen Grund- und Menschenrechten. Dort, wo der Einzelne nichts gilt, die Gemeinschaft der Wissenden oder Gläubigen wie im Kommunismus oder im orthodoxen Islam aber alles ist, treffen wir auf Sichtweisen, die zu den unseren diametral stehen. Meines Erachtens kann sich niemand richtig in ein demokratisches Gesellschaftssystem integrieren und niemand mit den kulturellen Werten einer liberalen und toleranten Gesellschaft verwachsen, der Anhänger einer Überzeugung ist, die propagiert, dass der Einzelne nur Diener und Werkzeug des großen Ganzen ist.

Für mich stellt sich daher die Frage, ob sich beispielsweise religiöse Splittergruppen wie Salafisten oder Wahabiten tatsächlich unter den Deckmantel der Religionsfreiheit verbergen dürfen, wenn diese Glaubensrichtungen von sich aus alle die demokratiebestimmenden Grundlagen kategorisch ablehnen. Es gibt aber auch nicht wenige Akteure in dieser Diskussion, die zu äußerster Zurückhaltung bei diesen Fragen raten. Sie sagen, man dürfe Menschen anderer Kulturen nicht als Oberlehrer begegnen. Auch sie hätten Anspruch auf Würde, und man sollte ihren Stolz nicht verletzen, indem man die Werte einer demokratischen Gesellschaft für ein Leben bei uns als unabdingbar erklärt. Natürlich hat jeder Mensch Anspruch auf Würde und Stolz. Aber er verliert den Schutz der demokratischen Gesellschaft in gleichem Umfang, wie er ihre Werte zerstört. Ich persönlich bin ein energischer Gegner dieses Kulturrelativismus. Denn er dient immer wieder als Rechtfertigung dafür, dass man uns fremde, mit unseren demokratischen Grundüberzeugungen unvereinbare, wenn nicht gar konträr feindliche Werte überhelfen will. Vor lauter Selbstaufgabe, ja beinahe schon mit defensiver Ängstlichkeit wagen wir es nicht, diesen Riten unsere eigene Umgangskultur entgegenzusetzen.

Ich empfinde überhaupt keinen Drang, andere Gesellschaften, andere Länder, andere Kulturen zu missionieren und ihnen meine Sichtweise oder die Betrachtungsweise unseres zivilisatorischen Standes aufzuzwingen. Ich bin auch kein Kreuzfahrer. Jedes Land lebt mit der Regierung, die es sich gewählt hat oder die dort nach akzeptierter göttlicher Fügung entstanden ist. Selbst Diktatur und Anarchie sind Gesellschaftsformen, die zunächst einmal ihre Wirkung nur innerhalb des Staatswesens entfalten. Erst wenn sich ein Volk trotz erkennbaren Willens nicht selbst befreien kann oder Verwerfungen im Außenverhältnis auftreten, kann eine Intervention von außen angezeigt sein.

Die Vorgänge im Irak 2014 sind ein eklatantes Beispiel einer solchen Situation. Ich mag weder Gottesstaaten noch Gotteskrieger und auch keine feudalistischen Diktaturen. Ich bin auch nicht bereit, diese zum Teil vorzivilisatorischen Sitten bei uns als Kulturgut und Bereicherung zu akzeptieren oder auch nur zu tolerieren. Um die Kirche im Dorf zu lassen. Das ist nichts für persönliche Befindlichkeiten oder Ratschläge von Stammtischen. Bei Konflikten dieser Dimensionen ist die Staatengemeinschaft gefordert. Das gilt für menschenverachtende Vorgänge, die Leid über Millionen von Menschen bringen, ebenso wie auch für Erscheinungsformen in der gegenwärtigen sogenannten muslimischen Welt.

Ich glaube, wir wären besser beraten, wenn wir eine klarere Linie zur Frage von Staat und Religion hätten. In Religionsangelegenheiten gilt bei uns das Gebot der staatlichen Neutralität. Aber was bedeutet die Floskel von der Neutralität des Staates? Fallen die Kreuze in den Schulen oder in den Gerichtssälen in Bayern nicht darunter? Wir haben einen weiteren Grundsatz, nämlich den der Gleichbehandlung und des Verbots der Willkür. Dort, wo fast nur muslimische Schülerinnen und Schüler unterrichtet werden, könnte man mit der gleichen Logik dann auch den Halbmond über der Tür anbringen. Frankreich hat sich den Laizismus selbst in der Verfassung vorgegeben. Da fällt es leichter, mit religiösen Ansprüchen umzugehen. Aber wenn so etwas auch bei uns kommen soll, wer zieht dann die Kirchensteuer ein? In Norwegen erhalten alle Glaubensgemeinschaften staatliche Förderung und Finanzierung. Das gilt dann logischerweise auch für die islamischen Glaubensgemeinschaften.

Es ist zwar noch nicht die Zeit, aber religiöse Auseinandersetzungen werden in der Zukunft zunehmen. Es wird die Situation kommen, in der wir in Deutschland sehr konzentriert darüber werden diskutieren müssen, inwieweit wir ein säkularer Staat sein wollen und inwieweit der Laizismus in unsere Gesellschaft gehören soll.

Es ist doch schon heute so, dass wir zum Beispiel permanent mit Forderungen von muslimischen Organisationen konfrontiert werden, den Islam zum offiziellen Teil des öffentlichen Lebens zu machen. Das passiert auf vielen Ebenen. Bei mir in Neukölln gibt es alle zwei Jahre den Vorstoß, den Ruf des

Muezzins zu den Gebetszeiten erklingen zu lassen. Der Vorsitzende der Türkischen Gemeinde erfreut uns immer wieder mit der Forderung nach muslimischen Staatsfeiertagen. Der Anspruch von Eltern in Schulen, dass Lehrer oder Erzieherinnen keine Schweinefleischprodukte auf ihren Broten haben dürfen, weil sie ansonsten bei anschließender Berührung die Kinder verunreinigen, ist zwar fast humoristisch, aber andererseits auch schon wieder ein Zeichen dafür, was sich alles so verselbständigt hat.

Es gibt auf Bundesebene eine Islamkonferenz. Warum eigentlich? Gibt es auch eine Katholikenkonferenz, eine Hinduismuskonferenz, eine jüdische Konferenz oder eine protestantische? Mit welcher Berechtigung wird der Religion einer Minderheit im Lande ein solcher Sonderstatus beigemessen? Selbst wenn es eine Weltreligion ist.

In Deutschland leben etwa vier Millionen Muslime. Das sind fünf Prozent der Bevölkerung. Zieht man davon noch etwa 500 000 bis 700 000 Aleviten ab, die keinesfalls unter die streng religiösen bzw. dogmatischen Muslime zu subsumieren sind, so bleiben etwa 3,2 Millionen, also vier Prozent der Bevölkerung, übrig. Allerdings muss man wissen, dass Muslim jeder ist, der muslimische Eltern hat. Egal, ob er sich dem Glauben verbunden fühlt, ob er ihn praktiziert oder nicht. Ich kenne viele Muslime, die noch nie eine Moschee von innen gesehen haben und auch ansonsten ein eher indirekt gottesfürchtiges Leben führen. Sie verstehen, was ich meine?

Ich gehe davon aus, dass maximal die Hälfte der Muslime in Deutschland tatsächlich streng gläubig praktizierend ist. Wenn man repräsentativen Umfragen glauben kann, dann ist nur ein Drittel der Muslime streng religiös. Wobei die Repräsentativität in Glaubensfragen mit Vorsicht zu betrachten ist. Das entspricht nicht den mehr der Öffentlichkeitsarbeit geschuldeten Übertreibungen, die einzelne Organisationen für sich reklamieren, wie Zentralrat der Muslime, Türkische Gemeinde zu Deutschland oder ähnliche. Allen Erkenntnissen nach vertreten diese Organisationen selten mehr als 10 000 bis 20 000 Mitglieder. Es handelt sich also um Interessenvertreter mit Blick auf die Staatsknete für die eigenen Interessen. Für ihre Organisation, für Projekte, für Beschäftigungsmaßnahmen, für Studien und, und, und: Hauptsache, es fließt Geld. Zu mir hat einmal eine doch recht bekannte muslimische Persönlichkeit gesagt: »Diese Organisationen ziehen ihre Existenzberechtigung nur aus den Divergenzen und aus der Nichtintegration. Wenn alle miteinander auskämen und es einen friedlichen Dialog gäbe, dann bräuchte man all diese selbsternannten Standes- und Religionsvertreter überhaupt nicht.«

Ich persönlich verweigere stets die Antwort, wenn bei einer Zusammenkunft gleich die zweite oder dritte Frage lautet, wie ich zum Islam oder zum Kopftuch stehe. Ich werde bei anderen Gelegenheiten auch nicht gefragt, was ich vom »Vater Unser« halte oder vom Christentum. Natürlich entspringen all diese herausfordernden Sequenzen der Vorstellung, dass die islamische Religion ein stetiger, untrennbarer Teil des öffentlichen Lebens ist. Menschen wie ich sagen hingegen: Nein, das ist sie nicht. Sie gehört in die Moschee, in das Gebet der Gläubigen, aber bitte nicht in meine Welt. Damit wir uns nicht falsch verstehen: Religionsfreiheit ist ein hoher Wert, und ich respektiere und achte jede Überzeugung, die Menschen innere Einkehr, Ruhe und Frieden bringt. Mir ist es egal, wer mit welchem Gott Eintracht und Geleit findet.

Wenn man über »den« Islam schreibt und spricht, kann man sich nicht vor den Themen Gewalt und Terrorismus drücken. Im Namen keiner anderen Religion wird in unserer Epoche mehr Leid unter die Menschen gebracht als im Namen Allahs. Jeden Tag sterben Hunderte Menschen. Alltäglich versuchen angebliche Vorbilder, junge Leute davon zu überzeugen, dass sie ihr Leben wegwerfen und dabei gleich noch andere Menschen töten und verletzen sollen. Dies sei eine göttliche Handlung und das Paradies ihre Belohnung. Wie kann das Paradies eine Belohnung dafür sein, dass man im Namen einer friedenstiftenden Religion anderen Menschen Leid zufügt?

In vielen Gesprächen wird mir immer wieder gesagt, das seien keine wahren Muslime, das seien keine Gläubigen, das seien Verbrecher. Das Problem ist nur, dass die, die solche Dinge tun, das von den anderen auch behaupten. In der Gegenwart muss »der« Islam damit leben, dass sich auch Menschen auf ihn berufen, deren Sprache Gewalt und Terror ist. Das bringt Religion und Gläubige in Verruf, ist aber unauflöslich, solange die Dschihadisten ihr Tun fortsetzen und Muslime sich nicht davon abgrenzen.

Aber es hilft uns nicht weiter, wenn das Leute wie ich sagen. Vielmehr sind hier auch die Selbstheilungskräfte der Muslime gefragt. Ein ausgesprochen positives Statement in diesem Sinne hat kurz vor Redaktionsschluss des vorliegenden Buches der Berliner Imam Ferid Heider abgegeben, der sich auf Facebook über die *IS*-Dschihadisten, wie folgt, geäußert hat:

> »Leider hatte ich heute mal wieder ein sehr trauriges Erlebnis! Als ich heute Abend nach einer Sitzung in der Darussalam-Moschee in Berlin-Neukölln aus dem Büro kam, weil der Adhan ausgerufen wurde und den Moschee-Raum betrat, fiel mein Blick sofort auf eine Gruppe von jungen Männern, die ich kannte. Als sie mich ebenfalls erblickten, fingen sie an, sich gegenseitig anzuschauen und zu tuscheln. Ich wusste anhand ihrer Blicke sofort, um was es ging, nämlich um mich. Aus ihrer Sicht bin ich vom Glauben abgefallen und somit ein Kafir und Murtadd (Abtrünniger vom Islam), hinter dem man nicht beten kann.

Bis zur Iqama hegte ich noch die Hoffnung, dass ich mich vielleicht getäuscht haben könnte und ich aus ihrer Sicht doch noch nicht vom Glauben abgefallen bin. Als ich mich aber zu der Gemeinschaft drehte, um sie aufzufordern, die Reihe gerade zu machen, konnte ich sie nicht mehr erblicken …

Das Traurige an der Sache ist, dass ich zu mindestens zwei von ihnen eine wirklich gute und freundliche Beziehung hatte. Ja, einer von ihnen hatte vor einigen Jahren sogar regelmäßig meinen Unterricht besucht. Es ist wirklich kurios, dass jemand, der noch nicht einmal vor wenigen Monaten mit dir zusammengesessen ist, dich um Rat gebeten, mit dir gelacht und deine Predigten geschätzt hat, dich plötzlich nicht mehr grüßt.

Genau dies ist der Fall bei einem dieser Brüder gewesen. Ich musste vor wenigen Wochen feststellen, dass er plötzlich sehr kalt mir gegenüber wurde, als er mich auf der Straße traf. Als ich ihn dann beim nächsten Zusammentreffen demonstrativ grüßte, schaute er mich nicht einmal mehr an. Heute hat sich dann bestätigt, dass er mich wirklich nicht mehr als Muslim ansieht.

Schlimm ist, dass er mit mir noch nicht einmal über irgendein Thema gesprochen hat, was mich aus seiner Sicht zum Abtrünnigen machen könnte. Er hat es einfach von anderen übernommen. Dieser Bruder ist vor wenigen Monaten noch überhaupt nicht extrem gewesen. Es ist schlimm mit anzusehen, wie schnell sich einige Brüder verändern und radikalisieren. Diese Gift-Ideologie des Takfirs, welche sich auch der IS in Syrien und im Irak zu eigen gemacht hat, zerstört den Islam, die Umma und die Menschheit als Ganzes. Genau dieser Takfir-Extremismus lässt Anhänger des IS in Syrien und im Irak andere Menschen, ohne mit der Wimper zu zucken, umbringen, so als seien sie Ungeziefer. Gestern habe ich mir das letzte Video von Abu Talha Al-Almani angeschaut und war so etwas von geschockt darüber, was er und seine beiden Komplizen von sich gegeben haben.

Ich zitiere: »Yani, Wallahi! Jagd zu machen … Und jedes Mal wenn wir in die Schlacht rausziehen, dass wir hoffen, dass wir einen erwischen, den wir mal enthaupten können. Abu Talha und ich, wir wünschen uns schon so lange, mit einem stumpfen Messer einen zu schlachten. (Gelächter von beiden)«

Was soll man zu so kranken Worten noch sagen? Was hat das bitte schön noch mit dem Islam zu tun? Das sind Wünsche von blutrünstigen Menschen, die es kaum erwarten können, endlich zu töten.

Man bekommt das Gefühl, dass es diesen Menschen nur um die Action geht. Als würden sie Counter-Strike oder ein anderes Baller-Spiel nur in echt spielen. Ich warne alle Geschwister eindringlich vor diesem Irrweg, der zu nichts anderem als die Hölle führen wird. Weil das, was diese Extremisten in Syrien und im Irak tun, nichts anderes ist, als Verbrechen zu begehen. Was diese Leute tun, ist eine Pervertierung und Vergewaltigung unseres Glaubens. Alles, was sie tun und glauben, stimmt mit den Eigenschaften der Khawarij, der Hunde der Hölle, überein.

Ich hoffe nur, dass sie den Weg zur Sunna und zum wahren Glauben zurückfinden. Möge Allah uns alle vor diesem Weg bewahren und die Umma von dieser Gift-Ideologie befreien.

Amiin, Amiin, Amiin!!!!

Ferid Heider"

Diese unmissverständliche Positionierung gegen die Gräueltaten der IS ist insofern ausgesprochen vorbildlich, als Ferid Heider ein Idol der muslimischen Jugend ist. Ihm muss an dieser Stelle daher ausdrücklich Beifall gezollt werden. Sie werden Ferid Heider im Übrigen an späterer Stelle des Buches noch näher kennenlernen.

Es kann doch nicht richtig sein, dass aus dem Grund, dass das Schändliche nicht von der Masse, sondern von einzelnen Gruppen ausgeht, über die Taten nicht berichtet und geurteilt werden darf. Das ist die bekannte Eigenamnestie. Weil es auch deutsche Kriminelle, Schulschwänzer und Gewalttäter gibt, darf man über diese Erscheinungsform in Einwanderermilieus nicht reden oder schreiben. Weil die Engländer auch Konzentrationslager gebaut haben und es durch die Rote Armee ebenfalls Kriegsverbrechen gab, brauchen wir uns nicht mehr mit dem Völkermord und anderen Greueltaten in der Nazizeit auseinanderzusetzen. Das würde dieser Logik entsprechen. Muslime müssen sich dem stellen, was im Namen ihres Glaubens auf der Welt geschieht. Auch wenn sie als Einzelne damit genauso wenig zu tun haben wie ich mit der Tyrannei der Nazis. Terroristen sind Mörder, und man muss sie auch so bezeichnen. Mit einer Fatwa wegen der Beleidigung der Religion oder des Propheten ist man schnell bei der Hand. Für Verbrechen im Namen des Islams habe ich noch von keiner gehört. Wer von mir ein Schweigen über all diese Dinge fordert, der verlangt eigentlich, dass ich den Islam vor den Islamisten beschützen soll. Das übersteigt aber meine Kräfte.

Beim Thema Islam kommt man auch an einem anderen Punkt nicht vorbei. Gerne hätte ich es mir erspart, aber es geht nicht. Natürlich erwarten Sie von mir eine Stellungnahme zum Kopftuch. Meine persönliche Sicht ist: Ich finde es schrecklich, es verunstaltet Frauen. Ich halte es auch in Europa für unpassend, wenn das Straßenbild von Kopftüchern dominiert wird. Aber es ist nun einmal so, dass es nicht darauf ankommt, was mir gefällt oder nicht gefällt. Es steht jedem frei, sich so zu kleiden, wie er es für richtig hält – aus kulturellen Gründen, aus religiösen Gründen, aus modischen Gründen. Wer meint, mit einem Cowboyhut am dekorativsten auszusehen, der soll ihn tragen, obwohl er bei uns sicherlich nicht gerade zum angesagten Outfit gehört.

Beim Kopftuch geht es aber nicht nur um die Frage, was man tragen *darf*, sondern auch darum, ob man es tragen *muss*. Deshalb ranken sich um dieses kleine Stück Stoff erbitterte Auseinandersetzungen. Bei Google finden sich etwa 350 000 Einträge über Für und Wider des Kopftuchs, Kopftuchverbots und der Kopftuchpflicht. Es gibt Länder, in denen alle Frauen verpflichtet sind, ein Kopftuch zu tragen – egal, ob sie muslimisch sind oder nicht. So weit sind wir noch nicht. Ich will mich dieser Thematik auch nur sehr vorsichtig nähern. Ich klammere die Frage aus, ob das Kopftuch tatsächlich ein Gebot Allahs ist. Darüber sollen sich weiterhin die Islamgelehrten und die Islamschulen auseinandersetzen.

Fest steht jedoch, dass das Kopftuch für Muslimas eine Symbolwirkung hat und auch nach außen etwas über ihre Religiosität und ihre Persönlichkeit ausdrücken und ausstrahlen soll. Die einen sagen, es ist untrennbarer Teil der Religion und fällt unter den Schutz der Religionsfreiheit. Andere sagen, es ist das Symbol der Unterdrückung der Frauen und deshalb Ausdruck einer anderen Gesellschaft, einer Gesellschaft, die die Gleichheit der Geschlechter ablehnt. Deswegen darf sich das Kopftuch nicht unter dem Deckmantel der Religionsfreiheit des Grundgesetzes tarnen.

Ich glaube nicht, dass wir in Deutschland dieses Problem lösen werden. Viele andere Länder der westlichen Welt sind daran auch schon gescheitert. Für mich reduziert sich die Frage nach dem Kopftuch darauf, ob es ein religiöses oder ein gesellschaftspolitisches Signal ist. Aus meiner Sicht trifft beides zu. Und damit fällt das Thema für meine Begriffe unter das

Gebot der staatlichen Neutralität. Ich habe Verständnis dafür, dass Eltern sagen, sie möchten nicht, dass die Lehrerin meines Kindes ein Kopftuch trägt. Das Gleiche gilt für Erzieherinnen und für alle anderen, die den Staat repräsentieren. Dort, wo unsere Gesellschaft den Bürgerinnen und Bürgern in Form der Obrigkeit begegnet, müssen sie darauf vertrauen können, dass es nur eine Einflussgröße auf das staatliche Handeln gibt, nämlich die der gesetzlichen Normen. Sie müssen sich darauf verlassen können, dass es keinerlei andere Werte oder innere Beteiligungen gibt, die das Handeln steuern. Hieraus folgt, dass ich Verständnis dafür habe und hätte, wenn jemand sagt, er möchte nicht, dass eine Polizistin Kopftuch trägt, eine Richterin, die Sachbearbeiterin für die Baugenehmigung oder auch die Sozialarbeiterin im Jugendamt, die darüber entscheidet, ob ein Kind aus einer Familie genommen wird oder nicht.

Mir ist völlig klar, dass das eine Gegenreaktion unter der Überschrift »Berufsverbot« hervorruft. Das sehe ich aber anders. Es gibt religiös ausgerichtete Schulen, evangelische, katholische, jüdische. Eltern, die ihre Kinder dorthin geben, wissen, dass die Kinder nach religiösen Prinzipien erzogen werden. Warum sollte die Lehrerin an einer muslimischen Schule kein Kopftuch tragen dürfen? Auch eine Sozialarbeiterin muss nicht für den Staat arbeiten, der weitaus größere Beschäftigungsmarkt ist der der freien Träger, das gilt für Kindertagesstätten genauso wie für Büroberufe. Ich halte daher ein Gerichtsurteil in Berlin für nahezu einen Skandal, mit dem ein Zahnarzt verurteilt wurde, eine Auszubildende einzustellen, die Kopftuch trägt. Der Zahnarzt hatte eingewandt, er sei ein nicht religiöser Mensch und daher wünsche er in seiner Praxis auch keine sichtbaren religiösen Symbole. Ich finde, das steht ihm zu. Nun, das Gericht sah das anders. Dann scheint es ja auch nicht mehr weit zu sein, bis eine Nonne im Swingerclub angestellt werden muss, so sie denn will. Ich gebe zu, der letzte Satz ist etwas gossenhaft.

Viele kleine Dinge passen in diesen Abschnitt, ich habe sie an anderer Stelle bereits erwähnt. So beispielsweise die Mädchen, die beim Schulturnen nicht ihre nackten Oberarme zeigen dürfen. Ich erinnere an die Episode mit der Zwangsversteigerung. Genauso passen der Lehrer bzw. die Lehrerin hierher, die sich bei der Notenvergabe in der Schule durchaus die Androhung einer Tracht Prügel einhandeln können.

Der Gegencheck

Alle Gedanken, Thesen, ja auch emotionalen Befindlichkeiten, die Sie gelesen haben, entspringen meinem Denken und meinen Gefühlen. Nun soll es aber durchaus vorkommen, dass die eigene Sichtweise von anderen Menschen nicht geteilt wird und sich der Einzelne durchaus auch vergaloppieren kann.

Meine Erfahrungswerte sind geprägt von 35 Jahren kommunalpolitischer Tätigkeit in Neukölln. Ich habe die Entwicklung also hautnah nicht nur als beobachtender Bürger, sondern auch als aktiver politischer Gestalter des öffentlichen Raums miterlebt. Was Neukölln betrifft, bin ich kaum auf weitere Informationen angewiesen. Wohl aber bei den Fragen, welche Konsequenzen das Erlebte an anderer Stelle zur Folge hat und wo die Ursachen und Begründungen dafür zu suchen sind. So habe ich mich entschlossen, mit Menschen zu reden, die sich nicht nur seit langem mit der Materie beschäftigen, sondern auch Neukölln und seine Entwicklung kennen. Es handelt sich um Dr. Ralph Ghadban, Dr. Necla Kelek und Derya Cigli (*Name geändert*).

Dr. Ralph Ghadban ist Schriftsteller, Publizist, Migrationsforscher, Islamwissenschaftler und gefürchteter Gegner aller Religionsfundamentalisten. Er gilt wohl zu Recht als einer der profundesten Kenner der muslimischen Gesellschaft. Dr. Necla Kelek, mehrfach ausgezeichnete Schriftstellerin und eine engagierte Streiterin für den modernen Islam, überzog man mit Häme und Schmähungen und organisierte pseudowissenschaftliche Kampagnen gegen sie. Zum Schweigen hat man sie damit nicht gebracht. Derya Cigli schließlich ist Psychotherapeutin für suizidgefährdete Mädchen und junge Frauen. Ich habe sie oft besucht, als sie noch Sozialarbeiterin beim Bezirksamt war. Sie kommt viel herum, sieht und hört einiges. Aber sie ist davon abhängig, dass ihr Fälle zugewiesen werden. Da eine exponierte Stellung in der Öffentlichkeit nicht gerade eine gute Werbung ist, hat sie mich gebeten, ihren richtigen Namen nicht zu nennen. Sie wird uns daher als Derya Cigli durch dieses Kapitel begleiten.

Ralph Ghadban nähert sich meinen Fragen von der philosophischen Seite und widmet sich den Gründen für die heutige gesellschaftliche Situation unter dem Aspekt des Islams und der dahinterstehenden Ideologie. Necla Kelek betrachtet das System der tradierten Lebensgewohnheiten der Muslime und zieht daraus ihre Schlüsse für das Vorhandensein einer anderen Gesellschaft. Derya Cigli ist bodenständiger. Sie hat durch ihre praktische Arbeit mit muslimischen Mädchen und durch die Reaktion unserer Gesellschaft in konkreten Situationen ihre Erfahrungen gesammelt.

Allen dreien ist eines gemein. Sie sagen, dass es nach ihren Erfahrungen keine Crash-Situationen mit anderen Communities und Gesellschaften gebe, die grundsätzlicher Natur sind. Die einzige Ausnahme hiervon sei die muslimische Bevölkerungsgruppe. Die Anpassungsfähigkeit von Asiaten, Süd- und Südosteuropäern, Polen und Russen erweise sich als weit ausgeprägter als die der Muslime.

Für Dr. Ghadban ist das nicht ablesbar am Entstehen von Parallelgesellschaften oder wie immer man sie nennen mag. Den Sammlungsdrang von Neuankömmlingen hält er generell für systemimmanent und völlig normal. Jemand, der fremd ist und die Sprache des Landes nicht beherrscht, der sei aus seiner

Sicht eigentlich zwingend auf ein ethnisches Netzwerk angewiesen. Die hilfreiche Wirkung eines solchen Gefüges bestehe darin, dass es die Funktion einer Brücke zur Mehrheitsgesellschaft einnehmen kann. Problematisch wird es jedoch, wenn die Parallelgesellschaft die Bindung an die Mehrheitsgesellschaft verliert. Eine solche Situation hält er bei der Betrachtung konservativer und fundamentalistischer Gemeinden, Gruppierungen, Organisationen und Familien durchaus für gegeben.

Erst einmal sind für den Islamwissenschaftler Parallelgesellschaften nichts anderes als soziale Milieus, die ethnisch und/ oder religiös geprägt sind. Aus einer Gruppe von Menschen wird aber erst dann eine Parallelgesellschaft, wenn sie sich bewusst abschottet und eigene Verhaltens- und Lebensnormen entwickelt, die von denen der Mehrheitsgesellschaft abweichen. Dies ist die negative Betrachtungsweise. Die positive ist, dass es gerade für Einwanderer immens wichtig ist, in der Zugehörigkeit zu ihresgleichen den Schutzraum ihrer Orientierung und Entfaltung zu finden. Inwieweit dies bei muslimischen Einwanderern der Fall ist, erscheint Ralph Ghadban äußerst fraglich. Er zeichnet ein eher düsteres Bild der Reformierbarkeit dieses Clusters. Die muslimische Gemeinschaft ist immer noch geprägt von der Zeit, in der sie über Jahrhunderte hinweg den größten Herrschaftsraum auf der Welt repräsentierte. Hieraus ist die von Generation zu Generation weitergetragene Überzeugung entstanden, dass die muslimische die beste Gemeinschaft ist, die Gott geschaffen hat. Dass Muslime die besseren Menschen sind und ihnen von Gott der Herrschaftsauftrag über die Welt erteilt wurde. Der Islam herrscht, er wird nicht beherrscht. Deshalb hat ein fundamentalistischer Muslim überall ein erhebliches Problem damit, dass er sich anpassen, sprich integrieren soll. Er kann nicht akzeptieren, dass sich die andere, nicht muslimische Welt, in der er sich jetzt befindet, auf einer Ebene mit dem von Gott gefügten Islam befinden soll.

Aus einer solchen Sicht kann es keine kulturelle Gleichwertigkeit einer anderen Kultur mit der des Islams geben.

Ich merke an dieser Stelle des Gesprächs, dass sich Ralph Ghadban langsam aufregt. Dieser Aspekt, sagt er, wird in der Diskussion stets tabuisiert. Wer aber trotzdem das Thema zum Gegenstand der Debatte macht, handelt sich sofort den Vorwurf ein, von Islamophobie befallen zu sein. Er macht das an einem schlichten Beispiel fest. Wenn ein Deutscher dagegen ist, dass seine Tochter einen Muslim heiratet, dann ist er als Rassist enttarnt. Möchte ein Muslim nicht, dass seine Tochter einen Deutschen heiratet, dann pflegt er seine kulturelle und religiöse Identität. Für Dr. Ghadban ist das ein deutlicher Beleg dafür, dass die deutsche Gesellschaft die Orientierung verloren hat.

Ich frage ihn, wie er sich die im öffentlichen Diskurs zuweilen auftretende Aggressivität von Muslimen erklärt. Seine Antwort lautet, es geht um Macht. Muslime wollen überall einer divergierenden Gesellschaft ihre Normen aufzwingen. Das hat überhaupt nichts mit der Situation in Deutschland zu tun, sondern ist ein weltweites Phänomen. Man muss dazu wissen, dass Basis aller Bestrebungen die Scharia ist. Sie ist das Gesetzbuch, nach der Gesellschaft zu funktionieren hat. Die Kollision mit unseren demokratischen Bürger- und Menschenrechten ist damit unausweichlich. Den Schutz und die Förderung des Individuums, die Unverletzlichkeit der Würde und der Freiheit eines jeden Menschen sowie die Ächtung jedweder Form von Gewalt kennt die Scharia nicht. Polygamie, Zwangsheirat, Selbstjustiz im Namen der Ehre oder ähnliche Dinge sind bei uns schlicht strafbare Handlungen und verboten. Wer diesen archaischen Bräuchen nach wie vor huldigt, hat den Zug in eine moderne demokratische und liberale Gesellschaft verpasst. Deshalb machen für Ralph Ghadban Multikulturalisten auch den entscheidenden Fehler, diese Grunddoktrin zu vernachlässigen. Unser demokratischer Pluralismus bedeutet Vielfalt auf der gemeinsamen Basis der Menschenrechte. Multikulturalismus hingegen beinhaltet die Akzeptanz der Kulturen in all ihren Formen und Ausuferungen bis hin zur Hinnahme der Absenz der Menschenrechte, die man in den Normen der muslimischen Staaten praktisch feststellen muss.

Dr. Ghadban sieht darin eine erhebliche Gefahr für unsere Demokratie. Er verweist darauf, dass nach allen Erkenntnissen der Migrationsforschung stets davon auszugehen ist, dass Kinder der dritten Generation ein gehöriges Stück des Weges ihrer Integration zurückgelegt haben. Die Fremdheit ist weitgehend gewichen. Anders jedoch bei religiös dominierten Muslimen. Ihre Distanz zur Mehrheitsgesellschaft ist bei uns zweifelsohne größer geworden, die Religiosität höher und die Gewaltbereitschaft stärker, ohne dass dies in einem Kausalzusammenhang steht. Hierzu gibt es für ihn unbestreitbare Belege durch Untersuchungen des Bundesinnenministeriums oder des Kriminologischen Forschungsinstituts Niedersachsen.

Es versetzt einen als Zuhörer nicht gerade in eine euphorische Stimmung, wenn man mit Ralph Ghadban zusammensitzt. Denn wenn die mangelnde Integration von Muslimen, die wir im Land beklagen, einen ideologischen Überbau hat, dann ist es für die Mehrheitsgesellschaft schwer, in diese Phalanx einzudringen. Es reicht dann nicht aus, die sozialen Bedingungen wie Arbeitslosigkeit oder materielle Unsicherheit zu verändern. Dann lautet die Frage auch, wie kommen wir zu offenen integrationswilligen Köpfen? Mit einem spitzbübischen Lächeln berichtet Ghadban von einer eigenen Untersuchung aus dem Jahre 2006. Er hat sich der Frage gewidmet, ob sich türkische Flüchtlinge in Deutschland anders verhalten, je nachdem, ob sie christlichen oder muslimischen Glaubens sind. Das Ergebnis war – Sie werden es schon ahnen –, dass die christlichen Flüchtlinge sich innerhalb kürzester Zeit besser integriert hatten und zum Teil deutscher waren als die Deutschen selbst. Sie standen mit einer weit überdurchschnittlichen Quote im Erwerbsleben bei einer Kriminalitätsrate unter der Nachweisgrenze. Die Konsumaufholjagd nach den Dingen, die sie so lange entbehren mussten, ließ ihnen keinen Raum, der erst einmal mit Selbstfindung, Anspruchshaltung und Benachteiligungsklagen zu füllen war. Nun kann ich diese Ergebnisse nicht überprüfen, aber wenn ich sehe, mit welch affenartiger Geschwindigkeit sich die Spätaussiedler aus der ehemaligen Sowjetunion und aus Polen in das hiesige gesellschaftliche Gefüge eingliedern, dann entscheide ich mich erst einmal nicht für den Zweifel.

Irgendwie möchte ich doch noch einen Schimmer Hoffnung von Ralph Ghadban mit auf den Weg bekommen. Und ich frage ihn, ob es denn gar nichts gibt, was die Mehrheitsgesellschaft zu ihrer Speerspitze formen kann. Es kommt die Antwort, die wir alle kennen und die auch ich stets auf eine ähnliche Frage gebe: Wir müssen den Menschen zu mehr Bildung verhelfen. Er sagt: »Das Niveau der Parallelgesellschaften entspricht dem Niveau der deutschen Unterschicht.« Nun ist die deutsche Unterschicht sicherlich auch von Bildungsferne, aber oft insbesondere von Asozialität und Suchtverhalten geprägt. Dieser Faktor scheidet bei der muslimischen Parallelgesellschaft aus. Ausnahmen bestätigen die Regel. Dr. Ghadban sagt: »Der Einfluss der Eltern in diesen Familien muss eingedämmt werden.« Er sieht dazu nur das Institut der Ganztagsschule. Es muss der Mehrheitsgesellschaft gelingen, jungen Menschen eine Alternative zur tradierten archaischen Welt von Opa und Papa zu zeigen und den Samen für den Wunsch nach einem selbstbestimmten Leben zu legen.

Ein weiteres Muss: Konsequenz. Wenn die Mehrheitsgesellschaft nicht unmissverständlich das Signal aussendet, an welchen Stellen für sie der Spaß aufhört, dann wird sie sich weiterhin nur der Lächerlichkeit preisgeben und dem Spott von pubertierenden oder spätpubertierenden jungen Männern aussetzen. Für Dr. Ghadban ist es völlig unverständlich, wie man Straftäter, die 50 und mehr Delikte auf dem Kerbholz haben, immer wieder laufen lassen oder ihnen eine x-te Chance zur Bewährung einräumen kann. Die Botschaft an die Familie, an die Brüder, Cousins, Freunde und Bekannten, aber auch an die Opfer ist verheerend. Die einen sehen überhaupt keinen Anlass, ihr Verhalten zu überdenken. Die anderen verzweifeln an ihrem Staat oder erliegen sogar dem Fremdenhass. Hinzu kommt ein langlebiger Lerneffekt. Wenn es keinen Schutz gibt und meinem Peiniger nichts passiert, dann pariere ich beim nächsten Mal gleich selbst. So setzen sich dann Subkultur und Gewalt im Alltag ganz leise immer weiter durch.

Ich bin schon recht desillusioniert, als ich mich anschließend zu Necla Kelek aufmache. Wir kennen uns schon lange, und ich weiß aus ihren Schriften, dass sie eine kompromisslose Anhängerin eines modernen Islams ist. Das, was wir heute größtenteils erleben, fällt für sie nicht darunter und gehört im Geschichtsbuch in das Kapitel »Es war einmal«.

Während unserer Unterhaltung ist eine ihrer ersten Äußerungen zur anderen Gesellschaft, dass es eine solche, aus allen Einwanderern bestehende, nicht gibt. Es gehe lediglich um die maximal drei bis vier Millionen Muslime mit eigenem Selbstverständnis. Die muslimischen Einwanderer driften in zwei Welten, zwischen Moderne und Tradition. Die Säkularen, die in Kernfamilien leben und erfolgreich die Gesellschaft mitgestalten, und die Traditionalisten, die in Großfamilienstrukturen nach ihren religiösen Gesetzen leben und Politik machen. Über diese Gruppe spricht sie. Dies ist ein Viertel der nicht deutschstämmigen Einwanderer. Sie sagt: »Wir müssen das in modernen Gesellschaften überlebte System des Patriarchats überwinden. Denn dies ist der Keim für alle Probleme bei der Integration bestimmter Bevölkerungsgruppen muslimischen Glaubens.« Dieses System sei stark, weil es sich in Jahrhunderten gefestigt habe. Es vereinnahme alle seine Mitglieder und dulde keine Abweichler. Von Geburt an werde den Kindern ständig eingetrichtert: »Du bist ein Teil von uns, du bist Teil unserer Familie. In unserer Familie hat jeder seine Aufgaben und alles seine Ordnung. In diese Ordnung hast du dich zu fügen, oder du bringst Schande über uns, über deine Familie, über deine Mutter. Unsere Ehre ist heilig und darf von niemandem beschmutzt werden.«

Deshalb werden alle Dinge der persönlichen Entwicklung und des alltäglichen Lebens diesem Auftrag untergeordnet. Praktische Ausformung ist dann der Neunjährige, der mit einem Messer durch den Hort rennt und auf die Frage, was er mit dem Messer will, erklärt, er müsse jederzeit bereit sein, die Ehre seiner Mutter zu verteidigen. Ein kritisches Hinterfragen dieser »Welt« führt zu der beinahe schon naturgesetzlichen, alles erklärenden und sich damit jedem Diskurs entziehenden Feststellung: »Bei uns ist das so.« So wird die Ablehnung jedes Infragestellens dessen, was ist, auf einen ganz einfachen Nenner gebracht. Es entsteht eine Kultur des Gehorchens und Hinnehmens der als gottgefällig anzusehenden Ordnung, die niemand in Zweifel zu ziehen hat. Es ist eine aufgeschichtete Mauer, die nur schwer einzureißen ist. Schon gar nicht mit Liberalität, Nachsicht, ethnischen Rabatten und devoter Passivität. Eine Bürgergesellschaft, in der der Einzelne eigenständiger Träger von unveräußerlichen Rechten ist, eine Gesellschaft, die jedem Individuum einen eigenen Lebensentwurf, innere Zufriedenheit und äußeren Wohlstand ermöglichen will, hat da eigentlich kaum eine Chance.

Die Methode, kritisches Gedankengut erst gar nicht entstehen zu lassen, ist so einfach wie erfolgreich. Sie heißt Gewalt, physische wie psychische. Wer ausbricht oder auch nur zu erkennen gibt, dass er den Ausbruch aus den Konventionen in Betracht ziehen könnte, wird nachdrücklich in seine Schranken verwiesen. Frauen oder Mädchen, die ausgestiegen sind, sprechen oft diesen oder einen ähnlichen Satz: »Ich hätte ja alles gemacht, wenn sie mich nur nicht so viel geschlagen hätten.« Häusliche Gewalt oder Verbringen in die Heimat und Zwangsheirat mit irgendeinem Cousin – über diese Dinge gibt es Romane und Filme, die unglaubliche Martyrien und insbesondere den Leidensweg von jungen Mädchen oder Frauen unter die Haut gehend beschreiben. Zu Hause wird eine keinen Widerspruch duldende Begründung für das erwartete Verhalten gegeben: Es ist alles so, wie es uns Allah vorgegeben hat. Der Gehorsam gegenüber Allah ist die größte Pflicht eines jeden Gläubigen. Die Institution des freien und vor allen Dingen mündigen Bürgers kommt in dieser Betrachtungsweise nicht vor.

Das, was sich in der Keimzelle der Familie immer wieder weiterträgt, sehen wir auch im Staatengefüge. Wie Ralph Ghadban verweist Necla Kelek an dieser Stelle auf die Scharia. Seit dem 12. Jahrhundert, so sagt sie, ist die Scharia die alleinige Form des Regierens von Völkern. Wir müssen zur Kenntnis nehmen, dass in den Ländern, die sich als islamisch bezeichneten oder heute so bezeichnen, dem einzelnen Menschen nie Rechte zugestanden wurden. Er ist nur ein unfreies Teilchen der Gemeinschaft der Gläubigen, der Umma. Der Einzelne hat dem Staat zu gehorchen und zu dienen, denn der Staat ist die gottgewollte Ordnung, die sich der menschlichen Bewertung entzieht und damit auch keinen Widerspruch duldet. Insoweit ist es nicht verwunderlich, dass der Begriff Religionsfreiheit, wie wir ihn verstehen, in einem islamischen Land zwangsläufig auf Unverständnis stoßen muss. Denn es kann eigentlich keine andere Religion geben als die von Allah gesandte. Auch wenn der Koran es differenzierter enthält. So leben die Menschen seit Jahrhunderten in einem System, in dem sie nie wirkliche Freiheit kennengelernt haben und auch keine Erfahrung sammeln konnten, wie man mit Freiheiten sich selbst gegenüber verantwortungsvoll umgehen kann oder muss. Dr. Kelek sagt: »Wenn man diesen Phänomenen wirklich erfolgreich begegnen will, geht das nur mit Säkularität. Nur die strikte Trennung von Islam, Staat und Gesellschaft ist ein denkbarer Weg in die Moderne.« Dies ist aus ihrer Sicht der Grund, warum Atatürk recht rigide in seinem Land vorgegangen war. Er drängte den Islam aus dem öffentlichen Leben der Türkei zurück, dafür machte er aber den Schulbesuch für alle Kinder zur Pflicht. Nach ihrer Verfassung ist die Türkei bis heute immer noch ein säkularer Staat. Ich hatte schon an anderer Stelle die Äußerung von Ministerpräsident Erdoğan erwähnt, dass die Türkei ein islamischer Staat sei. Es ist zu befürchten, dass dieser Widerspruch in nicht allzu langer Zeit aufgelöst wird.

Necla Kelek bezieht deutlich Position, wenn sie sagt: »Ich möchte keine religiösen Gesellschaften, die die Prinzipien ihrer Religion allen als Gesetz aufzwingen wollen. Ich möchte in einer offenen Bürgergesellschaft leben, die mir das Recht zugesteht, mein Leben selbst zu gestalten. Es muss erlaubt sein, Religionskritik zu üben. Kritik ist nicht gleichzustellen mit Feindschaft. Sie bedeutet auch, einen Weg aufzuzeigen, wie es für die Menschen besser gehen kann.«

Der Vergleich mit der christlichen Reformation ist sicherlich für Theologen etwas anstrengend. Aber war es nicht die Grundmotivation von Luther, dass jeder Mensch selbst mit seinem Gott in Kontakt treten können muss, um seinen Frieden in ihm zu finden? Hat er die Bibel nicht genau aus dem Grund übersetzt, dass die Deutungshoheit und damit die Wissensherrschaft über die Gläubigen der Priesterschaft entrissen werden kann? Friedlich hat der Klerus das damals nicht hingenommen. Ich wünsche dem Islam eine weniger gewaltbesetzte Reformation oder wie immer dieser Prozess dann heißen möge, sagt sie.

Für Dr. Kelek war es der größte Fehler der Migrationsforschung, dass die Gutmenschen geglaubt haben, unsere Gesellschaft sei so offen, unsere Gesetze so liberal und unser Umgang so tolerant, dass es völlig ausreicht, den muslimisch geprägten Einwanderern ein Grundgesetz und das Bürgerliche Gesetzbuch in die Hand zu drücken. Sie würden den Fortschritt dann schon erkennen und danach leben. Völlig übersehen wurde dabei, mit welchem einflussresistenten Wertegerüst stark gläubige Muslime sich in einen anderen Kulturkreis begeben. Sie sind getragen von der Überzeugung, dass ihre Werte allen anderen auf der Welt weit überlegen sind und sie über die niederen Werte obsiegen werden.

Orthodoxe muslimische Familien denken überhaupt nicht daran, ihre Kinder nach den Grundsätzen der modernen westlichen Zivilisation und einer liberalen Demokratie zu erziehen. Necla Kelek hält es auch für den falschen Weg, Kinder, die im Kindergarten oder in der Schule über ihr rituell religiöses Leben berichten, zu belobigen und zu bestätigen. Das habe etwas vom träumerischen »Alles wird gut«. Der unkritische Umgang mit kulturellen Eigenheiten habe eine fatale Wirkung. Die Verstetigung feudaler Lebensverhältnisse führe nicht zur Auflösung von Parallelgesellschaften, sondern zum Auseinanderdriften der Lebensgewohnheiten und Werteordnungen. Eben zu asymmetrischen Gesellschaften, die sich immer weiter voneinander entfernen.

»Wenn das eben bei denen so ist« – dieser Satz treibt ihr im Gespräch die Zornesröte ins Gesicht, und sie ist kaum zu bremsen, wenn sie über 150 »Ehrenmorde« seit 1995 in Deutschland spricht. Sie fragt: »Warum müssen Muslime Extrawürste gebraten kriegen, und warum gilt für muslimische Familien nicht, dass auch ihre Töchter das Recht haben, deutsche Schulen zu besuchen und einen eigenen Weg gehen zu können? Wieso werden Polygamie und Zwangsheirat plötzlich zu elterlich wohlmeinenden Arrangements, die doch nur das Gute wollen und deshalb nicht zu kritisieren sind?«

Ich frage sie, warum auch junge Leute dies alles geschehen lassen, warum sie nicht aufbegehren. Sie schaut mich mitleidig an. »Wie sollten sie das denn?«, fragt sie zurück. Sie lernen weder in der Familie noch in der Schule, dass sie auch Rechte gegenüber der Familie haben. Und sie haben nie gelernt aufzubegehren, und wenn sie es versucht haben, haben sie die Resonanz meist böse zu spüren bekommen. Sie zitiert aus einem islamischen Text, dass ledige Mädchen verheiratet werden sollen, und das möglichst mit geschlossenen Augen. Das bedeutet, so früh wie möglich, bevor sich die Augen öffnen für die Welt. In diesem Kontext findet sie es auch ganz schrecklich, wenn dann zum Beispiel Politiker fordern: »Wir sollten auf die religiösen Gefühle von Vätern mehr Rücksicht nehmen und Mädchen und Jungen beim Sportunterricht trennen.« Nein, sagt sie, genau das sollten wir nicht tun. Wir stabilisieren damit eine andere Gesellschaft, eine Gesellschaft, die nicht gut ist für unser freies Land.

Nicht gut für unser Land deswegen, weil wir junge selbständig denkende Menschen brauchen, die nicht danach fragen, ob es mit der Tradition von vor 1200 Jahren vereinbar ist, was sie gerade tun oder tun sollen. Wir brauchen Menschen, die Persönlichkeiten sind und keine Marionetten mittelalterlicher Riten. Wir brauchen Menschen, die ihren Körper kennen und gelernt haben, ganz natürlich, ohne Hysterie mit dem anderen Geschlecht umzugehen. In deren Denken an allererster Stelle die Frage steht: »Will ich das, ist das gut für mich?«, und nicht die Überlegung, was der Bruder, der Onkel, der Cousin oder die Nachbarn dazu sagen könnten.

Natürlich stelle ich Dr. Kelek die gleiche Frage wie meinen anderen Gesprächspartnern: Was sollen wir tun? Es kommt die gleiche Antwort wie bei Dr. Ghadban. Wir müssen mit den Kindern ehrlich sprechen, wir müssen ihnen helfen, einen eigenen Weg zu erkennen. Jungen und Mädchen müssen natürlich gemeinsam miteinander aufwachsen und lernen. Wir müssen dafür sorgen, dass die Kinder bewusst miterleben, dass die Gesetze in diesem Land für alle gelten, auch zu Hause. Das heißt, dass dort, wo Eltern ihrer Erziehungspflicht – und zwar der Erziehungspflicht im Sinne dieser Gesellschaft – nicht nachkommen, klare Ansagen erfolgen.

Sie erzählt mir in diesem Zusammenhang eine erschütternde Episode. Eine Lehrerin ersucht sie um Hilfe, weil ein Mädchen in der 4. Klasse nicht mehr zur Schule kommt. Auf Nachfrage wird erklärt, es befinde sich in der Türkei. Die Lehrerin schaltet Polizei und Jugendamt ein. Daraufhin wird sie bedroht, sie solle nicht noch einmal die Behörden auf die Familie hetzen, sonst würde man sich um *ihre* Kinder kümmern. Die Lehrerin hat sich anschließend dieser Weisung gemäß verhalten.

Für Necla Kelek ist eines klar: Wir müssen diese scheinbar uneinnehmbare Festung der patriarchischen Feudalherrschaft angreifen. Die Herrschaft über Leben und Tod in der Familie. Wir dürfen nicht länger zulassen, dass die Protagonisten dieser kritiktötenden Gehorsamswelt, namentlich die Salafisten, Wahhabiten und Moslembrüder, an Einfluss gewinnen. Unser gesellschaftliches Ziel muss es sein, allen Menschen die gleichen Kompetenzen zu vermitteln, so dass sie lernen, die Dinge selbst einzuordnen und ihren eigenen Verstand zu nutzen.

Ich wende ein, dass die gesellschaftliche Praxis jedoch eine ganz andere sei, wenn man nur beispielsweise die Handreichungen für Lehrer sieht. Hierin wird geraten, möglichst dezent mit solchen Themen umzugehen, die Schüler nicht zu verstören, sondern eher verständnisvoll auf Eigenarten in der Familie zu reagieren. An dieser Stelle treffe ich wieder den Nerv. Dr. Kelek wird abermals leidenschaftlich. Sie fordert mich auf,

Folgendes zu notieren: »Konservativ-nationalistisch islamorientierte Verbandsvertreter soufflieren den Behörden die Texte und setzen so ihre Politik durch. Das möchte ich wortwörtlich geschrieben sehen.«

Sie berichtet von ihren Erfahrungen mit muslimischen Verbänden und ihren Vertretern. Oft habe sie dagesessen und geglaubt, auf einem anderen Stern zu sein. Ein selbsternannter Hodscha, der vorgibt zu wissen, was islamische Kultur ist, will angesehenen Wissenschaftlern seine Flunderperspektive aufzwingen, was richtig oder falsch ist. Resignierend entlässt sie mich dann mit dem Satz: »Da bin ich eben nach Hause gegangen und habe einen Artikel geschrieben. Was sollte ich denn sonst machen?«

Ich glaube, dass ich nicht unbedingt dafür bekannt bin, mit einer rosaroten Brille durchs Leben zu gehen. Aber Ralph Ghadban und Necla Kelek haben mich schon geerdet. Eigentlich traue ich mich gar nicht mehr, zu Derya Cigli zu reisen, denn ich kenne den Ort ihrer Erfahrung. Mir ist natürlich klar, dass sie nicht aus einer heilen Welt berichten wird, wenn ich mit ihr über das Heranwachsen von jungen Mädchen in der deutschen Großstadt reden will, in der sie jetzt lebt.

Bei der Eingangsfrage, ob es eine andere Gesellschaft gibt als die, die man beim Begriff Deutschland vor Augen hat, braucht sie für die Antwort nur Millisekunden. Klar, sagt sie, überall, wo Einwanderung stattfindet, gibt es mehrere Gesellschaften. Damit sind wir im Thema. Sie erzählt mir von dem Einzelnen, der nur als Teil der Gruppe etwas zählt. Von dem unumstößlichen Auftrag, dass zuerst immer die Interessen der Familie gelten und diese als alleinige Maßgabe an allererster Stelle zu vertreten sind. Kommt mir alles so bekannt vor. Sie sagt, bei ihrer Arbeit mit jungen Mädchen konnte sie bei ihnen nur selten den inneren Impuls bemerken, ausbrechen zu wollen aus diesem System. Die Mädchen haben keine anderen Vorbilder und sie verhalten sich so, wie es ihnen vorgelebt wird.

Die individuelle Freiheit ist zwar eine der größten Errungenschaften unserer Zeit, findet aber bei ihnen zu Hause meist nicht statt. Auf die Idee, die Familie zu verlassen, kam so gut wie kein Mädchen. Weil sie von der Familie definiert werden. Sich zu lösen ist so gut wie unmöglich. Mit 16 oder 17 ein Jahr lang als Austauschschülerin oder Au-pair-Mädchen in die Fremde zu gehen, in einem anderen Land zu studieren: völlig undenkbar. Mädchen und Frauen werden sexualisiert. Es interessiert nicht die Persönlichkeit dieser Mädchen und Frauen, sondern nur die Bewahrung ihrer Jungfräulichkeit. Ohne Jungfräulichkeit sinkt ihr Wert auf null. Es entsteht die Schuld, Schande über die Familie gebracht zu haben, die sie begleichen müssen.

Derya Cigli berichtet, dass die liberalen, modernen türkischen und arabischen Familien sich einer solchen Diskussion nicht offen stellen. Sie wollen den Stress mit den eigenen Leuten nicht und ziehen einfach weg. Eine Auseinandersetzung in der Community endet immer mit einer Niederlage der Modernen, die zu Gottlosen werden, und ihrer Isolierung im Wohngebiet. Es entsteht bei diesen Familien ein Schutzbedürfnis. Die Eltern engagieren sich sehr stark, um ihre Kinder davor zu bewahren, dass sie versehentlich in eine Familie mit althergebrachten Traditionen geraten oder gar hineinheiraten. Nach ihrer Erfahrung sind es häufig Eltern, die selbst in eine arrangierte Ehe gesteckt wurden. Für viele fortschrittliche Muslime ist es nahezu eine Horrorvision, dass der Sohn oder die Tochter jemanden aus einer streng religiösen Familie nach Hause bringt. Dabei kam mir das Gespräch mit einer türkischen Mutter in Erinnerung. Als ich sie fragte, ob sie etwas dagegen habe, dass ihr Sohn eine Deutsche mit nach Hause bringe, sagte sie mir: »Lieber eine Deutsche als eine Sunnitin.« Es handelte sich um eine Alevitin. Ähnliche Abwertungen können sie aber genauso über Aleviten oder wechselseitig über Sunniten und Schiiten hören. Derya Cigli bestätigt, dass sie gleiche Fälle kennt.

Wir bewegen die Frage, warum sich so wenig ändert im Laufe von Jahrzehnten. Für Derya liegt das an der ständigen Stabilisierung der tradierten Riten. Gerade in der Nähe der sozialen Brennpunkte stehen häufig die bestbesuchten Moscheen. Je schlechter es den Menschen materiell geht, desto stärker identifizieren sie sich über ihre ethnische kulturelle und religiöse Zugehörigkeit.

Wir kommen auf Hatun Sürücü zu sprechen, eine junge Frau, die 2005 in Berlin von ihrem Bruder wegen ihres westlichen Lebensstils auf offener Straße hingerichtet wurde. Es kam anschließend zu einem Skandal in einer Neuköllner Oberschule, weil ein Teil der Schüler dort öffentlich die Meinung vertrat, dass der Bruder insofern recht getan habe, als die Schwester wie eine Deutsche gelebt hätte. Die Einschätzung von Derya ist, dass es sich bei dieser Meinung um keinen Einzelfall gehandelt hat. Der Vorfall hätte sich genauso in Dortmund, Hamburg oder Frankfurt zutragen können (nicht bös gemeint). Die jungen Leute verstehen ein solches Verhalten wie das von Hatun Sürücü als einen Verrat an ihren Werten und Regeln. Jemand, der aus diesem System ausbricht, kratzt an der Erhabenheit der Kultur. Es ist natürlich auch bequem, in den vorgekauten alten Strukturen zu leben. Man bekommt gesagt, was gut und schlecht ist, und muss den Kopf nicht selbst anstrengen. Alles wird geregelt.

In Berlin wird ein junger Mann von einer Gruppe muslimischer junger Männer totgeprügelt. Beim Prozess stellt sich heraus, dass die 20- bis 25-Jährigen alle noch zu Hause bei Mama leben. Ich frage: »Ist das türkisch, arabisch oder muslimisch?« Sie sagt: »Das ist muslimisch.« Muslimisch nicht, weil es im Koran steht, muslimisch deshalb, weil es den patriarchalischen Strukturen entspricht. Den jungen Leuten wird von

Kindesbeinen an eingebläut, dass sie stark und die Säule der Familie sein müssen. Aber erzieherisch wird nichts getan, um ihnen eine Persönlichkeitsentwicklung zu ermöglichen, die zu wirklicher Souveränität führt. Aha, denke ich mit, deshalb bleiben die herangewachsenen kleinen Prinzen wohl als Könige zu Hause und lassen sich von Mutti die Unterhose waschen. Zum einen, weil sie es selbst gar nicht könnten, und zum anderen, weil es im Hotel Mama so einfach ist. Wenn sie dann verheiratet werden, erwarten sie dasselbe von ihrer Frau. Erfüllt ihre Frau diese Erwartung nicht, so bekommt sie Ärger.

Doch zurück zum Gespräch. Die jungen Leute werden nicht zur Gewalt erzogen. Aber sie werden mit Gewalt erzogen. Deswegen ist es für sie völlig natürlich, dass auch sie ihre Interessen mit der Faust durchsetzen. Auslöser ist unbewusst der Neid auf die Freiheit der anderen. Mädchen, die nicht ausbrechen können, halten jedes andere freiere Mädchen für eine Schlampe. Auch wenn sie nur mit einem Freund an der Ecke steht. Mit den Jahren hat Derya gelernt, was es heißt, dass nur die in der Familie selbst definierte Ehrenhaftigkeit zählt. Was immer das dann auch sein mag. Dass selbst Bildung, also Schule und Lernen, eine völlig untergeordnete Bedeutung haben. Sie ist sogar der Auffassung, dass zu viel Bildung manchen Familien unheimlich ist. Denn aus der These, Bildung bedeutet geistige Freiheit, und geistige Freiheit führt zum Entstehen eines selbstbewussten Individuums, droht der Unterwürfigkeit Ungemach.

Wir leben in einer Leistungsgesellschaft, und in dieser haben letztlich nur die eine Chance, die über Kompetenzen verfügen. Die, die sich also Wissen angeeignet haben. Wer das nicht getan hat, landet bei Hartz IV oder, wenn's ganz bös' wird, irgendwann im Knast. Das kann doch aber nicht alles sein für ebendiese Familien, frage ich Derya. Sie lacht mich an und empfiehlt, dass ich mich umsehen solle. Es sind überall in den letzten Jahrzehnten unzählige kleine Familienbetriebe entstanden, in denen sehr viel und hart geschuftet wird. Familienmitglieder werden angeheuert, manchmal gut bezahlt, aber auch häufig ausgebeutet. Es wird auch unglaublich viel Geld mit Schwarzarbeit verdient. Abgaben an den Staat oder die Sozialversicherung werden schon einmal als entbehrlich eingestuft. Es gibt eine erfolgreiche migrantische Wirtschaft mit feingliedrigen, aber raumdurchdringenden Strukturen. Sie ist in den Familien ihrer Patienten immer wieder auf beeindruckende Beispiele gestoßen. Die deutschen Hartz-IV-Familien haben aus Deryas Sicht keine Chance des Abkupferns. Sie verfügen einfach nicht über ein vergleichbares Vernetzungssystem, das so etwas ermöglicht. Die deutschen Behörden sind hoffnungslos überfordert und hilflos, diesem Phänomen spürbar beizukommen. Es gibt auch nicht geringste Skrupel. »Wir nehmen es den Deutschen und werden so in der Türkei reich«, lautet die schlichte Erklärung. Dahinter verbergen sich oft Phantasien und Wunschträume von Häusern und Ländereien in der alten Heimat, um dem Dorf zu zeigen, wie reich man geworden ist. Manchmal bleiben es Träume, hin und wieder auch nicht.

Es handelt sich aus Sicht von Derya Cigli durchaus um eine Unterschicht. Aber keine mit der deutschen asozialen vergleichbare. Es ist eine Bildungsunterschicht und eine Unterschicht, die Staat und Gesellschaft zwar ablehnt, aber gleichzeitig in geordneten Verhältnissen lebt. Deren Kinder kommen für gewöhnlich auch nicht hungernd zur Schule oder laufen den ganzen Tag ohne Essen auf der Straße herum. Das hat sie eher bei deutschen Unterschichtkindern erlebt. Der Unterschied ist für Derya, dass die deutsche Unterschicht zumeist dissozialisiert ist. Das ist bei türkischen und arabischen Familien jedoch nicht der Fall. Die Kinder sind meist wohlgenährt, häufig sogar schon bei der Einschulung massiv rundwüchsig.

Die Deutschen nennen es Abzockermentalität. Das allerdings sehen die Handelnden ganz anders. Sie empfinden es als völlig normal, dass sie sich vom Staat die Leistungen holen, die er ihnen anbietet. Die Kinder lernen schnell, dass man keine Eigenleistung erbringen muss, um eine Wohnung zu erhalten, seine Hochzeit auszurichten und ein schickes Auto zu fahren. Das ist mehr, als die Verwandtschaft in der Heimat zu bieten hat.

Gefragt nach ihrer Einschätzung, wie hoch der Anteil der muslimischen Einwanderer denn sei, die so in Deutschland leben, meint sie: »Nach dem, was ich erlebt habe und erlebe, würde ich den Anteil bei 50 Prozent ansetzen. Die bildungsorientierten Familien, die die Entscheidung getroffen haben, dass ihre Kinder hier ihren Weg in den Wohlstand gehen sollen, würde ich auf maximal 20 Prozent einschätzen. Etwa 30 Prozent machen es mal so und mal so, wie die Situation es gerade erfordert.«

Gerade die letzte Sequenz hat mir fast die Beine weggehauen. Natürlich ist die Einschätzung von Derya weder wissenschaftlich noch empirisch. Aber es ist die gefühlte ehrliche Meinung von einer, die dort lebt, worüber sie spricht. Sie entstammt auch einer Großfamilie. Vater und Mutter waren Analphabeten. Aber sie hatten den Ehrenkodex, dass es eine Schande ist, Geld vom Staat zu nehmen. Wer arbeiten kann, muss auch schaffen. Das haben sie an ihre Kinder weitergegeben. Derya erinnert sich, dass ihre Eltern unheimlich stolz waren, als sie ihr Abitur ablegte. Vielleicht haben sie ihr deswegen verziehen, dass sie den Auftrag, die Stammesstruktur aufrechtzuerhalten, dankend abgelehnt hat. Sie sagt: »Großfamilien sind sehr lebendig, für Kinder durchaus spannend. Es ist immer Action, immer was los. Fast jeden Monat eine Hochzeit. Aber jeder weiß von jedem alles. Daraus entsteht der Druck, sich ständig erwartungskonform zu verhalten. Und zwar zu den unsrigen

Regeln, nicht zu denen der Deutschen.« Davon hat sie sich frei gemacht.

Zum Schluss frage ich: Welche Welt wird in Zukunft in Deutschland schneller wachsen? Die Welt der Derya Cigli und ihrer Kinder oder die der Familien, über die wir uns unterhalten haben? Die Antwort ist genauso spontan wie bei der Eingangsfrage: »Die der anderen.« Wirklich die der anderen? »Ja.«

Hoffentlich behält sie nicht recht.

Die Antithese

Die Kritiker des Islams haben im letzten Kapitel doch recht heftig vorgelegt. Es ist nichts ausgelassen worden, um ein sehr martialisches Bild zu zeichnen. Wenn dem nun tatsächlich so wäre, dass die Unvereinbarkeit des Islams mit unserer freiheitlichen Gesellschaftsform in Zement gegossen ist und es auch keine Aussicht auf Veränderungen gibt, dann verbliebe eigentlich nur noch zu sagen: »Der Letzte macht das Licht aus« und »Haste was, kannste Land gewinnen«.

Das kann es ja nun aber auch nicht sein. Ich habe daher das Gespräch mit zwei Vertretern des Islams gesucht. Der eine ist Ender Cetin, Vorsitzender der Sehitlik Türkisch-Islamischen Gemeinde zu Neukölln. Die Gemeinde gehört zur Ditib, also zur staatlichen Institution für Religion in der Türkei. Mit etwa 2000 Mitgliedern nimmt sie schon eine beachtliche Größe im Neuköllner Sozialraum ein. Die Sehitlik-Moschee ist ein imposanter, prachtvoller Bau und eine Zierde für Neukölln. Sie steht neben dem islamischen Friedhof auf exterritorialem Gebiet, das Wilhelm I., der König von Preußen und spätere deutsche Kaiser, im Jahre 1866 dem Osmanischen Reich geschenkt hatte. Heute befindet sich das Grundstück im Eigentum des türkischen Verteidigungsministeriums.

Mein zweiter Kontakt ist der Imam Ferid Heider. An ihm scheiden sich die Geister. Die einen nennen ihn »Wolf im Schafspelz«, die anderen schimpfen ihn einen puristischen Salafisten. Ich persönlich erlebe Ferid Heider als selbstbewussten, intelligenten Mann, der es versteht, seinen Glauben authentisch zu vertreten. Er ist ausgesprochen eloquent, und es gelingt ihm spielend, während unseres Gesprächs Sympathiepunkte zu sammeln.

Ender Cetin und Ferid Heider sind sehr unterschiedliche Menschen. Herr Heider arbeitet sehr extrovertiert und vermittelt durch die Art und Weise seines Handelns schon eine starke Missionsbereitschaft. Er spricht die Sprache der Jugend und ist gerade bei ihr äußerst beliebt. Er wirkt in drei Moscheen in verschiedenen Bezirken Berlins, eine davon liegt in Neukölln. Ender Cetin engagiert sich eher im Stillen. Das mag daran liegen, dass er kein Imam, sondern der Vorsitzende des Moscheevereins ist. Er organisiert die Programme und Angebote der Moschee. Dabei ist er stets auf eine seriöse Außendarstellung bedacht. Er sieht sich auf der einen Seite als Geschäftsführer des Moscheevereins, auf der anderen Seite aber auch als Bindeglied zwischen seiner Gemeinde und der Mehrheitsgesellschaft. Die Institutionen im Bezirk – wie Rathaus, Polizei und Job-Center – kennen und schätzen ihn. Er streut weder Salz in Wunden, noch pflegt oder stärkt er das Trennende.

Wenn Sie einmal auf die Webseite der Sehitlik-Moschee gehen – Google führt Sie gerne dorthin –, dann finden Sie in der Kopfzeile auch die Rubrik »Der Islam«. Der dort hinterlegte Text einer kurzen philosophischen Zusammenfassung über die Religion kann bei keinem vernünftig denkenden Menschen auf Widerspruch stoßen. Wenn die Realität auf dieser Welt so aussehen würde, wie es diese Ausführungen vermitteln, müssten wir uns keine Gedanken mehr darüber machen, ob es ein Paradies gibt und wie man dorthin gelangt. Wir würden nämlich bereits darin leben.

Beide Gesprächspartner stehen für unverrückbare Grundpositionen. Eine davon ist: »Ich rede über den Islam und das Leben der Muslime in Deutschland. Ich kann und will nicht rechtfertigen, was in anderen Teilen der Welt geschieht. Es geschehen in muslimischen Ländern Dinge, die nicht meine Billigung finden.« Der zweite Grundsatz, auf den beide unabhängig voneinander Wert legen, ist die Darstellung des Islams aus ihrer Perspektive. Sie reden darüber, wie sie die Religion interpretieren und warum sie meinen, dass Muslime auch sehr gut in einem Land leben können, das kein Gottesstaat und auch nicht mehrheitlich islamisch geprägt ist. Allein der Hinweis, dass der Islam aus mehreren Perspektiven gesehen werden kann, zieht eine klare Linie. Fundamentalisten würden so etwas nie über ihre Lippen bringen. Die dritte Dominante lautet: Ja, der Islam ist mit der modernen, offenen, pluralistischen und säkularen Welt Mitteleuropas kompatibel.

Die gerade genannten Positionen wurden ohne Wenn und Aber formuliert. Ich kann und will auch nicht darüber spekulieren, ob ich Teil einer Inszenierung war, in der mir nur das gesagt wurde, was ich hören darf oder soll. Wenn ich meinen Gesprächspartnern misstrauen und Überlegungen anstellen würde, ob das gesprochene Wort auch wirklich der inneren Haltung entspricht oder nicht, dann könnte ich meine Arbeit eigentlich gleich einstellen. Bis zum Beweis des Gegenteils gehe ich davon aus, dass mir alle Menschen offen begegnen und mir ihre Sichtweise ehrlich und nicht als Werbetext unterbreiten.

Ich will mit Herrn Cetin beginnen. Für ihn erhebt der Islam nicht den Anspruch: Vogel, friss oder stirb! Der Islam ist vor 1400 Jahren vom Allmächtigen gesandt worden. Verstanden und interpretiert wurde er natürlich von den Menschen in ihrer damaligen Welt. In der Moderne hat die menschliche Gesellschaft aber ein völlig anderes Gefüge. Deshalb ist der Islam auch offen für die Welt, in der die Menschen heute leben. Einfacher formuliert, bedeutet dies, dass sich die Religion auch der aktuell existierenden menschlichen Gesellschaft erschließen müsse. Muslime erwarten Antworten auf die Fragen, die sie heute aktuell bewegen. Daher müssen die Botschaften für diese Welt anpassungsfähig sein.

Damit distanziert Ender Cetin sich deutlich von Strömungen, die Interpretationen der Religionslehre nicht erlauben. Die bekannteste derartige Ausformung ist die salafistische Glaubensrichtung. Sie gilt als extrem konservativ und verkörpert die Deutungshoheit, dass nur die Altvorderen einen wahren Islam gelebt haben und nur die Unverfälschtheit dieses wahren Islam zum reinen Glauben führt. Alles das, was im Laufe der Jahrhunderte an Weiterentwicklungen und Anpassungen Eingang in die Glaubenslehre gefunden hat, lehnen sie als Verunreinigung ab. Sie beziehen sich nur auf die Quellen des Korans und der Sunna, also auf das (auf)geschriebene Wort Allahs sowie die Handlungen und Taten des Propheten. Selbst schon mit der Akzeptanz von Hadithen haben sie ein Problem. Nur wenige davon akzeptieren sie als wahrhaftig und authentisch.

Ender Cetins Verständnis des Islams ist von dieser Ansicht so weit entfernt wie der Mond von der Erde. Für ihn hat ein Muslim als gesetzestreuer Bürger die Normen der Gesellschaft, in der er lebt, zu respektieren und zu befolgen. Die demokratische Werteordnung und das Grundgesetz seien Garanten für die Religionsfreiheit, deshalb müsse sich ein Muslim selbstverständlich im Einklang mit diesen Normen verhalten. Auf meine Nachfrage, ob ein Muslim überhaupt mit einer demokratischen Werteordnung und mit den im Grundgesetz verankerten Menschenrechten zurechtkommen kann, reagiert er pikiert – und äußert seinen Unmut, indem er die Augenbraue hochzieht. Er verwahrt sich gegen alle Unterstellungen des Dogmatismus und der Unveränderbarkeit des Islams. Die Begriffe Interpretation und Islam schließen sich für ihn keineswegs aus. Wenn es eine neue Grundwerteordnung in Europa gibt, dann muss in deren Lichte auch eine Interpretation des Korans erfolgen. Das bedeute nicht, die Fundamente anzugreifen. Allah habe den Menschen Intelligenz gegeben, damit sie moderne Alternativen entwickeln können.

Als Beispiel führt Cetin die Frage an, ob ein Mann bis zu vier Frauen heiraten darf, weil es im Koran geschrieben steht. In einer Gesellschaft, in der sich die Monogamie als Modell für die Partnerschaft durchgesetzt hat, ist es ihm aber unmöglich, seinen Gemeindemitgliedern diese Erlaubnis zu predigen. Da spiele es auch keine Rolle, dass man sie im Koran finden könne. Denn diese Regelung der Vielehe basiert auf Gesellschaftsstrukturen der Vergangenheit, die für einen Muslim des 21. Jahrhunderts keine Gültigkeit mehr haben können. Anmerkung: Es gibt Korandeuter anderer Gemeinden, die diese Erlaubnis vehement in Zweifel ziehen.

Das Beispiel der Vielehe ist schon deshalb besonders interessant, weil sie zunehmend in Neukölln zum Thema wird. Die Imam-Ehe, also die islamische Hochzeit ohne Standesamt, ist bei uns von wachsender Bedeutung. So frage ich Ender Cetin, ob er auf Verlangen von Gemeindemitgliedern Imam-Ehen stifte, was er jedoch verneint und kategorisch ablehnt. Natürlich liegt es da auf der Hand nachzufragen, ob dies nicht zu Problemen mit seinen Gläubigen führe. Diese Frage beantwortet er unumwunden mit Ja. Er wisse, dass die Praxis in vielen Moscheen eine andere sei. Aber man könne solchen Fehlentwicklungen nicht nachgeben. Man dürfe nicht gegen die Ordnung einer demokratischen Gesellschaft rebellieren oder ihr anarchistisch begegnen, denn auch das Befolgen von Gesetzen sei für Muslime ein Gottesdienst.

Gleiches gelte für den Betrug an der Gesellschaft. Der unrechtmäßige Bezug von Sozialleistungen bei gleichzeitiger Schwarzarbeit gehört zu den Themen, die in den Predigten der Sehitlik-Moschee regelmäßig angeprangert werden. »Es ist eines Muslims unwürdig«, sich so zu verhalten. Doch trotzdem gibt es viele, die sich exakt so verhalten, halte ich ihm entgegen.

Für viele ist bei uns der Betrug am Staat inzwischen zu einer Art Sport geworden. Wer sich darin am erfolgreichsten schlägt, ist der Edelste unter uns. Da genießen Muslime keine Exklusivität.

Zum zweiten Mal begegnet mir Ender Cetin im Gespräch mit einer entwaffnenden Offenheit. Ja, sagt er, das ist so. Das habe aber etwas mit Bildung und Verstehen zu tun. Man müsse seinen Glauben auch verstehen, um ihn nicht nur auf der Zunge, sondern auch im Herzen zu tragen. Viele Muslime verstünden aber ihren Glauben nicht. Das Wort Bildungsferne kommt ihm ohne die geringsten Probleme über die Lippen. Immer wieder kommt er darauf zurück, wie wichtig Bildung ist. Und immer wieder beklagt er, dass mangelnde Bildung ein ganz entscheidender Auslöser für viele Probleme ist. Dies trifft auf das Versagen von Eltern bei der Erziehung genauso zu wie auf persönliches Fehlverhalten oder starres Verharren in tradierten Rollenmustern.

Irgendwie ist mir das alles zu weich gespült. Ich hake noch einmal beim Thema der Eheschließungen nach und frage, wie offen der Islam seiner Ansicht nach an dieser Stelle ist. Würde er in seiner Moschee eine gläubige Muslima mit einem Atheisten verehelichen? »Nein, das ginge nicht«, sagt er. »Wenn es ein christlicher Mann ist, dann wäre das vielleicht noch denkbar. Aber beim Atheismus hört der Spaß auf.«

Er verweigert der Frau also den religiösen Segen für ihre Lebensentscheidung, nur weil der Mann Atheist ist und eine naturwissenschaftlich-humanistische Sicht auf das Entstehen der Erde, Pflanzen, Tiere und Menschen hat. Toleranz hat doch Grenzen, wie ich gerade merke.

Ich wechsle das Thema und spreche ihn auf einen weiteren Knackpunkt an: Wieso kommt es bei muslimischen jungen Männern zu diesen Ausbrüchen, zu diesem Hass und zu dieser Gewalt gegen alles, was nicht muslimisch ist, vor allen Dingen gegen die »Scheißdeutschen«? Ender Cetin versteckt sich nicht. Ja, das gebe es. Es stimme ihn nicht gerade fröhlich, die jungen Leute so zu sehen. Seine Erklärung hierfür ist, dass sie sich einfach nicht wertgeschätzt fühlen und das Gefühl haben, nicht dazuzugehören. Das führe dazu, dass sie Selbstbestätigung in ihrer eigenen Kultur, ja auch in einer Milieukultur suchen. Jugendliche bräuchten Orientierung. Mit vielen Auswahlmöglichkeiten, Wenns und Abers oder Vielleichts können sie wenig anfangen. Sie erwarten eine klare Antwort, ganz nach dem schlichten Muster Schwarz und Weiß, richtig oder falsch. Je klarer die Antwort, desto eher werde sie befolgt.

Er gibt zu, dass er sich ernsthaft Sorgen macht, dass an dieser Stelle die Gemeinsamkeiten einmal auseinanderbrechen könnten. Wenn wir es zulassen, dass die jungen Menschen zu einer anderen Identitätsfindung gelangen als die, die sie zur Eingliederung in die Gesellschaft benötigen, dann kann die Entwicklung aus dem Ruder laufen. Dort, wo der Islam als Feindbild gepflegt wird, stärkt man die Extreme. Junge Leute lernen schnell, dass sie Aufmerksamkeit erlangen, wenn sie sich so verhalten, dass das Feindbild bestätigt wird.

Und damit sind wir wieder beim Problem der Bildungsferne. Ender Cetin berichtet, wie sich seine Eltern um den Schulerfolg und die Wissensaneignung ihrer Kinder gekümmert haben. Sie sind zu Elternversammlungen gegangen, obwohl sie nichts verstanden haben. Lehrer sind hilflos, weil sie in Deutschland keinen Erziehungsauftrag haben. Den bräuchten sie aber, um die Defizite von Kindern aus bildungsfernen Familien abzubauen und häusliche Fehleinflüsse zurückzudrängen.

Auf meine Frage, wie er die Entwicklung über die Generationen hinweg erlebt und einschätzt, meint er, dass sich das Auseinanderdriften unserer Gesellschaft aus seiner Sicht verschlimmert habe. Die Probleme würden zunehmen. Betroffen davon seien aber nicht die gebildeten Eltern, die sich am Leben der Gemeinde beteiligen; mit denen könne man etwas auf den

Weg bringen. Schwierigkeiten gebe es vielmehr bei denjenigen, die eben nicht in die Moschee kommen und sich auch nicht um ihre Kinder kümmern. An die komme auch die Moschee als Protagonist des Bildungserwerbs kaum heran. Ändern könnte man das schon, betont er. Dazu müsste sich aber die Mehrheitsgesellschaft bereitfinden, offener mit anderen Lebensentwürfen umzugehen als bisher. Hier wäre eine engere Zusammenarbeit vonnöten. So bemängelt er, dass Vertreter der Moscheen viel zu wenig von den Schulen und Ämtern einbezogen würden. Von dieser Kritik nimmt er erstaunlicherweise Polizei und Job-Center in Neukölln aus. Beide erhalten eine gehörige Portion Lob. Mit diesen Institutionen hätten sie auch Erfolgserlebnisse, sagt er. Anders als ein Amtsbrief, der mitunter mehr schade als nütze, könne die Moschee im Einzelfall durchaus sehr hilfreich sein.

»Wie weit geht die Anpassung?«, frage ich ihn. Was sagt er Eltern, die unsicher sind? »Wir dürfen uns vor schweren Fragen nicht drücken«, lautet die Antwort. Zur Anpassung an eine andere Gesellschaft gehöre auch, deren gesellschaftliche Riten und Lebensgewohnheiten zu akzeptieren. Das gelte gleichermaßen für Dinge, die für Muslime etwas schwerer zu verkraften seien, wie Sexual- und Schwimmunterricht; unbeobachtete Kontakte zwischen Jungen und Mädchen; die Rolle der Frau in der Gesellschaft und zu Hause; ihre Gleichstellung und Ebenbürtigkeit mit dem Mann; Selbstbewusstsein und eine eigene Lebensführung – alles Themen, die gerade für Muslime aus bildungsfernen Schichten, der Landbevölkerung und für religiöse Fundamentalisten sehr schwer zu verkraften seien. Das lasse sich auch nicht von heute auf morgen ändern, man müsse aber daran arbeiten.

All diesen Ausführungen kann man eigentlich wenig entgegensetzen. Und doch ist die Realität eine andere. Große Teile der muslimischen Bevölkerungsgruppe sind nach wie vor in ihren tradierten archaischen Familienmustern verhaftet und lehnen jede Veränderung strikt ab. Insoweit bringt der moderne weltoffene Ansatz, den Ender Cetin propagiert, ihm nicht nur Freunde ein. Dabei hält er selbst seine Einstellung nicht einmal für besonders modern, sondern eher für ganz normal. Aber natürlich steht er auch in Konkurrenz zu anderen Moscheen. Zu denen, die diese rückwärtsgewandten Strömungen aufnehmen, sie bestätigen und damit die Lebenswelt der Vergangenheit mit all ihrer Rückschrittlichkeit weiter kultivieren. Aus seiner Sicht ist die Bereitschaft der Gesellschaft, sich interkulturell zu öffnen, noch ziemlich unterentwickelt. Eine stärkere Kooperationsbereitschaft der Mehrheitsgesellschaft würde seines Erachtens zu mehr Integration führen.

An dieser Stelle gehen dann die Pferde leicht mit ihm durch, denn er spricht davon, dass die erste Generation der Gastarbeiter – zu denen auch seine Eltern gehören – in Deutschland »fertiggemacht« worden sei. Er sagt, dass man ihnen die zustehende Wertschätzung verweigerte. Dabei übersieht er allerdings, dass Deutschland diesen Familien auch Wohlstand gebracht hat, den sie vorher nicht kannten, und ihren Kindern – wie ihm – ermöglichte, in eine andere Welt hineinzuwachsen.

Ender Cetin hat aber auch noch etwas Persönliches für mich. Es sei für ihn unbestritten, dass ein Muslim in Deutschland freier leben und seine Religion uneingeschränkter ausüben kann als in den meisten Ländern dieser Welt, die muslimischen eingeschlossen. Dass die Menschen hier über eine existentielle Sicherheit verfügen, empfindet er durchaus als Luxus, der nicht selbstverständlich auf dem Erdball ist. Dafür, dass es Jugendliche gibt, die diese Privilegien nicht wahrnehmen, sondern stattdessen mit dem Begriff »Scheißdeutschland« kommentieren, hat er eine einfache Erklärung: Sie kennen es schlicht nicht anders und halten dementsprechend alle Errungenschaften des Landes, in dem sie leben, für selbstverständlich. Sie wüssten eben nicht, dass Sicherheit und Wohlstand für Milliarden von Menschen schier unerfüllbare Träume sind. Genauso würden sie geflissentlich übersehen, dass die universellen Werte in Deutschland auch denen des Islams entsprächen und mit ihnen konform gingen. Es sei nicht mehr so leicht, die PlayStation- und Facebook-Generation zum Denken zu animieren und dazu zu bringen, dass sie ihren Hintern bewegt. Jungen Menschen zu vermitteln, dass sie sich anstrengen müssen, um ein selbstbestimmtes Leben führen und eigenes Geld verdienen zu können, sei schwer. Dies umso mehr, wenn sie es zu Hause anders erleben und sehen, dass der Vater den ganzen Tag entweder vor dem Fernseher, im Wettbüro oder in der Teestube herumhängt.

Zum Ende des Gesprächs sind das noch einmal deutliche Worte. Ich habe einen Mann kennengelernt, dem ich nicht vorwerfen kann, in diesem Land nicht angekommen zu sein. Ein Mensch, dem ich auch abnehme, dass er ein gesellschafts- und wertekonformes Leben als Muslim führt. Jemand, mit dem ich aber keine neuen Konzepte dafür entwickeln konnte, wie wir das, was uns beide stört, in den Griff bekommen können.

Neben Ender Cetin habe ich mir als weiteren Anwalt des Islams Ferid Heider ausgewählt. Er ist für die muslimischen Jugendlichen so etwas wie ein Star, was ihm einen recht guten Zugang zu ihnen einträgt. Wie ich bereits eingangs erwähnte, hat er nicht wenige Feinde. Es gehört zu seiner festen Überzeugung, dass man Menschen und auch ihre Religionen nicht an ihren Sprüchen, sondern an ihren Taten messen sollte.

Ein Punkt zieht sich wie ein roter Faden durch das Gespräch. Er hat ein Problem damit, dass in Bezug auf das Verhältnis zum Islam immer wieder die gleichen Fragen aufgeworfen werden – Frauenunterdrückung, »Ehrenmorde«, Zwangsverheiratungen. Er führt die Reduktion auf diese Themen auf westliche Propaganda und eine gezielte Kampagne der Medien zurück. Bei diesen Ausführungen überkommt mich das Gefühl, dass Ferid Heider so etwas wie eine Neigung zur Opferrolle hat. Allerdings relativiert er seine geäußerten Vorwürfe gleich wieder, indem er sagt, dass einige Muslime sicherlich auch ihren Beitrag zu den Berichterstattungen und ihrem Negativimage geleistet haben.

Er sagt auch, es gebe hier und da Probleme in der weltweiten muslimischen Community, das wolle und könne er nicht leugnen. Aber er sei eigentlich nicht bereit, sich über Praktiken und Ereignisse in anderen Ländern zu unterhalten und die Schuld dafür zu übernehmen, was dort geschieht. Immer wenn ich versuche, ihn mit Beispielen aus Afghanistan, Pakistan, Somalia, Saudi-Arabien oder, oder, oder zu konfrontieren, weicht er mir aus. Er sei Imam in Deutschland, und er arbeite mit Gläubigen in Deutschland. Was Muslime in anderen Ländern tun oder treiben, müssen diese dort verantworten. Er könne hier nur dafür streiten, wie er den Glauben lebt. Welche Triebfedern andere haben, das müssen sie selbst erklären.

Die starken Ressentiments und Vorurteile von Nichtmuslimen gegenüber dem Islam hakt er unter Islamophobie ab. Er kann aber auch nachvollziehen, dass die Berichte über Fehlverhalten oder Verbrechen in der Welt Menschen prägen und ihr Verhalten steuern. Ferid Heider glaubt, dass es kein Zufall ist, dass bei einer Tat, an der ein Muslim beteiligt war, ausdrücklich auf den Glauben des Menschen hingewiesen werde, das aber keineswegs genauso geschehe, wenn der Täter ein Christ, Jude oder Hindu war. Dies sei seiner Meinung nach eine gezielte Methode, um den Islam zu diskreditieren.

Die Position »Wir leben nicht in Pakistan, sondern in Deutschland, darum lasst uns nur über Deutschland reden, alles andere interessiert uns nicht« ist zwar objektiv nachvollziehbar und logisch, aber trotzdem aus meiner Sicht nicht tragfähig. Die Menschen haben auch Anteil genommen an den

Entwicklungen in Libyen und Ägypten oder in der Ukraine, an Vergewaltigungen in Indien, Terror in Nigeria und Bürgerkrieg in Syrien. Die Reduzierung des Weltgeschehens auf die eigenen Landesgrenzen funktioniert in einer Informationsgesellschaft nicht. Die Menschen nehmen Ereignisse global aus dem Sessel wahr und werden durch sie geprägt. Egal, ob eine persönliche Betroffenheit vorliegt oder nicht.

Man merkt ihm immer wieder an, dass er sich auch in seinem Ehrgefühl gekränkt fühlt. Wenn er mir beispielsweise unter die Nase hält, dass man sowohl Gemeinden als auch seine Tätigkeit nicht an Taten messe, sondern daran, was in Verfassungsschutzberichten oder ähnlichen Konstrukten stehe. An der einen oder anderen Stelle unseres Gesprächs wirkt er etwas genervt. Er habe keine Lust mehr, sagt er, sich andauernd über »Ehrenmorde« zu unterhalten oder über Zwangsverheiratung. Ich bitte ihn aber trotzdem, mir seine Position zu diesen Themen mit auf den Weg zu geben, auch wenn er sich schon tausendmal dazu geäußert habe.

Nicht anders als Ender Cetin betont er, dass verschiedene Lebensinhalte und daraus resultierende Verhaltensweisen nur friedlich miteinander verknüpft werden können, wenn die Menschen kooperieren. Wenn wir Jugendlichen das Gefühl geben, dass sie gar nicht gewollt sind, dann müssen wir uns auch nicht wundern, wenn sie sich entsprechend verhalten. Die Ansichten beider Gesprächspartner zu diesem Thema sind nahezu identisch.

Dieses »ihr« und »wir« funktioniere nicht, sagt er. Da hat er recht. Die Realität ist aber, dass ich den Begriff »die Deutschen« oder die Erklärung »Bei uns ist das so« eigentlich häufiger von Einwanderern höre als von Deutschen. Nun mag das vielleicht auch daran liegen, dass ich in Neukölln natürlich recht häufig auf Einwanderer treffe und mich mit ihnen austausche.

Auch mit Ferid Heider komme ich sehr schnell auf das Thema Bildungsferne zu sprechen. Er beschreibt mir überaus plastisch, welche Probleme Einwanderer aus ihren Heimatländern mitbringen. Wenn Menschen schon zu Hause Schwierigkeiten haben, dann verschwinden diese Probleme nicht plötzlich, nur weil sie die Landesgrenze überschreiten. Das Fremde macht Angst, und sich an das zu klammern, was man von zu Hause kennt, gibt Sicherheit. Dazu würden eben auch Riten wie die Zwangsverheiratung gehören. Ferid Heider bestreitet keineswegs, dass es sie gibt. Er erweist sich als leidenschaftlicher Gegner von Zwangsehen und berichtet etwas resigniert, dass er in seinen Predigten dieses Thema immer wieder aufgreift und geißelt. Nicht immer mit Erfolg. An dieser Stelle betont er nachdrücklich, dass er gegen derartige Rückfälle in Gesellschaften vergangener Jahrhunderte sei. »Wir müssen uns klar und deutlich zu der Gesellschaft bekennen, in der wir leben. Wir können auch als Muslime dankbar sein, zu einer Gesellschaft zu gehören, die unseren Glauben toleriert und uns unsere Religion ausüben lässt. Wir müssen uns loyal gegenüber der Gesellschaft zeigen, indem wir Verantwortung übernehmen.«

Das ist ein Satz, der nun so gar nicht zu einem Salafisten passen will. Denn ein Salafist strebt die Ordnung der Altehrwürdigen vor 1400 Jahren an. Im Salafismus ist nicht die Rede von Bekenntnis, Dankbarkeit und Verantwortung gegenüber einer Gesellschaft, die von Menschen gemacht ist und damit weder einem ideologischen Überbau noch einer unveränderbaren Schöpfung Gottes entspringt.

Gegen die weitverbreitete Abzockermentalität sowie das Abgreifen von Sozialleistungen zieht er genauso leidenschaftlich zu Felde wie Ender Cetin. Heider benutzt sogar so drastische Formulierungen wie: »Es kann nicht sein, dass ein Muslim auf Staatskosten lebt und sich wie eine Made im Speck von anderen ernähren lässt.« Er spricht von Loyalität eines Muslims zu dem Land, in dem er lebt. Wenn es ihm nicht gefalle, dann solle er einfach wieder gehen. Eine dritte Alternative sehe er nicht. Stellen Sie sich nur einmal vor, ich würde so etwas sagen oder schreiben. Die Entrüstung der »Rassismuswächter« wäre grenzenlos.

Wir sprechen auch über das Thema Erziehung, und ich erlebe die nächste Überraschung. Er geißelt die in weiten Teilen der Einwanderergesellschaft verbreitete Doppelmoral bei der Erziehung von Jungen und Mädchen: dass Frauen abverlangt wird, bis zu ihrer Ehe ein jungfräuliches, keusches und enthaltsames Leben zu führen, es für Männer aber geradezu ehrenvoll ist, sich auszuleben und damit auch noch anzugeben. Er spricht von patriarchalischen Erziehungsmustern in den Familien, in denen ein solches Machoverhalten regelrecht anerzogen wird. Diesen Kodex unterschiedlicher Erziehungsziele könne er nicht nachvollziehen und beschreibt es als eine seiner wesentlichen Aufgaben, hier in den Köpfen von Muslimen etwas zu verändern. Er selbst legt durchaus Wert auf ein keusches Leben vor der Ehe. Aber eben nicht mit einem blinden Auge. Das hätte fast alles auch von mir sein können.

Ich diskutiere mit ihm über Kleidungsvorschriften, über diese Textilgefängnisse namens Burka und Niqab. Auch an dieser Stelle ist Ferid Heider nicht zu packen. Ohne Umwege gibt er mir gegenüber zu, dass es durchaus keine Seltenheit ist, dass Frauen gezwungen werden, sich so zu verhalten und zu kleiden. Das verurteile er. Sofern eine Frau aber freiwillig eine bewusst dezente und verhüllende Erscheinungsform in der Öffentlichkeit wähle, so müsse ihr das gestattet sein. Dagegen ist nichts zu sagen. Wenn nicht immer wieder behauptet würde, dass alle Frauen ein ausgesprochenes Liebesverhältnis zu ihrer textilen Verpackung und körperlichen Tarnung hätten.

Ein bisschen geraten wir aneinander, als wir uns über Grundzüge der Religion unterhalten. Eventuell können Sie sich meine ungläubig blickenden Kulleraugen vorstellen, als Ferid Heider mir erklären will, dass es die Zweiteilung in der Religion in das Haus des Islams und in das Haus des Krieges, also den Alleinvertretungsanspruch für das Heil, nicht gebe. Dass im Islam die Toleranz und der Respekt vor anderen Religionen nicht wegzudenken seien. Als ich ihn daraufhin nach der Unterdrückung und Verfolgung der Christen in muslimischen Ländern frage, stellt er dies schlichtweg in Abrede. Gerade in muslimischen Ländern werde die christliche Kirche und werden die christlichen Gemeinden geschützt und ihre Sicherheit garantiert. Diese Äußerungen lassen mich dann doch durchatmen. Ich müsse da wohl etwas falsch verstanden haben, werfe ich schüchtern ein. Daraufhin werde ich sehr rigide mit dem Hinweis abgefrühstückt, dass das alles Propaganda der USA sei, der ich da aufsitze. Es gebe nur einen Islam, und das sei die Religion des Friedens, des Glücks für alle Menschen und der Toleranz. Es gebe vom Islam durchaus verschiedene Interpretationen, aber nicht zu diesen Grundfesten.

Allein schon die Tatsache, dass Heider einräumt, dass es unterschiedliche Lebenswelten im Islam gibt, bringt mich zu dem Urteil, dass die Kritiker, die ihn als Salafist eingestuft haben, vielleicht doch etwas zu forsch und oberflächlich dahergekommen sind. Ferid Heider distanziert sich mir gegenüber von dogmatischem Denken und fundamentalistischer Interpretation der Religion. Ja, sagt er, es werde immer in allen Religionen Menschen geben, die zu Extremen neigen. Solange sie ihre Sicht der Dinge lediglich auf ihr eigenes Leben anwenden, sei das für ihn in Ordnung. Aber wenn versucht werde, anderen dieses Heil aufzuzwingen, dann müsse die Gesellschaft aktiv werden und gegen diese Fundamentalisten vorgehen.

Ich versuche den Joker zu setzen und prangere die Verfolgung der Kopten in Ägypten an. Die Kopten sind eine Gemeinschaft, die dem christlichen Glauben zuzurechnen ist. Auch hier ist die Welt für Ferid Heider ganz einfach. Die Kopten würden nicht verfolgt, dies sei lediglich eine Behauptung des Westens. Sollten Kopten unter den Lesern dieses Buches sein, so wird sich ihnen an dieser Stelle der Magen umdrehen. Obwohl es ein wörtliches Zitat ist, will Ferid Heider diese Bemerkung relativiert wissen. Er bestreite gar nicht, dass es Übergriffe auf Christen und christliche Einrichtungen gab und gibt. Das läge aber nicht am Islam oder an den Muslimen, sondern an den totalitären Regimen dieser Länder.

Sie blitzt immer wieder durch, diese Einteilung in Gut und Böse. Der Islam ist tolerant, der Islam ist liberal, und es gibt viele islamische Länder mit einer demokratisch-pluralistischen Gesellschaftsordnung. Mir fällt da nicht wirklich eines ein. Selbst das klassische Beispiel der Türkei ist ja ins Wanken geraten, seitdem dort demokratische Bürgerrechte wie Versammlungs- und Pressefreiheit einfach suspendiert und Menschen aus ihren Ämtern, Mandaten oder Jobs entfernt wurden, die nicht willenlos und eines freien Geistes beraubt den Ansichten der Regierenden folgen mochten. Das ist schon eine spezielle Form von Demokratie. An dieser Stelle habe ich den Eindruck, dass das Thema für Ferid Heider unangenehm wird.

Er verweigert sich einer vertiefenden Diskussion. Wir leben in Deutschland, und wir unterhalten uns über die islamische Welt in Deutschland. Über das, was Muslime hier tun und wofür sie hier zur Rechenschaft gezogen werden können. Den Paragraphen hatten wir schon. Wohl um mich ein bisschen zu trösten, schließt er diese Sequenz mit der Bemerkung: »Ich sage Ihnen ganz offen, dass auch ich nicht gerne in Saudi-Arabien leben möchte.«

Ferid Heider wechselt zum Thema der häuslichen Gewalt und der Züchtigung von Frauen. Man darf Menschen nicht misshandeln, niemanden. Schon gar nicht körperlich Schwächere, also weder Frauen noch Kinder. Er verweist darauf, dass sich auch im Koran keine Vorschrift finde, die das fordere oder erlaube. Es mag Tradition in einzelnen Volksgruppen sein, aber islamisch sei es nicht.

Bei der Frage der gemischt religiösen Ehen vertritt Heider die gleiche Position wie Ender Cetin. Ich muss das an dieser Stelle nicht wiederholen. Ein muslimischer Mann darf keine Atheistin oder Buddhistin heiraten – Punktum.

Von der Eheschließung ist es thematisch natürlich nicht weit zur Gleichheit der Geschlechter und zur patriarchalischen Familie: Dort, wo Frauen den Raum zu verlassen haben, wenn Männer sich unterhalten. Dort, wo der Mann oder der Baba im wahrsten Sinne des Wortes über Leben und Tod entscheidet. Das habe mit dem Islam nichts zu tun, sagt Heider, das sei so eine Tradition, die man der Religion unterschiebe. Gegen das Patriarchat habe er grundsätzlich keine Einwände, wenn der Mann für die Familie sorgt, das Geld nach Hause bringt, der Kühlschrank voll ist und alle etwas zu essen haben. Wenn es allerdings bedeute, dass zu Hause ein Diktator herrscht, dem die Frau die Füße waschen müsse, während er gemütlich auf der Couch sitzt, dann lasse sich das mit der Religion nicht rechtfertigen. Das sei einfach nur Paschaverhalten. Diese Form des Machogehabes sei keinen Deut besser als das pubertierender junger Männer.

Ferid Heider verheiratet auch nicht rein islamisch. Er schließt Ehen in der Regel nur, wenn das Paar auch standesamtlich verheiratet ist oder zumindest erklärt, schon einen festen Termin beim Standesamt vereinbart zu haben. Für ihn ist es in Ordnung, dass wir in einer monogamen Gesellschaft leben. Kinder ohne Erbanspruch und Frauen ohne Unterhalt, das gehöre für ihn nicht zu einer glückbringenden islamischen Lebensweise.

Wenn man über Parallelwelten spricht, dürfen die Friedensrichter als praktizierende Arme einer Paralleljustiz natürlich nicht fehlen. Ferid Heider hält das Wort Richter für falsch.

Zumindest in seinen Gemeinden sind das Mediatoren. Aha, denke ich so bei mir. Mediatoren nennt er das, weil alles auf freiwilliger Grundlage geschieht und alle gefragt werden, ob sie mit dem Spruch einverstanden sind. Die Einigung gelte nur, wenn dies von jedem bestätigt werde. Das amüsiert mich etwas. Denn wer kennt nicht die Friedensrichter, die sich darin gefallen, vor laufender Fernsehkamera damit zu prahlen, was sie alles so regeln können zwischen verfeindeten oder streitenden Familien. Ich frage Ferid Heider, was denn seiner Meinung nach diese Friedensrichter sind, die man doch sehen und anfassen kann. Er sagt, dass ihm das Problem der Friedensrichter, so wie ich es gerade geschildert habe, größtenteils unbekannt sei. Es beschränke sich wohl mehr auf bestimmte arabische Clans mit eigenen Strukturen, mit denen er glücklicherweise nichts zu tun habe. Sorry, aber dieser Sichtweise kann ich mich nach vielen Berichten Betroffener nicht anschließen.

In mir gärt es. Die Ausführungen zur Toleranz und zum Liberalismus gehen mir nicht aus dem Kopf. Ich insistiere und werde erneut belehrt: »Es gibt keinen Zwang in der Religion, so sagt es die Schrift. Wer will, der kann glauben. Er kann den Glauben aber auch ablegen. Es ist gottgewollt, dass es Christen, Muslime, Juden oder Buddhisten gibt. Das muss respektiert werden, und dies tut der Islam auch.« Ich habe etwas anderes aus meiner Beschäftigung mit dieser Religion mitgenommen. Wer abtrünnig wird, der hat sein Leben verwirkt. Sagt man zumindest im Sudan. Aber diesbezüglich habe ich mich eventuell geirrt, wenngleich auch Ferid Heider solche Exzesse unschön findet.

Zum Schluss unseres Gesprächs frage ich Ferid Heider, ob er einen Ratschlag hat, was die deutsche Gesellschaft seines Erachtens tun soll, um die bestehenden Trennlinien zu überwinden. Denn wir sind uns jenseits der Propaganda des Westens darin einig, dass diese existieren. Darauf hat er auch keine

Antwort. Aber zwei Dinge sind aus seiner Sicht unverzichtbar. Alle Menschen eines Landes müssen in der Lage sein, sich auszutauschen. Das heißt, sie müssen die gleiche Sprache sprechen. Weiterhin ist für ihn wichtig, dass die Menschen zu einer eigenen Identität finden. Zu ihr kann der Glaube führen, aber genauso gut kann sie durch eine Gruppenzugehörigkeit entstehen. Eine Gesellschaft muss dann jedoch den Menschen ihre Identität lassen, denn sonst werden sie sich nicht zu Hause fühlen. Dann wird Deutschland für sie zwar ein Lebensort sein, aber nie die Heimat.

Gestatten Sie mir ein persönliches Wort an meine fünf Gesprächspartner. Es erfordert bei uns Mut und Zivilcourage, sich öffentlich zu hochsensiblen Religionsfragen zu präsentieren. Ich bedanke mich bei ihnen im Namen aller Leser. Mein Respekt gilt Ender Cetin und Ferid Heider. Für ihre Arbeit. Ich glaube, dass sie Gutes tun. Nicht nur für ihren Glauben und die Gläubigen, sondern auch für die Gesellschaft. Ich bin weder Religionskuschler noch Islamversteher, dass sie mir trotzdem zur Verfügung standen, spricht für sie.

Die nächste Generation

Falls Sie beim letzten Kapitel etwas die Stirn gerunzelt haben sollten, kann ich Sie beruhigen. Das ist kein Buch über Religionstheorien. Ich will lediglich der Frage nachgehen, inwieweit die unterschiedlichen Lebensweisen und Werteordnungen letztlich doch in ein weites Feld der Gemeinsamkeit münden oder nicht. Sind die Kulturen auf dem Weg zueinander oder kapseln sie sich immer weiter ab? Ich denke, dass darüber am besten diejenigen Auskunft geben können, die das Morgen verkörpern, nämlich die jungen Leute. Ich habe mich auf den Weg gemacht und das Gespräch mit ihnen gesucht. Eigentlich ist die folgende Bemerkung überflüssig, aber ich will dennoch erneut auf eines hinweisen. Wenn ich mit Menschen spreche, dann sind die Erkenntnisse weder empirisch noch repräsentativ. Es sind Zufallsprodukte, Momentaufnahmen. Es waren junge Leute, die ich irgendwo getroffen habe. Oder ich habe in Jugendclubs angerufen, ob ich einmal vorbeikommen kann. Genauso habe ich in Schulen nachgefragt, wer bereit ist, sich mit mir eine Stunde zu unterhalten. Insofern sind meine Erkenntnisse ein Akt meiner subjektiven Wahrnehmung. Auf Deutsch: Ich habe alles so aufgeschrieben, wie ich die jungen Leute verstanden habe. Wirklich prüfen kann ich das Gesagte nicht. Ich kann es nur meinen eigenen Erfahrungen und dem Input anderer Personen gegenüberstellen. Es ist also lediglich ein pauschaler Abgleich zur Schlüssigkeit mit der Realität möglich.

Zu meinen Gesprächspartnern gehörten Abiturienten, Gymnasiasten und Hauptschüler genauso wie Schulabbrecher und Intensivtäter. Mir war nicht an ihrem jeweiligen individuellen Status gelegen, sondern mich interessierten ihre Lebenswelten. Ihr Selbstbewusstsein, ihre Gefühle und Denkweisen sowie ihre Pläne und Träume. Ich habe mir also meine Gesprächspartner nicht danach ausgesucht, ob sie in irgendeine Schublade passen. Die Bandbreite ihrer Erfahrungen war dementsprechend groß und überraschend.

Es war für mich durchaus ein Lerneffekt, dass die Welt von jungen Menschen ausgesprochen heterogen sein kann. Ich habe Vierzehnjährige erlebt, die sehr erwachsen waren. Die klare Vorstellungen von sich selbst und ihrem weiteren Leben hatten. Ich habe aber auch mit Zwanzigjährigen gesprochen, die einen Reifegrad von Zehn- bis Zwölfjährigen aufwiesen. So bunt und vielseitig die gesellschaftlichen Schichten und die kulturellen Ursprünge der jungen Leute waren, so unterschiedlich bildeten sich diese in ihrem Erscheinungsbild und in ihren Sichtweisen auch ab.

Ich besuchte als Erstes eine Mädchengruppe in einem sozialen Brennpunkt, den man schon als Hardcore-Gegend bezeichnen kann. Das Leben dort ist recht folklorehaft. Die jungen Frauen stammten aus arabischen und türkischen Familien. Teilweise konnten sie mir ihren Nationalitäts- oder Aufenthaltsstatus nur verschwommen erklären. Einige waren mit Kopftuch und langen Gewändern verhüllt, die die Konturen des Körpers verbargen, andere wiederum waren gepierct und präsentierten sich. Nicht dass diese Dinge für mich von Bedeutung waren. Ich will einfach nur die Mischung meiner Gesprächspartnerinnen skizzieren. Ich bezeichne diese jungen Frauen im Folgenden bewusst als Mädchen. Obwohl sie teilweise volljährig und im Besitz eines Führerscheins waren, hatten sie in Bezug auf ihre Lebenserfahrung und ihre Erwartungen bzw. Zukunftswünsche den Horizont von Backfischen. Ich möchte dies an einem Beispiel aufzeigen.

Meine erste Gesprächspartnerin schwärmte mir von der Heimat ihrer Eltern vor. Gerne würde sie in diesem schönen Land und in dieser Kultur leben. Als ich nachhakte, stellte sich heraus, dass sie dort noch nie gewesen war. Sie kannte das Land nur aus den Erzählungen der Eltern und hatte sich eine Phantasiewelt geschaffen. Ich erklärte ihr ein klein wenig das dortige gesellschaftliche System, insbesondere das Ehe- und Familienrecht. Von der absoluten Gehorsamspflicht der Ehefrau gegenüber dem Ehemann bis hin zur Tatsache, dass sie ohne Erlaubnis noch nicht einmal alleine das Haus verlassen dürfe. Dass die Züchtigung bei Ungehorsam gegenüber dem Ehemann ein zulässiges und gesellschaftlich akzeptiertes Mittel ist. Die junge Frau war sprachlos, hinterfragte den einen oder anderen Hinweis, den ich ihr gegeben hatte. Als ich ihr mit zugegebenermaßen recht nachdrücklichen Formulierungen den Unterschied zwischen den individuellen Freiheiten unserer Gesellschaftsordnung und denen, die sie in der Heimat ihrer Eltern erwarten könnte, ausmalte, wechselte sie innerhalb von wenigen Minuten komplett ihre Meinung. Nunmehr wolle sie dort vielleicht einmal einen Urlaub verbringen, aber auf keinen Fall leben. Konsequenterweise stellte sie im gleichen Atemzug fest, dass sie sich als Deutsche fühlt. Hier sei ihre Heimat und etwas anderes könne sie sich gar nicht vorstellen.

Diese Begegnung offenbart die Oberflächlichkeit des Denkens junger Leute mangels eigener Erfahrung. Sie sehnen sich nach Glück und Liebe. Sie nehmen das, was die Älteren in der Familie in glorifizierenden Erzählungen und in schillernden Farben über die Heimat berichten, für bare Münze. Sie machen diese heile Welt zu ihren eigenen Träumen und Wunschvorstellungen. Eine Rolle spielt dabei sicher, dass die Heimat nur noch in der Erinnerung existiert, was immer mit einer gewissen Verklärung einhergeht. Ein gutes Beispiel aus unserer hiesigen Welt ist vielleicht die Erinnerung an die DDR. Das diktatorische Gesellschaftssystem, die Entwürdigung des Einzelnen und die Kasernierung eines ganzen Volkes ist der Beurteilung gewichen: »So schlimm war es alles gar nicht, wie es heute behauptet wird. Eigentlich war es sogar ganz gut. Man hätte uns nur die D-Mark geben und uns reisen lassen sollen.«

Ich treffe bei den jungen Leuten immer wieder auf diese Scheinwelten. Aber letztlich ist dies ja auch normal. Woher soll ein achtzehnjähriger Mensch über die Einsichten, Abwägungen und Erfahrungen eines Sechsundsechzigjährigen verfügen? Mein »Erfolg«, innerhalb weniger Minuten aus einem Traumziel einen Ort zu machen, mit dem man sich auf gar keinen Fall identifizieren möchte, zeigt jedoch auch, wie manipulierbar junge Leute sind. Ich denke, dass man deshalb die Gemälde auch nicht allzu sehr unter die Lupe legen darf, sondern die Äußerungen als Anhaltspunkte verstehen muss. Mehr nicht.

Ein weiterer Punkt ist die mangelnde Fähigkeit vieler Jugendlicher, sich selbst realistisch einzuschätzen; egal ob Jungen oder Mädchen, sie empfinden sich als fehlerlos und vollkommen. Dort, wo Leistungsnachweise in der Schule oder verpasste Schulabschlüsse eine nicht bestreitbare andere Sprache sprechen, sind Schuldige schnell zur Hand. Selbstverständlich sind wie so oft die anderen oder objektive Widrigkeiten schuld. Sie reichen von der Lehrerin, die persönliche Vorbehalte hatte, über die Ablehnung von Ausländern in der Schule bis hin zu Krankheit. Helfen alle diese vorgeschobenen Argumente nicht, dann reicht die Erklärung bis zum entwaffnenden »Ich bin halt so, meine Lehrer haben mich als unbeschulbar bezeichnet«. Alle haben mir aber unisono erklärt, dass sie sich jetzt selbstverständlich verändert haben. Sie wollen nunmehr vermeintlich alle Schulabschlüsse nachholen, unmittelbar eine Ausbildung beginnen und am liebsten Architekt oder Arzt werden bzw. einen Beruf mit ähnlich hohem Sozialstatus ergreifen.

Natürlich gibt es auch die Toughen. Diejenigen, die Clubs – in Opadeutsch Discos – und Leistungsverweigerung für völlig »debil« halten. Die schon in jungen Jahren über ein gesundes Selbstbewusstsein verfügen, das durchaus einer herablassenden Arroganz nahekommt. Da ist von Prügeln nicht die Rede, von Mobbing oder Einmischung. Das sind junge Leute, die in Neukölln ihr Abitur gemacht haben und heute im Ausland Hotels führen. Schüler, die das Abitur im Expresszug anstreben. Mit denen eine Unterhaltung in einem Sprachduktus möglich ist, dem viele erwachsene »Biodeutsche« nicht gewachsen wären. Ja, die gibt es auch. Ich erinnere mich gut an zwei Jugendliche, bei denen zu Hause ausschließlich die Heimatsprache gesprochen wurde. Trotzdem unterhielten sie sich mit mir in derart perfektem Deutsch und verfügten über einen Wortschatz mit so unglaublicher Tiefe, dass ich mich fast schon anstrengen musste, nicht negativ aufzufallen.

Es kann nicht verwundern, dass diese Leistungsorientierten die Erklärung für heutige soziale Verwerfungen in der Schwäche des Staates sehen. Sie sagen, es gebe zu wenig Staat bei uns. Einer äußerte den Satz: »Hier glaubt man, dass Deeskalation schon die Lösung des Problems ist. Aber das ist nur der übliche Selbstbetrug, um sich zu drücken.«

Leistungsorientierte junge Leute können im Übrigen durchaus auch religiös sein. Es gelingt ihnen aber besser, Religion und Alltagsleben zu trennen. Auf meine Frage an einen solchen Schüler, ob es an seiner Schule unter den muslimischen Mädchen viele mit Kopftuch gebe, schaute er mich verständnislos an. Nein, nicht eines, sagte er. Nun, das ist bei mir in Neukölln schon anders.

Ich habe die Heranwachsenden immer danach gefragt, was zu Hause passieren würde, wenn sie gegen die Regeln verstoßen. Die häufigste Antwort war, dass sie die Frage eigentlich nicht beantworten könnten, weil sie das ja nie tun. Als einen Regelverstoß beschrieb ich beispielsweise, dass Mädchen mit einem Jungen an der Ecke händchenhaltend von ihrem Bruder gesehen werden.

Ich fragte, ob sie sich vorstellen könnten, was passiert, wenn sie als Muslima mit einem Christen nach Hause kämen, um ihrer Familie zu erklären, dass dies der Mann sei, den sie liebten und heiraten möchten. Es hat mich schon betroffen gemacht, dass mir alle jungen Frauen erklärten, dass derartige Situationen zu körperlicher Züchtigung in unterschiedlicher Ausprägung führen würden. Mit ihnen über Schläge zu sprechen war erstaunlicherweise nicht besonders schwer. Mein Eindruck war, dass sie sich hierbei nicht der Phantasie bedienen mussten, sondern Erfahrungen hatten. Für diese Annahme spricht ja auch das zitierte Ergebnis einer Untersuchung des Kriminologischen Forschungsinstituts Niedersachsen, bei der 20 Prozent der türkischen Jugendlichen angegeben haben, dass sie zu Hause geschlagen wurden bzw. werden.

Noch etwas haben mir die Mädchen in diesem Zusammenhang bestätigt. Wenn sie Brüder haben, dann führen diese nicht nur mit Zustimmung, sondern im Auftrag der Eltern die Aufsicht über sie. Auch wenn der Bruder zum Beispiel erst 14 Jahre alt ist, die Schwester hingegen schon 18. Die Söhne sind dafür verantwortlich, dass die Töchter der Familie keine Schande bereiten. Da junge Leute recht rabiat werden können, ist die Kuratel der Brüder mitunter erheblich strenger als die der Väter.

Große Sorge bereitet mir der Sprachstand der Jugendlichen, die nicht auf dem Weg zum Expressabitur sind. Die Sprachfähigkeit ist durchgängig schlecht und steigert sich bis ins Desaströse. Es kam nicht selten vor, dass ich Begriffe aus einer Frage erklären musste, weil sie nicht zum Wortschatz gehörten und daher auch nicht verstanden wurden. Die Bildung von Sätzen in korrekter Grammatik und einem Anfang und Ende ist leider kaum Standard. Das ist die erschütterndste Erkenntnis aus meiner »Interviewtour« mit jungen Leuten. Es gibt überhaupt kein Drumherumreden: Die Mehrheit der jungen Leute beherrscht die deutsche Sprache nicht. Sie werden vermutlich auch nie ein Buch lesen oder etwas verstehen können, das jenseits der Trivialsprache liegt.

Deutlich gespürt habe ich bei den jungen Frauen ein gestiegenes Selbstbewusstsein, wenn es um die kolportierte Gehorsamsverweigerung der Frauen gegenüber den Männern in gläubigen, islamisch praktizierenden Familien geht. Es kam durchaus die Formulierung: »Ich lasse mir nicht alles vorschreiben, ich habe auch mitzureden.« Ob das nur in der Vorstellungskraft existiert oder sich im realen Leben so auch wirklich vollzieht bzw. vollziehen wird, kann ich nicht beurteilen. Aber der Anspruch, Dinge im praktischen Leben anders zu regeln, als es eigentlich der Überlieferung entspricht, ist zumindest vorhanden. Sehr sympathisch fand ich den Satz einer jungen Frau, die sagte: »Haram ist nicht immer schlimm, man muss nur damit umgehen können.« Unter Haram versteht man all das, was nach der Scharia als ein Tabu und als verboten anzusehen ist.

Erstaunlich fand ich den Zufriedenheitsgrad meiner jungen Gesprächspartner. Die Fragen, ob sie ein schönes Leben haben, glücklich sind oder ihre Familie mögen, wurden immer uneingeschränkt bejaht. Selbst wenn sie aus Sicht des deutschen Bürgertums in prekären Verhältnissen lebten: Die Skala der Daseinsfreude schlägt bei den jungen Leuten schon relativ weit nach oben aus. Im Übrigen charakterisierten junge Frauen aus alevitischen Familien häufig ihre Lebensumstände positiver als andere Muslima.

Alle haben erklärt, dass die Religion für sie sehr wichtig ist. Ich glaube, ein solches Ergebnis würde man bei Paul oder Anna nicht erzielen. Das Glaubenstraining durch die Koranschulen war bei den Personen, zu denen ich Kontakt hatte, obligatorisch. Auch eine islamische Eheschließung war für sie selbstverständlich. Eine rein standesamtliche Heirat ist undenkbar. Umgekehrt reicht die islamische Verheiratung völlig aus, um alles das tun zu dürfen, was vorher verboten war. Also man benötigt nicht unbedingt das Standesamt, um gemeinsam in die Kiste zu gehen.

Die Frage, wie intensiv die Glaubensrituale ausgelebt werden, brachte unterschiedliche Ergebnisse. Einige Jugendliche und junge Erwachsenen wirkten aber auf mich durchaus authentisch bei ihrer Aussage, dass sie natürlich regelmäßig fünfmal am Tag beten und während des Ramadans fasten. Auch scheint die Toleranz bei ihnen stärker ausgeprägt zu sein als bei ihren Eltern. Das ist zwar nur meine persönliche Schlussfolgerung, ich glaube aber nicht, dass sie völlig falsch ist. Die jungen Leute sind schon offen für andere Lebensentwürfe und Lebenswelten. Auf meinen Hinweis, dass Menschen aus anderen Kulturkreisen mit Keuschheit und der Beziehung zwischen Mann und Frau anders umgehen, als sie es kennen, lautete die Antwort beinahe durchgängig, dass dies jeder so halten könne, wie er wolle, wenn es ihm sein Glaube und seine Kultur gestatten. Das verrohte Urteil von jungen Leuten nach der Hinrichtung von Hatun Sürücü, »sie ist zu Recht gestorben, sie hat gelebt wie eine Deutsche«, schien mir zumindest bei meinen Gesprächspartnern überwunden zu sein.

Auf die obligatorische Frage, ob ein Muslim auch eine Frau anderen Glaubens heiraten würde, antwortete mir nur ein junger Mann, dass ihm die Religion seiner Frau gleichgültig wäre. Viel wichtiger sei, dass er sie liebe. Alle anderen wollten apodiktisch glaubenshomogen bleiben.

Völlig undenkbar war für die jungen Männer, mit denen ich gesprochen habe, eine Frau zu heiraten, die ein Kind oder mehrere Kinder von einem anderen Mann hat. Sie wollen nicht für das Erbe anderer Männer Erziehungsverantwortung tragen. Die Heirat mit einer geschiedenen Frau erschien einigen noch vorstellbar, aber Kinder anderer Männer, das sei ein No-go. Es erinnert mich ein klein wenig an das instinktive Verhalten von Löwenpaschas. Wird der Rudelführer von einem anderen, stärkeren Männchen verdrängt, so akzeptiert der neue Anführer vorhandene Nachkommen seines Vorgängers nicht.

Um nicht den Trugschluss aufkommen zu lassen, dass ich mich nur in der Welt von Fundamentalisten oder ihren Kindern bewegt habe, will ich darauf verweisen, dass die Berufsvorstellungen sehr traditionell bürgerlich geprägt waren. Wie bereits erwähnt: Architekt, Arzt, Kripobeamter, Sozialarbeiter oder Krankenschwester stehen ganz oben auf der Wunschliste. Dass oft der momentane Bildungsstand nicht kompatibel mit diesen Wünschen ist, das ist eine andere Geschichte.

Der schwierigste Part in den Gesprächen war immer die Abgrenzung der Kultur und der kulturellen Verpflichtungen von der erlebten und gelebten Welt. Ich bin ständig auf Redewendungen gestoßen wie »Bei uns ist das so«, »Das ist unsere Kultur« oder auch »Das darf ich nicht, das verbietet mir unsere Kultur oder unser Glaube«. Dieser Einfluss ist immens. Mir fiel allerdings in diesem Zusammenhang auf, dass die Antworten meist sehr stereotyp wirkten. Übrigens unabhängig von der Ethnie und der Glaubensrichtung. Das deutet für mich darauf hin, dass die Erziehung der Eltern sehr intensiv und nachdrücklich darauf ausgerichtet ist, diese Aspekte einzupflanzen und sie durch die Kinder weitertragen zu lassen. Die jungen Leute wirkten in diesen Passagen der Gespräche immer sehr bestimmt, und sie ließen auch kein kritisches Hinterfragen zu. Um es salopp zu sagen: Es gingen einfach die Jalousien runter. Das ist eben so, basta. Meines Erachtens schon ein sehr klares Signal dafür, dass man darüber nicht nachzudenken hat und Fragen nicht erwünscht sind.

Bemerkenswert waren dann aber doch die Differenzierungen. »Betreten Sie eine andere Welt, wenn Sie nach Hause kommen und über die Türschwelle treten?«, wollte ich von einer 22-jährigen Abiturientin wissen, die eher das Auftreten einer 16-Jährigen hatte. »Ja«, sagte sie, »ich lebe in zwei Welten. Wenn meine Freunde wüssten, wie unser Leben ist, würden sie vom Hocker fallen.« Kinder haben sich zu beugen, auch sie mit 22 Jahren. Sie war noch nie tanzen, weil man so etwas nicht tue. Sie kennt kein Kino von innen. Sie dürfte auch nicht mit einer Freundin hingehen, höchstens mit ihrem großen Bruder. Dieser kam während des Gesprächs dazu. Ein sympathischer, gebildeter junger Mann, der beruflich in der Finanzwelt tätig ist. Befragt zum Grundsatz der Gleichheit der Geschlechter, meinte er, dass das vom Prinzip her schon so richtig sei. Gleichwohl ändere das nichts daran, dass eine Frau im Dunkeln nicht auf der Straße, sondern zu Hause zu sein hat. Ich fragte die junge Frau, ob sie ihre Kinder genauso erziehen würde, wie sie erzogen wurde. Sie sagte, sie werde versuchen, ein bisschen mehr Spaß, Freude und Freiheit in die Erziehung ihrer Kinder einfließen zu lassen. Natürlich führte das sofort dazu, dass ich nachhakte, ob sie denn selbst Sehnsucht nach mehr Freiheit in sich spüre. Das bejahte sie.

Danach gefragt, was denn die deutsche Kultur von ihrer Herkunftskultur unterscheide, antwortete sie kurz und knapp: mehr Freiheit, mehr Freude und mehr Demokratie. In ihrer Kultur gebe es nicht so viele Dinge, über die man nachdenken und die man anders für sich entscheiden kann, als der Großvater es getan hat.

Sehr offen beschrieb sie mir den Weg, der für ihre Verehelichung vorgesehen ist. Ihre Eltern werden ihr eines Tages drei Fotos vorlegen, und sie wird dann eines auswählen können. Ich fragte sie: »Würden Sie sich nicht gerne allein Ihren Mann fürs Leben auswählen?« – »Ja, schon«, antwortete sie, »aber das steht mir nicht zu.«

Nach unserem Gespräch war ich sehr nachdenklich. Ich beruhigte mich selbst, dass viele Dinge vielleicht nicht so heiß gegessen wie gekocht werden. Ich will Ihnen nicht verschweigen, dass die Eltern während des Gesprächs die ganze Zeit dabei waren. Selbstbewusstsein hatte diese junge Frau schon, und ich weiß nicht, ob sie tatsächlich eine so scheue und widerspruchslose Frau ist, wie es während des Gesprächs schien. Und wenn sie es vielleicht doch ist, ob sie es auch bleiben wird.

Gespannt war ich auf mein Treffen mit einem Intensivtäter. Das war schon einer von der harten Sorte. Nicht so ein Möchtegerngangster, der eigentlich nie der gefährliche Checker war, von dem er sich losgesagt hat. Als wir zusammensaßen, konnte er seine Straftaten und Verurteilungen nicht mehr genau aufzählen. Ungefähr 120 bis 130 seien es gewesen – von Diebstahl über gefährliche Körperverletzung bis zum Raub. Er verfügte über ein gerüttelt Maß an Erfahrung mit der Justiz. Auf die Frage: »Sagen Sie, warum haben Sie immer so einen Mist gemacht?«, kamen Antworten, wie wir sie kennen. Sozialneid, Geldgier, Angeben vor den Kumpels oder »Gangster haben bei uns ein hohes Ansehen«. Er hatte keinen Schulabschluss, keine Berufsausbildung. Er sei unbeschulbar, hätten die Lehrer zu ihm gesagt. Sein Bruder sei auch im Knast. Er gehe regelmäßig in die Moschee. In den Libanon, wo die Wurzeln seiner Familie liegen, wolle er nicht. Er sei auch noch nie dort gewesen.

Zu seiner kriminellen Karriere befragt, sagte er, es komme einfach so über ihn. Er könne gar nicht anders. Sobald er sich in einer Gruppe befinde, gebe es für ihn keine Grenzen mehr und er verliere völlig die Kontrolle über sich. Das sei schon in der Schule so gewesen und auch heute so mit seinen Kumpels auf der Straße. Er müsse sich immer als der Größte darstellen.

Das Interessanteste an dem Gespräch war eigentlich seine Persönlichkeit selbst. Der junge Mann konnte folgerichtig denken, gut analysieren und hatte auch einen klaren Blick auf sich selbst. Er, der nun wirklich eine Latte an Straftaten auf dem Kerbholz hatte, suchte weder die Schuld bei seinen Eltern und Lehrern noch bei seinen Freunden. Die Sätze, die er sprach, gaben keinen Anlass zur Kritik. Er machte auf mich einen ausgesprochen intelligenten Eindruck, war tageslichttauglich und nicht ohne Charme. Es gelang ihm glatt, bei mir so viel Sympathie hervorzurufen, dass ich ihm zum Schluss unseres Gespräches meine Hilfe anbot. Ihn zu unterstützen, bei seinen momentanen Vorsätzen zu bleiben, sein Geld ehrlich zu verdienen und nicht wieder einzufahren. Er sagte, eine Ausbildung wolle er nicht machen. Damit habe er im Knast angefangen. Nach seiner Entlassung sei keine Firma bereit gewesen, ihn die Ausbildung abschließen zu lassen. Davon habe er genug, das wolle er nicht mehr. Auf mein Angebot reagierte er unvorbereitet. Ja, so genau könne er das noch nicht sagen, weil er ohne konkrete Vorstellungen sei. Ich bot ihm an, er könne ja darüber nachdenken und sich wieder bei mir melden, wenn er glaubt, dass ich als Türöffner hilfreich für ihn sein könnte.

Ich habe nie wieder etwas von ihm gehört.

Dieser Intensivtäter hat mit seiner Persönlichkeit meinen Nerv so getroffen, dass ich mich gedanklich lange mit ihm beschäftigt habe. Der junge Mann ist nicht verkehrt. Er hat gute Anlagen, ist schlau. Was aber haben wir mit ihm falsch gemacht? Wir, die Gesellschaft. Wie ist es möglich, dass ein

20-Jähriger, der über ganz normale Anlagen verfügt, es auf 120 bis 130 Straftaten bringt und scheinbar rettungslos in diesem Strudel untergegangen ist? Waren es gleichgültige Lehrer, war es das Elternhaus, das ihm keine Chance ließ, oder war es auch unsere Justiz, die diesem Mann nicht rechtzeitig vor dem Start einer routinierten Karriere als Krimineller das Stoppsignal gesetzt hat? Hätte man ihn schon früher einbuchten sollen? Ihm den drögen Knast vor Augen führen? Haben wir ihm vielleicht zu lange über den Kopf gestreichelt und ihm erklärt, dass er ja nichts dafür kann, weil die böse Gesellschaft so schlecht zu ihm ist? Ich weiß das alles nicht. Ich kenne auch seine Lebensgeschichte nicht komplett. Ich weiß nur, dass mir jemand gegenübersaß, dem ich nie und nimmer das alles zugetraut hätte, was er ausgefressen hat.

Ein besonderes Erlebnis war mein Besuch bei einer streng religiösen arabischstämmigen Familie. Zwei Stunden war ich dort. Die Tonbandabschrift umfasst 50 Seiten. Dies als kleiner Hinweis, dass das nichts Oberflächliches war. Die Familie bestand aus Papa, Mama und acht Kindern. Der Mann ist in den 1990er Jahren aus dem Maghreb nach Deutschland gekommen. Sein Ziel lag eigentlich in Übersee. Als er in Berlin in den Flieger steigen wollte, habe man ihn aber nicht in das Land seiner Träume gelassen. Er habe sich, wie er fast entschuldigend sagte, dann entschieden, in Deutschland zu bleiben und Asyl zu beantragen. 3000 US-Dollar hatte seine Familie damals bezahlt, damit er in das andere Land kommt. Der Vater erklärte mir immer wieder, dass er ein studierter Mensch sei, großen Wert auf Bildung lege und seine Kinder ihren Weg in die Gesellschaft finden sollten.

Der Glaube ist sehr wichtig und bestimmend in dieser Familie. Der Vater hat eine sehr schlichte, aber für ihn überzeugende Sicht auf den Islam. Für ihn bedeutet er Friede und Respekt vor allen anderen Menschen und allen anderen Religionen. Wer Böses tut, andere Menschen umbringt, sie betrügt, sie bevormundet, der sei kein Muslim. Nein, sagt er, in Pakistan oder Afghanistan könne er nicht leben. Die dort Böses täten seien für ihn keine Muslims. Damit waren für ihn alle Irrungen der islamischen Welt abgehakt.

Die Verständigung mit ihm war ausgesprochen schwierig. Obwohl er seit fast 25 Jahren in Deutschland lebt, sprach der Mann nur rudimentär Deutsch. Auch konnte ich mitunter seinen Gedankengängen nur schwer folgen. Die Kinder verfügten über einen besseren Sprachstand. Was aber nicht bedeutet, dass der gut war. Wieder einmal war ich überrascht, welche Sprachdefizite junge Leute haben, die hier geboren und zur Schule gegangen sind.

Die Töchter und Söhne, die beim Gespräch dabei waren, unterschieden sich stark vom Vater. Während er mir die ganze Zeit offen und freundlich begegnete, verspürte ich vom ersten Moment meines Betretens der Wohnung an eine Aggressivität, die man fast anfassen konnte. So verlief unser Kontakt auch anders als der in anderen Familien. Ich wurde in eine völlig neben der Sache liegende Auseinandersetzung über das Kopftuch und die Vollverhüllung von Frauen und Mädchen gedrängt. Eigentlich ging es permanent um gefühlte oder erlebte Benachteiligung, Diskriminierung und Nichtbeachtung. Ich stieß an meine Grenzen. Ich fand den Schlüssel nicht, um insbesondere die jungen Frauen zu überzeugen, dass die Kleidung einer Nonne nicht mit der Totalverhüllung einer Muslima zu vergleichen ist, die in diesem Outfit Zahnarzthelferin, Friseurin oder Sozialarbeiterin werden will.

Ich traf auf alle Klischees: abgebrochene Ausbildung, schlechte Schulnoten. Bei der abgebrochenen Ausbildung wurde mir als Begründung genannt, dass die junge Frau früher viel mit Puppen gespielt und diese Ausbildung, ich vermute zur Friseurin, begonnen habe. Aber die verlief ganz anders, als sie erwartet hatte. Da hätte man lernen müssen, das wäre zu viel für sie gewesen. Es wäre einfach nicht alles in ihren Kopf gegangen. Sie wolle es aber demnächst noch einmal versuchen. Chefin würde sie aber dann schon sein wollen. Sie ging davon aus, dass der Ausbildungsbetrieb nach Abschluss ihrer Ausbildung einen zweiten Laden eröffnet, den sie dann als Geschäftsführerin leiten könne. Also so richtig überzeugend fand ich diesen Businessplan nicht.

Ein weiteres Gesprächsthema war die Verärgerung des Vaters über den 15-jährigen Sohn, weil dieser in der Schule keine guten Noten erreiche und wohl dazu neige, den einen oder anderen Blödsinn zu verzapfen. Ich versuchte, den Vater zu beruhigen, und gab zu bedenken, dass es doch in diesem Alter so ungewöhnlich nicht sei, wenn pubertierende Jungen manchmal über die Stränge schlagen. Das wiederum brachte mir den Vorwurf des Sohnes ein, er sei schließlich schon erwachsen. Es kostete mich einige Konzentration und Beherrschung, nicht oberlehrerhaft oder zickig auf den Halbstarken zu reagieren, der teilweise schon schwer erträgliche Philosophien über seinen Status als erwachsener Mann von sich gab.

Auf meine Abschlussfrage nach tatsächlich beschreibbaren Diskriminierungen oder rassistischem Mobbing erhielt ich eine überraschende Auskunft. Also richtig konkrete Beispiele könne man mir nicht nennen, aber es reiche ja schon, wie die Leute einen anschauen. Sie würden einfach falsch gucken, diese Blicke würden erniedrigen. Ich konnte das nur noch mit einem »Aha« kommentieren. Allerdings kam diese Larmoyanz nicht vom Vater, sondern von den Söhnen. Eigentlich kenne ich eine solche Situation fast nur umgekehrt, nämlich dass junge Männer wie sie andere mustern und dann provozierend fragen: »Was guckst du?«

Ich habe immer wieder die Frage gestellt, wie hoch denn eigentlich der Anteil der jungen Menschen ist, die sich eher der traditionellen fundamentalistischen Sichtweise des Islams verbunden fühlen und dies auch deutlich durch ihre Kleidung oder das Tragen des Kopftuchs schon in sehr jungem Alter dokumentieren. Die Erzieher und Sozialarbeiter vor Ort rechnen zwei Drittel der Familien der traditionellen islamischen Lebensrealität zu. Tragen Frauen und Mädchen das Kopftuch freiwillig oder werden sie gezwungen? 70 Prozent würden es freiwillig tragen, sagte man mir, wobei die Freiwilligkeit aus Gewöhnung und Sitte resultiere. Die Mädchen würden meist in der Familie nichts anderes kennen, als dass alle Frauen Kopftuch tragen. Sie würden es dann den Alten gleichtun wollen und sich sogar auf den Zeitpunkt freuen, dass die Eltern sie darum »bitten«. Wer keine Vergleichsmaßstäbe hat, der macht Dinge freiwillig, weil er die Alternativen gar nicht kennt und sie damit auch nicht für sich abwägen kann. Das Erleben unverhüllter Frauen und Mädchen im öffentlichen Raum bringt diesen Impuls nicht. Es gelten nicht die Irrungen Fehlgeleiteter auf der Straße, sondern nur das reine Wollen und Tun der Familie.

Für mich waren die Gespräche mit den jungen Leuten Momentaufnahmen. Flashlights. Inwieweit mir ein Bär aufgebunden wurde oder ich nach dem Motto »Dem zeigen wir es einmal« Teil einer Inszenierung war, kann ich natürlich nicht einschätzen. Ich habe daher Sozialarbeiter und Betreuer in Jugendclubs darum gebeten, mir ebenfalls für eine Unterhaltung zur Verfügung zu stehen. Allerdings habe ich Wert darauf gelegt, dass es sich jeweils um Sozialpädagogen mit Migrationshintergrund handelte. Also türkisch- und arabischstämmige Betreuer und Betreuerinnen.

Ihre Sichtweisen haben mich überrascht. Allein schon deshalb, weil durchgängig Kritik an der Gesellschaft geübt wurde.

Gut, das verblüfft für sich genommen erst einmal nicht wirklich. Die Vorhaltungen waren allerdings anders, als ich gedacht hätte. Es kam nicht der Ruf nach mehr Sozialleistungen, nach mehr Jugendclubs oder nach mehr Sozialarbeitern. Wie hieß es früher doch so schön: »Ein Sozialarbeiter, zwei Hände, zwei Jugendliche!« Weit gefehlt, all das kam nicht. Die Kritik an der Gesellschaft bezog sich auf fehlende Konturen, die den jungen Leuten Orientierung geben. Es fehle die klare Kante, sagte mir einer.

Warum sind viele Jugendliche so, wie sie sind, habe ich immer gefragt. Die Antwort war insbesondere bei jungen Männern, dass sich die Jugendlichen nicht verstanden und nicht ernst genommen fühlen. Man habe ihnen in der Erziehung beigebracht, dass sie eine stolze Persönlichkeit zu sein hätten und dass niemand ihre Ehre anzutasten habe. Ich glaube, das haben Sie bis hierher schon dreimal gelesen.

Doch dann fänden sie sich plötzlich in einer Welt wieder, in der sie als Nichts behandelt werden. Insbesondere, wenn sie über keinen Schulabschluss verfügten. Niemand gebe ihnen einen Ausbildungsplatz für den Beruf, der sie interessiert. Wer dann doch noch einen Ausbildungsplatz erhalten habe, der breche später häufig die Ausbildung wieder ab. Die jungen Männer sind zum großen Teil unfähig, sich einzugliedern. »Ich lasse mir doch von diesen Deutschen nichts sagen« oder »Die Arbeit mache ich nicht, ich bin doch kein Kuli«. Das passe alles nicht zu ihrem Selbstverständnis, und die Folge ist der zerstörerische Sozialneid. Sie setzten sich überhaupt keine Ziele mehr, außer: »Ich werde Millionär.« Dem beizukommen, sei ein mühsames Geschäft, sagten mir die Sozialarbeiter. Eigentlich funktioniere es nur mit Einzeltherapie. Erst unter vier Augen und mit Geduld entstehe die Einsicht und Bereitschaft, für sich selbst etwas zu tun und die entscheidenden Kompetenzen zu erwerben. Die Schwierigkeit sei jedoch, dass eine

Gesellschaft nicht alle Jugendlichen in Einzeltherapien pampern kann.

Unterscheiden sich im Wohngebiet die Verhaltensweisen liberaler, fundamentalistischer oder orthodoxer Familien?, wollte ich wissen. Da wurden meine Gesprächspartner schmallippig. Sie würden das so nicht bestätigen wollen. Auch Orthodoxe und Fundamentalisten würden regelmäßig arbeiten. Denn eigentlich schlössen sich Religion und Müßiggang, kombiniert mit Geldkassieren vom Staat, gegenseitig aus. Genauso wie das Abrutschen oder der gewollte Schritt in die Kriminalität. Ein streng religiöser Mensch bestiehlt niemanden. Deshalb widersprachen meine Gesprächspartner auch vehement der Annahme, die stadtbekannten arabischen Großclans der organisierten Kriminalität würden aus tiefgläubigen Menschen bestehen. Kein Salafist würde jemals einen Raubüberfall begehen, war die Ansage. Trotzdem, sagte ich, stießen die Ermittlungsbehörden gerade in der kriminellen Szene immer auf eine Wand des Schweigens. Ja, richtig, war die Antwort, man halte eben zusammen. Die gleiche Kultur und gleiche Religion würden es verbieten, den Landsmann oder Glaubensbruder den Deutschen ans Messer zu liefern.

Ich fragte nach den Erkenntnissen aus dem Familienalltag und hörte nicht viel Neues. Allerdings war die Grundstimmung pessimistisch. Die Entwicklung laufe rückwärts, sagte man mir. Der Fundamentalismus verbreite sich rasant und ungehindert. Die Kontrolle des Einzelnen in der Familie oder in der Community sei total. Die, die sich diesem System ergeben, kapitulieren vor der eigenen Unterdrückung. Dagegen helfe das Abitur dann auch nicht immer. In 60 Prozent der Familien sei Gewalt als Mittel der Interessenwahrung hierarchiefestigend akzeptiert, in 20 Prozent herrsche extreme physische Unterdrückung. Eine Sozialarbeiterin, die seit 30 Jahren in ihrem Gebiet arbeitet, berichtete, dass keiner einen höheren

Abschluss als den Hauptschulabschluss habe. Selbst das sei nur maximal ein Viertel der Bewohner. Noch heftiger ging eine türkische Sozialarbeiterin mit ihrem sozialen Umfeld ins Gericht. Sie sagte: »Wir leben hier in einer anderen Kultur. Keiner geht arbeiten, und wenn, dann höchstens schwarz.« Insbesondere die arabischen Eltern hätten noch nie regulär gearbeitet, ihr Wirtschaftspartner sei ganz gewollt das Job-Center. Ich hinterfragte diese Äußerungen eindringlich, weil sie sehr bestimmt und absolut gesprochen wurden. Es erfolgte jedoch keine Relativierung. Die würde ich dann allerdings vornehmen wollen. Nach menschlicher Lebenserfahrung gibt es immer Ausnahmen und Einsprengsel im Mainstream. Gefühlt mag das alles wie berichtet sein. Das Leben ist aber nuancierter.

»Die Aufsteiger, die es im Viertel gibt, die haben wir gemacht«, sagten die Kollegen aus dem Jugendclub. Stolz strahlen sie dabei aus. Das sind die Ergebnisse jahrelangen Kampfes um einzelne Jugendliche. Schuld seien die Elternhäuser, und es fiel der Satz: »Sie verstehen die Sprache nicht, wie sollen sie dann alles andere verstehen?« Es gibt eine klare Hierarchie. Der Vater und die Söhne haben Vorrang vor Mutter und Töchtern. Schande über die Familie könnten immer nur die Töchter bringen. Deswegen sei es auch die Aufgabe der Brüder, auf sie aufzupassen. Können Söhne denn überhaupt keine Schande bringen? »Doch«, lautete die Antwort, »wenn sie schwul sind oder Drogen nehmen.«

Die Reformierbarkeit dieser Gegebenheiten schätzte eine Gesprächspartnerin auf fifty-fifty ein. Die Menschen würden bleiben, wie sie sind, egal, was wir tun. Sie wollten auch nichts anderes. Durch diese gehirnwäscheartige Erziehung würden sie sogar glauben, ihren siebten Cousin freiwillig zu heiraten. Denn von Kindesbeinen an werde ihnen beigebracht, dass der Cousin, den sie heiraten, ein ganz toller Mann ist oder dass die Heirat einen Ehrzuwachs für die Familie bringt. Dies steht allerdings im Widerspruch zu der gefühlten Einschätzung, dass 80 Prozent der Mädchen und jungen Frauen am liebsten aus diesem Käfig ausbrechen wollen. Tatsächlich schafft es allerdings nur ein Bruchteil davon.

Dann kam etwas, das mich fast sprachlos machte. Sozialarbeiter, die eigentlich Motivationsgeber und Geburtshelfer für ein selbstbestimmtes Leben sein sollten, die den jungen Leuten die Gesellschaft näherbringen, urteilten beinhart, dass man 60 Prozent der Eltern täglich in den Allerwertesten treten müsste. Ohne ein verändertes Verhalten der Eltern werde es keinen Durchbruch geben. Man müsse mehr gesellschaftlichen Druck aufbauen. Hartz IV nach heutigem Muster sei Gift für die Familien in diesen Gebieten. Es handele sich um Menschen ohne herausragende berufliche oder sonstige Wissenskompetenzen. Das heißt, ihnen steht nur der Arbeitsmarkt mit prekärer Entlohnung zur Verfügung. Fünf bis acht Kinder und Hartz IV sei aber mehr, als man in diesem Wirtschaftssektor überhaupt verdienen könnte. Das gelte umso mehr, wenn es den Familien noch gelingen würde, sich zusätzlich andere, inoffizielle Einnahmequellen zu erschließen. Die Eltern hätten hohe Ansprüche an die Zukunft ihrer Kinder, aber wenig Interesse, an deren Verwirklichung mitzuwirken. Am wenigsten beim Wissenserwerb.

Unsere Schulen haben, anders als die Eltern es kulturell gewohnt sind, keinen Erziehungsauftrag. Also seien die Schulen auch am Versagen der Kinder schuld, nicht sie als Eltern. Es ist eine hierarchische Welt. Aushandelnde Erziehungsformen kommen darin nicht vor – aber natürlich eine Schuldzuweisung an die Gesellschaft.

Die Angekommenen –
Klare Sichtweisen

Im vorherigen Kapitel habe ich Sie ein wenig in die Welt der jungen Menschen entführt. Sie haben uns in ihre Träume blicken lassen und die Welt so geschildert, wie sie sie sehen. Es sind mitunter noch viele Teeniegedanken oder sie sind noch stark von ihrer Pubertät beeinflusst, so dass man nicht jede Äußerung auf die Goldwaage legen darf. Natürlich habe ich gemerkt, dass hier und da die Antworten auf meine Fragen recht gleichförmig waren. Mir war auch bewusst, dass sich die jungen Leute vermutlich zumindest im Jugendclub vorher ausgetauscht haben. Mich interessierte aber weniger die einzelne Antwort, sondern vielmehr der Gesamteindruck des Gesprächs. Ich wollte einen Eindruck ihrer Lebenswelten gewinnen und sie nicht examinieren. Ich denke, dass schon deutlich geworden ist, was in den Köpfen der jungen Leute herumgeistert und wie das praktische Leben sie erwartungskonform zurechtschleift. Ob die Realität alle Geschichten so zu Ende schreibt, wie die jungen Leute es sich erhoffen, werden sie erleben. Wie heißt es doch: »Erstens kommt es anders, und zweitens als man denkt.«

Schon manifester und auch belastbarer in ihren Erfahrungen und Lebenswelten ist natürlich die Gefühlswelt der Erwachsenen, also der Eltern. Zwar nicht genau der Jugendlichen, zu denen ich Kontakt hatte, aber vergleichbaren Alters und identischer Herkunft. Also ziehen wir wieder los. In die

Welt der Gespräche, die ich mit angekommenen Menschen unterschiedlichster Vita und Sozialisation geführt habe. Ich empfinde Aufzählungen für gewöhnlich als langweilig. Dennoch möchte ich Ihnen an dieser Stelle einige Details nicht ersparen. Ich glaube, sie sind wichtig zum Verstehen dessen, was folgt.

Meine Gesprächspartner kamen aus elf verschiedenen Ländern: aus der Türkei, dem Libanon, aus Ägypten, Indien, Marokko, »Palästina«, Albanien, Usbekistan, Polen, Ungarn und Russland. Sie gehörten auch unterschiedlichen Religionen an. Einige waren muslimischen Glaubens, aber mit den differenzierten Sichtweisen der Aleviten und Sunniten, einige waren christlich-katholisch oder -protestantisch, Juden und Hindus. Es waren Männer und Frauen. Auch ihre existentiellen und beruflichen Hintergründe waren sehr unterschiedlich. Da waren der Elektriker und der Kellner, der Selbständige und der Unternehmer, der Hartz-IV-Empfänger und der Steuerberater, der Hausmeister, der Schlosser, der Manager und der Student, die Hebamme, der Jurist und der Asylbewerber, Sozialarbeiter und Clanchefs. Viel bunter bekommen Sie eine solche Reihe nicht hin. Wenn ich im Nachhinein dieses Kaleidoskop betrachte, ist es für mich noch immer überraschend, wie beeindruckend homogen die Sicht dieser heterogenen Gruppe von Menschen zu bestimmten Dingen war.

Alle meine Gesprächspartner hatten, wie es so schön heißt, einen Migrationshintergrund. Zum Teil waren sie Kinder von direkten Einwanderern oder sie waren selbst nach Deutschland migriert. Eine Ausnahme hiervon bildeten lediglich zwei Ärzte und eine Hebamme, die ich um ihre Einschätzung aus dem Alltag gebeten hatte. Sie waren in Absurdsprache »biodeutsch«.

Bevor ich auf Einzelaspekte eingehe, möchte ich die Dinge herausstellen, über die es ein großes religiöses und kulturelles Einvernehmen gab.

Alle meine Gesprächspartner bezeichneten sich als religiös. Wenn auch mit unterschiedlichen Abstufungen. So gab es unter ihnen Muslime, die pflichtbewusst fünfmal am Tag beten, und einige, die ganz regelmäßig die Moschee besuchen. Andere hingegen beten nach verfügbarer Freizeit und besuchen die Moschee nur zu Beerdigungen und muslimischen Feiertagen. Mir saßen Menschen gegenüber, für die der Glaube und die Zwiesprache mit ihrem Gott, also einer höheren spirituellen Instanz, unabdingbar für ihr inneres Gleichgewicht war. Es ging da nicht so sehr um die folgsame Ausübung von religiösen Ritualen. Andere wiederum begründeten ihre Handlungen mit dem »Tunmüssen«. Letztere waren eigentlich immer die Muslime. Bereits daraus kann man ableiten, dass der Gehorsamszwang und die Alltagsverbindlichkeit der religiösen Vorschriften im Islam deutlich ausgeprägter sind als in anderen Religionen – oder zumindest so empfunden werden. Das war jedoch nichts, was ich durchgängig feststellen konnte. Auf die Frage, ob die Religion dogmenhaft den Tagesablauf oder das Familienleben prägt, antworteten eigentlich fast alle mit »nein« oder mit »eigentlich nein«.

Solche Begegnungen, bei denen es um die Gefühlswelt und das Befinden von Menschen geht, sind bei Einwanderern natürlich nicht denkbar ohne die Frage, ob sie mit dem gefundenen Ziel zufrieden sind oder ob sie in ihre frühere Heimat zurückwollen. Keiner der Befragten wollte zurück. Natürlich gab es die Äußerungen, dass die Türkei, der Libanon, Indien oder welches Land auch immer emotional sehr fehlen würden. So lautete zum Beispiel mehrfach die Antwort: »Ein Großteil meiner Familie lebt immer noch dort, und meine Angehörigen vermisse ich.« Dann kam jedoch stets das Aber. Denn: »Wenn ich allerdings darüber nachdenke, wie ich dort leben müsste, ob ich dort all das hätte, was ich hier habe, und vor allem ob meine Kinder dort die gleichen Chancen für ihr Leben erhalten würden, dann möchte ich vielleicht doch nicht zurück. Dann belasse ich es lieber wie bisher bei einem Besuch.«

Die Gründe für die »auf später« verschobene Rückkehr waren vielfältig. Sie reichten von der Schule, die die Kinder erst abschließen sollen, über die Gesundheitsversorgung bis hin zu Lebensgewohnheiten, die in der Heimat nicht toleriert werden würden. Als Beispiele wurden der Freund der geschiedenen Mutter oder die Kleidung der Frau und Tochter genannt. Die Frauen haben inzwischen vielfach die Differenzierung der Wertigkeit von Menschen in unterschiedlichen Gesellschaften wahrgenommen. Öfter lautete die Begründung, warum man nicht zurückwolle, dass die persönliche Freiheit dort nicht mehr so gegeben sei, wie man es bislang gewohnt ist: »Deshalb kann ich dort nicht mehr leben.«

Ich möchte gerade die letzte Sequenz nicht überbewerten. Die Frauen, die sich mir für ein Gespräch zur Verfügung stellten, repräsentieren natürlich nicht die breite Masse, insbesondere nicht die der Bildungsferne. Es gehört schon ein gehöriges Stück Selbstbewusstsein und innere Sicherheit dazu, sich als Frau dem Bürgermeister zu einem Gespräch zur Verfügung zu stellen. Sich zu ihm ins Rathaus zu begeben und mit ihm allein in seinem Büro über die eigene Situation und die eigenen Gefühle zu reden. Das ist nicht jederfraus Sache und nicht überall üblich, schon gar nicht als Muslima. Ich will nicht verheimlichen, dass nicht alle meiner Interviewbitten auch positiv beschieden wurden. Dass auch Zusagen, die zuerst gegeben wurden, zwei Tage später keinen Bestand mehr hatten. Ja, an dieser Stelle muss ich das kleine Geständnis ablegen, dass nicht eine Frau mit langem Mantel und Kopftuch meine Gesprächspartnerin war. Diese Ebene blieb mir völlig verschlossen. Das hat mich bei der Frage, woran das denn liegen könnte, zunächst unsicher gemacht. Entspannter wurde ich, als mir mehrere muslimische Elternvertreter von ihren Fehlschlägen berichteten, Kontakt zu Landsleuten zu finden, die der heimatlichen Landbevölkerung zuzurechnen sind. Ich glaube, dass wir es als gegeben hinnehmen müssen, dass es weite Kreise gerade in der muslimischen Bevölkerung gibt, die ein gegen alles – auch nur scheinbar – Westliche oder Gottlose abgeschottetes Leben führen.

Ein anderer Aspekt war für mich aus dem bisherigen Erleben nicht wirklich überraschend. In der Heftigkeit und Eintracht dann aber doch. Es ging um die Frage: »Wie beurteilen Sie die deutsche Gesellschaft oder den deutschen Staat in seiner Führungs- und Fürsorgerolle für die Bevölkerung?« Da wurde dann richtig über mir ausgekübelt. Das Sozialsystem wurde in seiner Sicherheit spendenden Wirkung durchaus positiv im Vergleich zur früheren Heimat bewertet, aber es wurde einerseits als zu großzügig und andererseits als viel zu nachsichtig und lasch kritisiert. Geld ohne Anstrengung schade den Menschen, Hartz IV tue den Menschen nicht gut, weil es zur Bequemlichkeit führe und die Jugend verführe. Der ausschlafende und den ganzen Tag über Tee trinkende Vater könne keine Vorbildwirkung entfalten. Es solle kein Hartz IV für Jugendliche ohne Arbeit und ohne Ausbildung geben. Deutschland sei einfach zu großzügig und dürfe sich nicht beklagen, dass die Menschen keinen Ehrgeiz entwickeln, wenn sie, gemessen am Standard in ihrer Heimat und den dortigen Lebensbedingungen ihrer Familien, dort reichlich Geld vom Staat kriegen und es noch nicht einmal eine Kontrolle gibt, ob die Menschen dabei vielleicht nicht auch noch ein klein wenig schummeln.

Klar ist, dass Menschen, die in Lohn und Brot stehen und zum Teil ihr Geld hart und schwer verdienen müssen, extrem kritisch in der Bewertung von Sozialleistungen sind. Mir wurden alle landläufig bekannten Klischees vorgetragen. Dank Hartz IV hätten sich einige Wohlstand angehäuft – von dicken Autos über luxuriös eingerichtete Wohnungen bis hin zu Grundbesitz in der früheren Heimat. Gleichwohl ist es schon verblüffend, wie übereinstimmend die Meinung der Einwanderergesellschaft und der »Biodeutschen« an dieser Stelle ist. Der Status des Einwanderers ist dabei für die Einschätzung völlig unbedeutend. Ausschlaggebend für den Betrachter ist, ob jemand arbeitet, sich bewegt, die Gemeinschaft stärkt, mit seinen Steuern in den Solidaritätstopf einzahlt und dann – aus seiner Sicht – zur Kenntnis nehmen muss, wie ungerecht das Geld, das er ja hart erarbeitet hat, an andere verteilt wird. Die Menschen fühlen sich schlichtweg um die Früchte ihrer Arbeit betrogen.

Die von mir hier wiedergegebenen Formulierungen sind bereits eine rundgelutschte Fassung für zarte Gemüter. Die Vorschläge und Urteile waren zum Teil so martialisch, dass ich mich nicht traue, sie öffentlich zu referieren.

In den Schilderungen war eine tiefe Verbitterung über die wahrnehmbare Abwehr und die Beratungsresistenz ihrer Landsleute enthalten. Wieder betraf dies fast nur die Muslime. Die Elternvertreter, und es waren mehrere unter meinen Gesprächspartnern, stimmten förmlich ein Klagelied darüber an, wie sie sich vergeblich an Eltern wenden, um sie zu mehr Interesse und Aktivitäten zu inspirieren. Zum einen, so erzählten sie, scheiterten sie immer wieder bei sehr konservativen oder bildungsfernen, gleichwohl aber traditionsbewussten Familien an der Grundauffassung, dass Schule und Erziehung den Mann nichts angingen, denn das sei nur etwas für Frauen, für Mamas halt. Diese hätten abends aber leider keine Zeit, weil sie Essen kochen oder die Kleinen ins Bett bringen müssten. So blieben die Stühle bei der Elternversammlung zwangsläufig leer.

Zum anderen gibt es aber auch Einwanderer aus Ländern, in denen zwar eine Schule und ein Bildungssystem nicht mehr gänzlich unbekannt, Elternversammlungen aber unüblich sind. Demzufolge gehen die Eltern dann hier auch nicht hin. Was der Bauer nicht kennt, ...

Ich habe einen türkischen Elternvertreter gefragt: »Wie groß ist der Anteil der Eltern an Ihrer Schule, die sich so engagieren wie Sie?« Die Antwort lautete: »Ein Prozent.« Vielen Eltern sei alles egal. Da helfe dann auch keine Ansprache und kein Brief.

Ich muss gestehen, ich habe lange nicht mit so deprimierten Leuten gesprochen wie mit diesen Elternvertretern. Schule ist im Bewusstsein vieler passiver Eltern ein Selbstläufer. Darum muss man sich nicht kümmern. Es ist Pflicht der Schule, die Kinder zu erziehen, ihnen Lesen und Schreiben beizubringen. Treten dann irgendwann Defizite auf, ist folglich die Schule schuld, weil sie ihren Job schlecht gemacht hat.

Keiner meiner Gesprächspartner ließ ein gutes Haar an diesen sogenannten bildungsfernen Eltern. Auf meine Frage, was wir dagegen tun könnten, erntete ich nur hilfloses Schulterzucken. Ehrlich gesagt, etwas so richtig Bahnbrechendes fällt auch mir nicht ein. Wenn schon der eigene ethnische Bruder oder die eigene ethnische Schwester keinen Zugang finden, keine Verhaltensänderung bewirken können, was soll dann der deutsche Bürgermeister oder die deutsche Schulstadträtin wohl Schlaues machen? In dieser zugegebenermaßen vorhandenen Resignation steckt auch ein Stück Hilflosigkeit. Das stimmt. Eigentlich bleibt dann wieder nur der Blick auf die Lehrerin, den Lehrer und die Schule. Je mehr Horizonterweiterung sie bewirken, desto entbehrlicher sind die Eltern in der Elternversammlung, deren nachhaltiger Erfolg sowieso fragwürdig ist. Ein Gesprächspartner sagte mir, die Deutschen würden immer glauben, wenn sie einen Brief schreiben, passiert etwas und es gibt eine Reaktion. Sie sind dann enttäuscht, wenn das nicht eintritt. Es wird stets übersehen, dass auch heute noch 90 Prozent aller Briefe von der Schule in den Händen der Schüler landen und nie zu den Eltern gelangen.

Als kleines Lob habe ich empfunden, dass keiner meiner Gesprächspartner den Vorwurf formulierte, die Deutschen im Allgemeinen oder auch unser Staat würden nichts für die Bildung der jungen Leute tun. Es wurde nicht bemängelt, dass der Staat den Eltern keine Chancen gebe, sich zu orientieren und in das System hineinzufinden. Die Kritik wurde nur in der Form vorgetragen, dass es den Menschen zu leicht gemacht werde, sich ihren Pflichten zu entziehen. »Wenn es keine Konsequenzen für mich hat, dann muss ich das auch nicht tun« ist eine schlichte Bewusstseinsbildung. Dass eine derartige Einstellung engagierte Leute an den Rand des Nervenzusammenbruchs führt, ist nachvollziehbar. Wem macht die Rolle des Hamsters im Laufrad schon Spaß?

An dieser Stelle muss ich auch meine Hochachtung zollen, dass es unter den Einwanderern schon einen respektablen Anteil derjenigen gibt, die sich mühen und reinhängen. Die begriffen haben, dass Bildung der Grundstock des sozialen Aufstiegs ist. Die sich aber auch von der Mehrheitsgesellschaft alleingelassen fühlen bei ihrem Kampf gegen Windmühlenflügel. Sie erwarten einfach klarere Ansagen und Zeichen der Unterstützung.

Ich will auf einige individuelle Schicksalsverläufe eingehen. Beginnen möchte ich mit zwei jungen Leuten, die sich – wie sie heute selbst sagen – zum Salafismus verirrten. Beide stammen aus dem Bildungsbürgertum, sind also keine Menschen ohne Wissen. Sie haben diesen Schritt damals auch sehr bewusst getan. »Für mich heute rückblickend völlig unverständlich«, sagen beide. Sie waren 16 und 17 Jahre alt, als sie ihre Kontakte zu der wohl konservativsten Lebenswelt des Islams fanden.

Nun ist natürlich nicht jedem geläufig, was sich hinter dem Begriff Salafismus verbirgt. Diese Glaubensrichtung hat sich zum Ziel gesetzt, ein Leben im Sinne des ursprünglichen Frühislam zu führen. Eine Buchstabentreue und unverfälschte Rückbesinnung auf die Quellen des Islams, also den Koran und die Sunna. Bei Letzterer handelt es sich um die überlieferten Gebräuche und Handlungen des Propheten Mohammed. Es geht also um Sichtweisen der Menschen im 7. Jahrhundert.

Der eine junge Mann sagt, er fand es damals faszinierend, plötzlich eine Struktur für den Tag zu haben, Regeln zu erfahren, deren Befolgung ihm einen Sinn seines Lebens suggerierten. Er habe nach dem Motto »Ja, ich mache alles richtig« auch Stolz empfunden. Es war für ihn überhaupt keine Einschränkung seiner Persönlichkeit, dass er nicht mehr seinen Geburtstag feiern und Musik hören durfte. Er empfand das Zugehörigkeitsgefühl zu seiner Ersatzfamilie als Zuneigung und Wärme. Es war auch ein leichtes Leben, überschaubar, im Strickmuster schwarz-weiß. Was man über Gut und Böse zu denken hat, überlässt man Gott, der weiß es eh besser. Da die göttliche Offenbarung über allem steht, gibt es auch keine Fragen und keine Unsicherheit.

Ich möchte ihn an dieser Stelle zitieren: »Man denkt dann eben: Nur Gott weiß, was gut ist. Wir Menschen sind unvollkommen, nur Gott ist vollkommen. Wir müssen darauf vertrauen, dass er der Allmächtige und Allwissende ist. Seine Gesetze und Verbote sind einzig zu einem Zweck da, Gerechtigkeit zu schaffen. Es gibt nur noch Gut und Böse, richtig und falsch. Man muss auch nicht selbst entscheiden, was Gut und was Böse ist. Im Gegenteil, man wird dazu erzogen, das eigene Denken auszuschalten. Denn nur Gott weiß, was gut ist. Und dann akzeptiert man diese Regeln auch und versucht, danach zu leben. Das ist eigentlich der gefährlichste Punkt im Salafismus, man kann sich da ganz schnell hineinsteigern, und dann kommt man da nicht mehr heraus. Es ist ein so einfaches Weltbild, man braucht sich auch keine Mühe mehr zu machen abzuwägen, nachzudenken, vielleicht sogar noch Wissen anzueignen über eine Sache. Gott befiehlt, und der Koran und die Überlieferung des Propheten bezeugen es, und der Mensch ist dazu da, um alle Gebote auszuführen.«

Wenn jemand an dieser Welt Gefallen gefunden hat, wieso hat er sich dann wieder losgesagt? Diese Frage liegt auf der Hand. In diesem Fall war es der Antisemitismus, der den jungen Mann verschreckte. Er war aufgrund seiner Vorbildung und seiner intensiven Beschäftigung mit dem Nahostkonflikt getragen von Sympathien für das jüdische Volk. Mit dieser Haltung, so führt er aus, stand er alleine unter seinen Glaubensbrüdern. Die zunehmende Hinwendung zur Gewalt bei den Personen, zu denen er Kontakt hatte, habe ihn dann zu der Entscheidung geführt, sich loszusagen.

Der zweite Interviewpartner, der sich mir offenbart, ist ein junger Ägypter. Auch er nennt als ausschlaggebenden Beweggrund, sich dem Salafismus zuzuwenden, ein nie gekanntes Zugehörigkeitsgefühl. Er habe es genossen, jeden Tag mit Muslimen zusammen zu sein, den Koran zu lesen und das Gute des göttlichen Auftrages zu studieren. Es sei ihm egal gewesen, dass er alle seine Sozialkontakte verlor. Er berichtete über das Verhältnis seiner damaligen Freunde zu anderen wie folgt:

»Der Muslim muss seinen muslimischen Bruder in dem Maße lieben, in dem er treu ist gegenüber Allah und seinem Gesandten. Er muss ihn in dem Maße hassen, in dem er untreu und ungehorsam ist gegenüber Allah und seinem Gesandten. Da der Ungläubige noch nicht einmal das Gebet betet, noch nicht einmal das Glaubensbekenntnis spricht, ist er natürlich völlig ungehorsam und deshalb muss er natürlich vollkommen gehasst werden, aus tiefstem Herzen.«

Je dichter dieser Auftrag an ihn herankam, andere Menschen zu hassen, desto schwächer wurde seine Bindung. Auch bei ihm löste der Antisemitismus Distanz aus. Irgendwann merkte er, dass es nicht nur um den Glauben ging, sondern dass im Hintergrund immer eine politische Ideologie mitspielte.

Vier Frauen lernte ich kennen, die mir Einblick in ihre Biographie gaben. Drei wurden zwangsverheiratet, eine war stärker.

Die erste lebt seit vielen Jahren als Asylbewerberin aus dem Libanon bei uns. Sie kam nach Deutschland, indem sie Schleppern Geld dafür gezahlt hatte. Sie hat sich scheiden lassen, weil ihr Mann das ganze Geld, das da war, am Automaten verspielte. Eines ihrer Kinder hatte bereits eine Ergotherapie hinter sich. Sie trug kein Kopftuch, verstand sich aber als sehr religiöse Frau. Sie verrichtete das Gebet fünfmal am Tag. Sie erzählte mir, dass ihr Mann taubstumm war. Auf meine Frage, warum sie den Mann geheiratet habe, sagte sie mir, dass es zum einen ihre Eltern angeordnet hatten und zum anderen sei ihr erklärt worden, dass im Himmel bei Allah ein Zettel über sie liegt und auf diesem Zettel steht, wen sie zu heiraten habe. Wenn sie das nicht tue, werde Allah sie verstoßen. So kam dann diese Ehe zustande. Heute habe sie einen Freund, den sie immer treffe, wenn ihre Kinder bei ihrem geschiedenen Mann sind. Mit ihrer Familie habe sie massive Probleme.

Auf meine Frage, wie vielen Frauen es nach ihrer Einschätzung ähnlich wie ihr ergangen sei, meinte sie, dass 80 Prozent aller libanesischen Frauen sich in einer solch angeordneten Ehe befinden.

Sie sprach sehr schlecht Deutsch, verstand meine Fragen kaum. Aber als ich sie nach ihrem Lebensziel fragte, antwortete sie, sie würde ihren Kindern gern den Führerschein bezahlen, ihnen Kleidung kaufen können, und ihr Traum wäre es, dass jedes Kind eines Tages ein eigenes Haus hat. Das sind sehr hochgesteckte Ziele. Ich weiß nicht, ob sie sie erreichen wird, die Wahrscheinlichkeit dafür ist gering.

Die zweite Libanesin, mit der ich sprach, ist seit 1979 in

Deutschland. Ihre Eltern waren ebenfalls Asylbewerber, durften nicht arbeiten, und der Vater versuchte, schwarz Geld für die Familie heranzuschaffen. Sie waren vier Kinder. Sie hat heute sieben. Ihren Mann hatte sie mit 17 Jahren geheiratet, als sie noch zur Schule ging. Sie sagt, sie habe ihre Schule trotzdem zu Ende gemacht, um die Heirat bei ihrem Vater durchsetzen zu können. Das klappte, »weil mein Mann, Gott sei Dank, nicht so ein strenger Araber ist«. Sie fand ihre Eheschließung ganz normal, ihr Vater nicht. Er wollte sie schon seit ihrem 11. Geburtstag einem Cousin versprechen. Ihr Mann sollte unbedingt aus der Familie sein. Über ihre Mutter als Sprachrohr hat sie drei Jahre dagegen gekämpft. Sie selbst durfte mit dem Vater darüber nicht diskutieren. Letztendlich setzte sie »ihren« Bräutigam – einen schwäbischen Kurden – durch. Sie hatte ihn mit 15 Jahren auf einer libanesischen Hochzeit kennengelernt. Er war ein entfernter Bekannter ihres Vaters. »Es war eine harte Zeit«, sagt sie heute. Mit einem Fremden wäre es aber nicht möglich gewesen. Woher nahm sie damals den Mut für ihre Aufmüpfigkeit? Die Schule habe ihr sehr geholfen. Dort habe sie gelernt, dass Frauen in Deutschland auch Rechte haben.

Auch sie bezeichnete sich als sehr gläubig, sie fastet und betet. Für sie ist klar, dass ihre Kinder nur arabische Partner heiraten werden. »Keine Deutschen und keine Türken«, sagte sie, und dabei wirkte sie sehr energisch. Dann kam doch der Schwenk. Ich fragte sie nach der Bedeutung der Religion im Alltag, und sie sagte mir, das müsse jeder für sich allein und mit seinem Gott ausmachen. Ich schob die klischeehafte Frage nach dem Kopftuch hinterher. »Hier ist Deutschland«, sagte sie, »hier passt es nicht her.«

Diese Frau ist ein typisches Beispiel dafür, dass jemand durchaus traditionell in seinem Leben strukturiert sein kann und sich dennoch mit seiner neuen Heimat arrangiert hat.

Allein der Halbsatz »hier ist Deutschland« relativiert alle skeptischen Gedanken.

Die dritte Frau, die den Blick in den Lauf ihres Lebens zuließ, war eine Türkin. Wie sie zu ihrer Ehe gekommen ist, ist fast schon filmreif. Ihr Vater hatte sie nach Istanbul gelockt, damit sie ihm dort als älteste Tochter zur Hand geht, weil er angeblich zu Hause nicht klarkam. Der eigentliche Grund aber, sie in die Türkei zu holen, war, dass er für sie einen Mann ausgesucht und mit einem Onkel die Ehe abgesprochen hatte. Zweimal gingen sie unter Aufsicht aus. Schon war sie verlobt. Danach wurde geheiratet.

Sie war 22, in Deutschland geboren, aufgewachsen und sozialisiert. Ihr Vater hatte sie so erzogen, wie das heute noch vielfach üblich ist. Sie durfte nicht mit zu Klassenfahrten, nicht mit den Freundinnen zu Feiern und Partys. Wenn sie sich widersetzte oder es Nachfragen aus der Schule zu diesem und jenem gab, setzte es Prügel. Sie durfte Freunden nichts von zu Hause erzählen. Ihre Mutter hatte ihr ein genauso klares Feindbild anerzogen: Alle Frauen, die freizügig oder mit Freunden herumliefen, seien Schlampen und »wir sind anders«. Sie hatte immer Angst vor Prügel und schon aus diesem Grund stets getan, was man von ihr verlangte. Da grundsätzlich alles für sie entschieden wurde, hatte sie überhaupt kein Selbstbewusstsein und traute sich auch nicht zu, allein leben zu können.

Die junge Frau war nicht dumm, sie hatte ihr Abitur abgelegt, war Studentin, aber trotzdem lebensuntüchtig. Sie sagte: »Wenn bei uns eine Familie zerbricht, ist immer die Frau schuld, weil ein Mann nicht schuld sein kann.« Eheschließungen hätten nichts mit Liebe zu tun. Sie seien bloß ein Mittel zum Zweck, um Familien aneinanderzukoppeln oder um mit einem Geschäftsfreund die Beziehung noch enger zu knüpfen. Bei ihr war es auch so. Schnell merkte sie, dass es ihrem Mann nicht um Liebe ging, sondern um den Zuzug nach Deutschland und die Aufenthaltserlaubnis. Doch die Pläne für eine Exportfirma platzten. Sie bekam zwei Kinder, schmiss ihr Studium, wurde depressiv und nahm Tabletten. Ihr Mann entwickelte sich zum Tyrannen, und irgendwann rannte sie mit ihren Töchtern davon.

»Ich spüre einen großen Hass auf meine Eltern«, erklärte mir die junge Frau dann. Eine solch leidenschaftliche Abneigung gegen die Eltern habe ich vorher noch nie von einer türkischstämmigen Frau gehört. Sie sagte, es gebe bei den türkischen Migranten keinen Fortschritt, was die Situation der Frauen betrifft. Vielmehr sehe sie eine Rückentwicklung. Die Mädels würden ihrer Einschätzung nach noch traditioneller erzogen als früher. Egal, wie modern sie oder die Familie nach außen tun würden, es gebe keine Freiräume zur Selbstfindung für Mädchen.

Der vierten meiner Gesprächspartnerinnen erging es ähnlich. Sie erfuhr mit 16, dass einer ihrer Cousins ein guter Junge sei und sie ihn heiraten werde. Ihr Vater war durchaus liberal, sie durfte mit Cousinen ins Kino oder ins Eiscafé gehen. Deshalb hatte sie nicht mit einem solchen Rückfall gerechnet. Sie waren neun Geschwister. Außerhalb der Schule gab es keinerlei Verbindungen zu Deutschen. Eigentlich hatte sie das nicht gestört. Es war völlig klar, dass kurdische Mädchen abends nicht weggehen und höchstens Kontakte zu türkischen Mädchen haben.

Ihr Vater war als Asylbewerber nach Deutschland gekommen und hatte dann ihre Mutter und die älteren Geschwister nachgeholt. Die Familie lebte von Hartz IV.

Sie hatte längst einen eigenen Favoriten. Mit ihm traf sie sich damals heimlich. Als sie ihrem Vater gesagt hatte, dass sie selbst eine andere Vorstellung von ihrem zukünftigen Mann habe als den Cousin, den sie heiraten sollte, bezog sie schlimme

Prügel. Sie wurde eingesperrt, bis die Folgen der Schläge nicht mehr sichtbar waren, und dann fand die Hochzeit während des Urlaubs in der Türkei statt. Eine Möglichkeit wegzulaufen gab es im Dorf nicht, denn jeder kannte dort jeden. »Wenn wir es versucht hätten und sie hätten uns erwischt, wäre es unser Tod gewesen. So etwas passiert dort schon einmal!«, erzählte sie mir.

Nach Deutschland zurückgekehrt, flüchtete sie vor ihrem Mann zum Onkel, doch der brachte sie zurück. Ihre Brüder drohten ihr, sie umzubringen. Ihr Vater schlug sie immer wieder. Auch er drohte ihr mit dem Tod, wenn sie ihren Mann verlassen und dadurch seine Ehre beschmutzen würde. Ihre Mutter hatte sie dafür verflucht, weil auch sie Prügel bezog. Schließlich hätte sie ja die Tochter nicht richtig erzogen. Irgendwann ergab sich dann doch eine Gelegenheit, und sie flüchtete ins Frauenhaus einer anderen Stadt.

Es sei eine schreckliche Zeit gewesen, sagt sie zurückblickend. Zum größten Teil auch, weil sie von der Familie getrennt war. Wenn man so aufgewachsen ist wie sie, dann kann man ohne die Familie kaum leben, sie ist Teil von einem selbst. Heute ist sie mit dem Mann verheiratet, in den sie sich schon damals verliebt hatte. Es gab keine Hochzeitsfeier, und sie lebt mit ihm sehr zurückgezogen. Ihr Vater hat sie verstoßen, und für ihre Cousinen ist ihr Schicksal eine abschreckende Warnung. Sie widersetzen sich nicht und tun, was man ihnen befiehlt.

Über meine anderen Gesprächspartner hatte ich schon am Beginn bei den Übereinstimmungen die eine oder andere Bemerkung gemacht. Ich will jetzt nur noch Schlaglichter hinzufügen, um die Sichtweise von Einwanderern deutlicher zu machen.

Da ist der Steuerberater, Elternsprecher, seine Kinder sind auf dem Gymnasium. Er sagt: »Immer mehr Sozialtaten ›versauen‹ die Leute und nehmen ihnen den Lebensdampf.« Sie würden dadurch immer dünnhäutiger und ihre Kritikfähigkeit nehme zusehends ab. Als ich ihn nach seiner Religion fragte und nach der möglichen Frau für seine Söhne, da meinte er: »Die Religion ist nie ein Hindernis, sein Leben anständig zu führen. Mein Sohn kann auch eine Jüdin heiraten, wenn sie denn reinen Herzens ist.«

Als ich eine türkische Unternehmerfamilie besuchte, stellte sich der Seniorchef als »nachgemachter Deutscher« vor. Es gehe ihnen gut, sie hätten ein florierendes Industrieunternehmen und gäben vielen anderen Familien Arbeit und Brot. Der Senior hatte als Hilfsarbeiter angefangen. Seit 1970 ist er in Deutschland. Sein Vater war General, seine Mutter Lehrerin. Für ihn sei die Wahl der Ehepartner seiner Kinder zwar nicht egal, aber auch kein Dogma. »Hauptsache, der Verstand passt«, sagte er.

Der Mann war fromm und betete regelmäßig nach muslimischer Sitte – trotzdem hatte ich überhaupt nicht das Gefühl, mit Fremden gesprochen zu haben, als ich die Familie wieder verließ.

Der Sohn des Unternehmers war bei dem Gespräch dabei. Er hat in den USA studiert. »Vernunft ist alles«, sagte er. Er träume von einem Leben in den USA. Dort, wo er studiert hat. Ihm fehle in Deutschland ein stärkeres menschliches Miteinander. Auch sei ihm das Land zu schlapp. Ein Sozialsystem sei zwar gut, aber es solle Schwache auffangen und stützen. Nicht Starke durch Bequemlichkeit zu Schwachen machen.

Da der Industrieunternehmer, hier der Kellner. Er fühlt sich wohl in Neukölln, aber hadert mit seinem Sozialraum. Die Leute seien laut, feierten bis in den frühen Morgen, überall liege Dreck. Müll stehe im Treppenhaus, weil Mieter zu faul wären, die Beutel zur Tonne zu bringen. Für ihn sei Religion sehr wichtig, er gehe in die Moschee und während des Ramadans spende er Geld für die Armen. Es gebe nur einen Gott, sagt er und bejaht die Frage, ob seine Tochter einen Katholiken heiraten dürfte. So richtig warm werde er mit unserem Gesellschaftssystem aber trotzdem nicht. Ein Lehrer sei wie ein zweiter Vater, sagt er, aber es sei unglaublich, wie man diesen hier behandle. Er vermisse den Respekt vor dem Staat, vor der Polizei. Hier kämen Ausländer her und würden tun, was sie zu Hause nicht dürften. Wir sollten die Grenzen besser abstecken, was wir erlauben und was nicht. Er gab mir ein Beispiel: Für den jungen Muslim sei es in Ordnung, einer Deutschen die Frage zu stellen, ob sie Sex haben will. Sollte aber ein Deutscher der Schwester dieses Muslims dieselbe Frage stellen, würde ihm als Minimum das Messer gezeigt. Das finde er nicht in Ordnung.

Nichts anderes sagte der türkischstämmige Elektriker, der seine Töchter liberal erzogen hat. Er geht in die Moschee, sagte aber, er sei nicht streng gläubig. Seine Töchter werden ihre Männer alleine aussuchen können. Seit zwölf Jahren ist er Elternvertreter, und er rauft sich die Haare auch über das Desinteresse seiner Landsleute, an denen jede Ansprache abprallt. Leider seien die arabischen Eltern das Hauptproblem.

Deutschland ist für ihn ein emotional sehr kaltes Land, ihm fehle eine familiäre Wärme unter den Menschen. Trotzdem wolle er nicht zurück. »Wir sind Europäer geworden«, sagte er. Sein Vater sei noch Analphabet gewesen, habe acht Kinder gehabt und nicht gewusst, was ein Elternabend ist. Trotzdem habe er dafür gesorgt, dass seine Kinder eine vernünftige Ausbildung machten.

Wenig ergiebig war ein Gespräch mit zwei Vertretern von arabischen Großclans aus dem Libanon. Beide Großfamilien haben bekannte Namen. Ihr Ruf ist nicht der beste. Ich fragte die beiden: »Wie gerät eine Familie in einen solchen Strudel?« Die Antwort lautete: »Tja, es gibt Leute, die ihre eigenen Gesetze machen und schnell zu Geld kommen wollen. Sie haben keine Bildung, und es sind in den Großfamilien immer nur einige wenige, die den Familienruf ruinieren.« In ihrem engeren

Familienkreis hätten beide keine Intensivtäter. Sie seien selbständig und bezeichneten sich auch als religiös. Ihre Töchter dürften nicht in eine fremde Kultur hineinheiraten. Dies würde eine Gottesstrafe nach sich ziehen. Die Diskussion, ob Frauen arbeiten dürfen, sei für sie kein Thema mehr. Das Kopftuch auch nicht. Aber Sex vor der Ehe, das sei eine Schande, sagte der ältere der beiden. Der eine Generation Jüngere schwächt ab: »Es wäre keine Schande, aber es verstößt gegen unseren Glauben.« Die Tochter müsse das später vor Gott rechtfertigen.

Ich fragte, wie es dazu gekommen sei, dass gerade die arabischen Großfamilien in diesen Geruch der Unterwelt, der organisierten Kriminalität, geraten sind. Ich erhielt die Erklärung, dass dies quasi unbeabsichtigt, aus der Armut heraus geschehen sei. Die erste Einwanderergeneration sei da hineingestolpert. Die Ankommenden hätten kein Geld gehabt und seien in Not gewesen. Da hätten sie sich Geld geliehen. Es ist Tradition, Geld schnell zurückzuzahlen. Wenn man es dann halt nicht durch eigener Hände Arbeit schaffen könne, dann eben durch Kriminalität. So sei der Zug ins Rollen gekommen. Sie wurden alt und krank, und eine andere Möglichkeit, ihre Schulden zu bezahlen, sahen sie irgendwann nicht mehr.

Ich gebe dies an dieser Stelle als Chronist wieder. Wenn ich mir die gesellschaftlichen Realitäten in Neukölln, in Berlin oder auch in anderen Städten ansehe, dann habe ich schon das Gefühl, dass man mich für sehr plüschohrig halten muss, wenn man mir eine solche Courths-Mahler-Geschichte erzählt und davon ausgeht, dass ich sie glaube.

Ein anderer Gesprächspartner ist ein weiterer unrühmlicher Beleg für die geschilderten bitteren Erfahrungen der Elternvertreter. Der Vater erklärte mir, dass er nicht mitbekommen habe, dass sein Sohn drei Monate lang die Schule schwänzte. Der habe ihm zu Hause immer erzählt, dass er in die Schule gehe. Irgendwann hätten Nachbarn ihn darauf aufmerksam gemacht, dass sich sein Sohn während der Schulzeit rumtreibe. Da habe er sich in der Schule erkundigt und die Wahrheit erfahren.

Ich will den Vorgang jetzt gar nicht benoten, nur eins scheint mir klar: Einem Vater, der sich um die Schule seiner Kinder kümmert, dem können Sie kaum drei Monate lang vormachen, dass Sie zur Schule gehen, aber in Wirklichkeit schwänzen. Das ist eben die Folge davon, wenn man sich nicht kümmert. Frei nach dem Motto »wird schon irgendwie«. Die Cousine des Vaters ist Gewerbetreibende. Sie bezeichnete sich nicht als besonders gläubig, aber die Religion sei schon irgendwie wichtig. Genauso wie die Jungfräulichkeit ihrer Tochter. Wen diese einmal als Bräutigam nach Hause bringe, das müsse sie selbst wissen. Angst habe sie nur davor, dass es ein strenger Muslim ist. Mir religiöser Orthodoxie habe sie nun wirklich nichts am Hut.

»Ich bin die liberale Version von Muslim«, so trat mir ein türkischstämmiger Krankenpfleger gegenüber. Seine Frau war katholisch. »Wir sind alle Menschen«, sagte er und fügte hinzu: »Trotzdem läuft bei uns hier irgendwas falsch. Ich möchte es genießen, Deutscher zu sein. Ich kann es aber nicht, weil zu viele, obwohl es ihnen gutgeht, die Gesetze missachten und andere Menschen quälen.« Damit wolle er nichts zu tun haben. Er frage sich, was diese Menschen eigentlich hier wollen. Sie könnten doch ihre Koffer packen. Er war sehr harsch in seiner Einschätzung und sagte, dass die Gewaltneigung nichts mit der Lebensrealität in Deutschland zu tun habe. Sie sei vielmehr kulturell bedingt. Er hatte eine ganz eigene Sichtweise, warum er die Burka nicht gut findet. Alle Menschen bräuchten Sonne und Freiheit, beides nehme ihnen dieses Kleidungsstück. Wer hier leben wolle, müsse auch für sich Konsequenzen ziehen. Der Satz »Ich bin ein stolzer Türke« habe da bei ihm nichts zu suchen.

»80 Prozent der Eltern kümmern sich nicht darum, was ihre Kinder in der Schule machen oder wie es ihnen dort geht«, so begann ein türkischer Elternvertreter das Gespräch. Er zählte mir alle Entschuldigungen auf, die er schon gehört habe, warum jemand seine im Laufe der Zeit vielen Versprechungen nicht eingehalten hat, nicht zum Schulfest und nicht zum Elternabend gekommen ist. Bevor er überhaupt einen Zugang zu Familien erhalte, müsse er erst einmal klären, ob die Mütter mit ihm als Mann überhaupt reden dürften. Damit beginne die Realität. Er sei so enttäuscht und erzürnt, dass er innerlich überhaupt nicht mehr offen sei. Er sprach von harten Reaktionen der Gesellschaft, von Abschiebung. Es gehe nicht, dass die Jungen zu »Herrschern« erzogen würden, dass ihnen jeder Respekt entgegenzubringen habe und sich ihnen unterwerfen müsse. So, wie sie sich zu Hause zu unterwerfen haben. Dort haben sie sich zu ducken, um nicht bestraft zu werden. Diese Lehre nehmen sie für sich an und versuchen sie dann nach außen auf ihre eigene Position zu übertragen. Er war schon Elternvertreter, als seine Kinder im Kindergarten waren. Er sehe sich durchaus als religiösen Menschen, auch wenn er nicht fünfmal am Tag das Gebet verrichte.

Das Gespräch mit einer türkischen Akademikerin drehte sich allein um die immer wieder reklamierte Benachteiligung von Einwanderern. Sie sagte, Minderheiten würden sich immer benachteiligt fühlen und dass es für sie normal sei, dass Einwanderer eine Diskriminierungsphobie hätten.

Als ich alle meine Gesprächspartner danach befragte, ob sie im weitesten Sinne im Alltag diskriminiert wurden oder noch werden, da antworteten eigentlich so gut wie alle mit Ja. Als ich dann nach Beispielen fragte, waren sie selbst meist gar nicht betroffen, aber hätten davon gehört, was einem Bekannten widerfahren sei. Als Beispiele wurden dann die Fälle genannt, dass man nicht in die Diskothek reingelassen wurde oder Erfahrungen mit einer unfreundlichen Behörde hatte. Ich kann das im Einzelnen weder bewerten noch nachvollziehen. Ich war nicht dabei. Aber das, was mir an Beispielen nahegebracht wurde, waren eher Situationen, die ohne Dramatik waren.

Eine Geschichte ist mir besonders in Erinnerung geblieben. Eine Einwanderin erhielt in einer Arztpraxis ein Medikament. Die Sprechstundenhilfe fragte sie, ob sie den Beipackzettel lesen könne und auch alles verstehe. Die Frau fühlte sich zutiefst beleidigt und diskriminiert. Man habe doch hören können, dass sie deutsch spricht. Die Frage suggeriere, dass alle Migranten zu dumm sind, einen Beipackzettel zu verstehen. Auf meine vorsichtige Gegenfrage, ob es nicht sein könnte, dass das nur gut gemeint war und die Sprechstundenhilfe sich lediglich vergewissern wollte, dass sie auch wirklich alles verstanden hat, damit kein Fehler passiert, reagierte sie nicht. Sie wollte meine Anmerkung nicht hören. Mir scheint das eher ein typisches Beispiel dafür zu sein, dass es auch Überempfindlichkeiten gibt.

Auf meine anschließende Frage nach dem Heiratsverhalten sagte mir dann meine weltgewandte Gesprächspartnerin, sie würde nie einen Deutschen heiraten und auch keinen Aleviten. Sie empfand sich selbst als liberal. Sie trug kein Kopftuch und engagierte sich in der Bildung. Allerdings schätzte sie, dass 30 Prozent der hier lebenden Türken als bildungsfern einzustufen seien.

Klare Position bezog eine Marokkanerin. Ja, natürlich gebe es eine andere Gesellschaft als die der Deutschen. Sie persönlich fühle sich in der Mehrheitsgesellschaft recht wohl. Sie habe alles hinter sich gelassen: das Kopftuch, das sie schon mit fünf Jahren tragen musste, und die Koranschule, in der sie geschlagen wurde. Ja, sie sei religiös, die Gebetszeiten könne sie aber nicht immer einhalten. Als sie das Schicksal anderer Frauen beschrieb, sprach sie von einer Hundeleine, an der diese gehalten würden. Mit ihr gehe das nicht, ihre persönliche Freiheit gehe ihr über alles. Sie nannte sich eine Rebellin. Sie surfe und boxe. »Aber machen Sie sich nichts vor«, sagte sie, »meine

Cousinen schauen zu Hause auf den Boden und lesen jeden Tag den Koran. Sie sind dabei unglücklich, aber die Tradition verlangt es von ihnen.«

Ich unterhielt mich mit einem Psychologen, der viel Väterarbeit in Neukölln macht. Ein bekannter Mann. Er selbst hat die Abschiebezelle erlebt, sich als Autodidakt zum Akademiker emporgearbeitet. Er sagte: »Wir können die Religiösen nicht erreichen, weil wir nicht religiös sind und sie uns daher nicht akzeptieren.« Wir würden über das Miteinander sprechen, aber das Nebeneinander habe das Spiel gemacht, gesiegt. Konferenzen und Gipfel seien für ihn rausgeschmissenes Geld. Wir würden die Kreise des religiösen Dogmatismus oder des religiösen Fundamentalismus nie im Leben demokratisieren oder liberalisieren können. Die kritiklose, fast sklavische Überreligiosität ohne Gebrauch des Verstands habe sich in beängstigender Weise verbreitet. Unsere Feinde seien Hassprediger und Satellitenschüsseln. Er persönlich glaube, dass nur die direkte Ansprache und der direkte Kontakt zu einer Veränderung der heutigen Sprachlosigkeit mit der Mehrheitsgesellschaft führen könnten.

Einen sehr nachhaltigen Eindruck machte auf mich eine Frau aus Usbekistan. Sie sei Jüdin. Aber nicht religiös, fügte sie schnell hinzu. Kulturelle Identität sei für sie wichtig. Das bedeute aber nicht, dass die Glaubensgebote ihren Lebensverlauf oktroyieren. Für sie sei es furchtbar, dass den muslimischen Mädchen einfach die Möglichkeit genommen werde, auch einmal ein anderes Leben zu erfahren. Sie wolle nicht wieder in die Situation kommen, dass muslimische Gesetze ihr einen ganz anderen Lebensrhythmus aufzwingen und vorschreiben, was zu geschehen habe. Davor sei sie schließlich aus dem schrecklichen Bürgerkrieg geflüchtet.

Daher sollte eines unumstößlich sein. Die Demokratie müsse sich verteidigen und dürfe ihre Grundwerte nie aufgeben oder zur Disposition stellen lassen. Sie dürfe niemals hinnehmen, dass sie von Menschen dominiert wird, zu deren Kultur die Verachtung anderer gehört. Wem die Gesetze der Demokratie nicht passen, der müsse weiterreisen.

Mein tamilischer Gesprächspartner hatte auch eine eigene Sicht der Dinge. Als junger Mann hatte er keine Frau, wollte aber eine. Da sei er mit seinen Eltern nach Indien gefahren, und innerhalb von drei Wochen hätten sie ihm eine Frau gesucht. Er und seine Familie sind Hindus. Da sei es üblich, dass die Kinder und der Haushalt das Reich der Frau sind. Sich um Kinder zu kümmern bedeute, aufmerksam zu schauen, was sie tun, und sie in der Schule eng zu begleiten. In seiner Welt sei die Religion wichtig. Er bete jeden Tag. Trotzdem zähle sie weniger als die Tradition. Er möchte nicht, dass seine Söhne einmal eine Frau heiraten, die nicht zu ihrem Kulturkreis gehört. Weil es die Aufgabe der Schwiegertochter sei, die Alten, wenn es sein muss, zu betreuen. Bei jemandem aus einer anderen Kultur habe er Sorge, dass er nicht die Betreuung erhält, die er erwartet. Ein Leben ohne Arbeit könne er sich nicht vorstellen. Deswegen müssten auch junge Leute, die keine Arbeit haben, so beschäftigt werden, dass sie nicht auf dumme Gedanken kommen.

Die Religionen seien für ihn alle gleichwertig. Sie seien jede für sich zu respektieren. Aber alle Geistlichkeit und spirituelle Instanz müsse sich dem jeweiligen Kulturkreis anpassen. Vor der Pubertät Kopftücher tragende Mädchen finde er schrecklich. Er habe es gut getroffen in Deutschland. Seine Kinder hätten einen sozialen Stand und einen Bildungsgrad erreicht, der über dem seinen liege. Dafür sei er der hiesigen Gesellschaft dankbar.

Eine Begegnung hat mich tief beeindruckt. Mein Gegenüber war eine Reinigungsfrau. Sie stammt aus Polen, hat vier Kinder und in Berlin fünf Jahre (!) im Lager gelebt. Alle ihre Kinder haben einen Beruf erlernt und stehen im Erwerbsleben. »Wer Arbeit sucht, der findet auch welche«, sagte sie. Das Leben im Lager sei schrecklich gewesen, sie würde diese Erfahrung nicht noch einmal machen wollen.

Sie habe sich immer um die Schule ihrer Kinder gekümmert. Da sie kein Deutsch konnte, habe sie die Hausaufgaben nicht kontrollieren können. Deshalb habe sie einen Bekannten darum gebeten, der habe das dann jeden Tag getan. Andere Eltern im Lager waren nicht so interessiert, ob ihre Kinder die Hausaufgaben machten.

Sie sei katholisch und gehe regelmäßig in die Kirche. Aber für sie ist Religion getrennt vom weltlichen Leben. Heute lebe sie zufrieden. Das Einzige, das sie stört, ist der Dreck. Sauberer müsste es in Berlin sein.

Der Hausmeister, der mich besuchte, war ebenfalls polnischer Abstammung. Er sagte, dass dort, wo er lebe, zwei Welten aufeinanderprallen und seine Frau darunter sehr leide. 12- bis 13-jährige Kinder würden anderen Menschen aggressiv begegnen und im Konfliktfall mit ihren Brüdern und Cousins drohen. Er frage sich immer öfter, ob er sich so etwas tatsächlich gefallen lassen müsse. Wenn in den Wohnungen etwas kaputt sei, dann repariere er es. Das ist sein Job. Bei muslimischen Familien werde er von den Frauen heimlich in die Wohnung geholt, wenn die Männer nicht da sind, damit sie nicht merkten, dass sich ein fremder Mann bei ihren Frauen aufgehalten hat. Er schilderte mir sehr drastisch seinen Arbeitsalltag und wie die Mieter mit ihm umgingen. Ehrlich gesagt möchte ich seine Arbeit nicht tun. Seine Frau nennt ihren Wohnort nicht, wenn sie danach gefragt wird. Es sei ihr peinlich. Der Mann war offenkundig unzufrieden mit seinem Leben und seinem Umfeld. Ich habe ihm ein Ventil geboten. Aber manchmal ist eine solche Gefühlswelt der Hintergrund von auf dem ersten Blick unerklärlichen Gefühlsausbrüchen.

Alle Vorurteile über Asiaten, über ihren Bildungsdrang, ihre Höflichkeit, ihr wohlerzogenes Auftreten gegenüber anderen Menschen, stimmen. Jedenfalls bei dem jungen Studenten, den ich für ein Interview gewinnen konnte. Ja, er fühle sich integriert, habe eine enge Familienbindung, sei weniger religiös als seine Eltern. Ich fragte ihn, ob er Erfahrung habe mit unterschiedlichen Religionen, und er beschrieb mir seine Sicht der Dinge.

In patriarchalischen muslimischen Familien habe der Einzelne keine Privatsphäre, es gebe keine Interaktion mit dem anderen Geschlecht, und das verhindere eine Öffnung in die Gesellschaft. Das Heranwachsen von selbstbewussten eigenständigen Menschen. Er denke nicht, dass wir bereits Zustände wie in Frankreich oder Großbritannien haben, aber er sehe schon Eltern, die es versäumen oder sogar bewusst verhindern, dass ihre Kinder in die Moderne hineinwachsen. Bildung sei das höchste Gut. Der Verstand und die Vernunft das Maß der Dinge. Sie vertragen sich nicht mit einer aggressiven Gehorsamskultur, in der die Grenze zur Gewalt erfahrungsgemäß schnell überschritten wird. Dort, wo Differenzierung und respektvoller Umgang etwas für »Weicheier« sind, dort hätten wir auch unsere größten sozialen Probleme. Mit Wohlstand kommt Entwicklung, ist seine These. Sozialleistungen sind ein Netz und kein Wohlstand. »Hier in Deutschland ist man zu großzügig«, führte er weiter aus. Kinder müssen die deutsche Sprache beherrschen, sonst sei ein Wissenserwerb unmöglich. Ja, er sei auch für Zwang, »alleine funktionieren wir Menschen nicht«. Wenn Kinder sich aus archaischen Familienstrukturen befreien, dann brechen sie auch mit dem Weltbild der Eltern. Das ist ein schwieriger Prozess.

In den 1970er- und 1980er-Jahren trug in seiner Heimatstadt in der Türkei keine Frau ein Kopftuch, erzählte mir mein nächster Gesprächspartner. Heute sei es die Mehrheit. Er empfinde die deutsche Kultur, die er liebe, in Neukölln nicht mehr als dominant. Der Wertewandel, der sich vollzogen habe, gehe in den Stufen Türke – Türke und Muslim – Muslim. Bei vielen Einwanderern werde unser Staat als schwach angesehen. Damit verdiene er keine Achtung, und man müsse ihm auch keinen Respekt zollen. Daraus erklärten sich viele Dinge, über die man nur den Kopf schütteln könne.

Auch er sei dafür, dass die Gesellschaft ihre Normen mit Druck durchsetze. Kinder müssen in der Schule Deutsch lernen, »was denn sonst?«, sagte er. Grundlage eines freien Lebens sei das freie Denken. Frei denken könne aber nur der, der Wissen habe. Die negative Entwicklung habe überhandgenommen. Er sei nicht sehr optimistisch für die Zukunft. Er denke auch, dass verschiedene Dinge vergebene Liebesmüh sind. Orthodoxe von der Freiheit zu überzeugen, sei ausgeschlossen. Seine Prognose: Am Ende stehen Gated Communities.

Meine ungarische Gesprächspartnerin empfand den Begriff und die Furcht vor einer Parallelgesellschaft als übertrieben. Es seien maximal nur kleine Grüppchen, die aber nicht wirklich eine Gefahr darstellen würden. Die zunehmende Überreligiosität bemerke sie auch. Dort sei Religion Ersatz für fehlende Wärme. Einwanderer seien alle religiös, war ihr Fazit aus dieser Feststellung. Die heutigen Integrationsangebote kämen 30 Jahre zu spät. Importbräute seien so depressiv, weil sie enttäuscht von den nicht gehaltenen Versprechungen in der Familie seien. Das versprochene Paradies habe nicht stattgefunden. Der Islam ist für sie kein Problem.

So weit, so gut. Friede, Freude, Eierkuchen. Nachdem das Aufnahmegerät ausgeschaltet war, mit dem ich das Interview aufzeichnete, schüttete mir dieselbe junge Frau ihr Herz aus. Sie arbeite viel mit arabischen Familien; die erste Frage, die ihr regelmäßig entgegengebracht werde, ist: »Bist du eine gute Muslima?« Falls nicht, sei die Tür schon wieder zu, bevor sie richtig auf war. Sie sagte, viele arabische Familien seien zur Sinnentnahme aus einem Text überhaupt nicht fähig, man müsse mit ihnen in Bildern sprechen und arbeiten. Der Horizont liege deutlich unter dem der türkischen Einwanderer. Auch sie neige zu dem Urteil, dass streng religiöse Familien nur schwer bis gar nicht zu erreichen sind, weil sie keine Einflüsse aufnehmen wollen. In ihrer Welt gebe es nichts zu verändern, alles sei gottgewollt, von Gott gefügt und die Pflicht des Menschen sei, ein gottgefälliges Leben zu führen.

Das war plötzlich eine andere Welt, die da vor mir aufbrach. Es zeigte mir, wie dünn die Projektionsfläche ist, auf der Problemlosigkeit präsentiert wird.

Es bleiben die drei »biodeutschen« Gesprächspartner: zwei Ärzte und eine Hebamme.

Der erste Arzt berichtete über Akzeptanzprobleme, die seine Sprechstundenhilfen bei muslimischen Männern haben. Die Auftritte gingen teilweise so weit, dass er nur noch zum Hausverbot greifen könne. Selbst ein ansonsten liberaler Vater lasse die Azubine nicht mit auf den Betriebsausflug. Er beschrieb mir, welche Einflüsse Dinge haben können, die für Ungeübte eigentlich nebensächlich sind. In seiner Praxis stehe ein Buddha. Er hatte ihn in ein Regal gestellt. Die buddhistischen Patienten nahmen von der Skulptur eher zurückhaltend Kenntnis. Bis ihm einmal jemand erklärte, dass Buddha immer über den Menschen steht. Daraufhin stellte er ihn ganz nach oben auf einen Schrank. Von da an genoss er eine völlig andere Stellung bei diesem Patientenstamm.

Ähnlich seien seine Erfahrungen mit Kopftuch tragenden Frauen. Das Kopftuch gehört zum Schambereich. Beim Doktor müsse man sich nun einmal entkleiden, wie soll er sie denn sonst untersuchen. Solange nur das Kopftuch umbleiben könne. Dann ist alles andere überhaupt kein Problem. Er habe auch gelernt, dass der berühmte lange Mantel Zugehörigkeit bedeutet. Er sei für bestimmte Menschen wie eine Uniform. Normen brechen heißt, Abschied nehmen. Weil die Menschen aber dieses Endgültige – wie sie es empfinden oder wie es ihnen eingeredet wird – nicht wollen, respektieren und praktizieren sie die Normen ihrer Kultur sehr penibel.

Ein Drittel aller seiner Patienten habe seiner Einschätzung nach ein geringes Bildungsniveau. Er berichtet aber auch von der türkischen Mutter mit langem Mantel und Kopftuch, die mit ihrem 5-jährigen Sohn in der Praxis fehler- und akzentfrei deutsch spricht und der das Kind ebenso gut antwortet. Ist das die Regel, will ich wissen? Nein, sagt er, aber auch keine Rarität. Er erlebe in seiner Praxis beinahe täglich beide Realitäten Neuköllns.

Der andere Arzt berichtete über ähnliche Erfahrungen. »Religiöse Menschen leben in einer eigenen Welt, in die wir nicht schauen können«, ist seine Erklärung. Bei traditionellen Muslimen sei Selbständigkeit kein Erziehungsziel. Er habe in Kanada intensive Integrationserfahrungen gemacht. Dort stellten Asiaten wie Inder und Chinesen überhaupt kein Problem dar. Schwierigkeiten bereiteten die Macho-Communities, die zwar auf dicke Lippe machen, aber keinen Willen haben, etwas zu tun. Da liege auch das Augenmerk der kanadischen Gesellschaft.

Den Abschluss dieser Schilderung bildet die Hebamme. Sie hatte wenig Atemberaubendes zu berichten. Sie sei eine Hilfe, die auf Anforderung kommt. Da mache man dann natürlich keine Probleme. Schwangere, Gebärende und junge Mütter hätten ohnehin alle die gleichen Probleme, egal, aus welchem Kulturkreis sie stammen und egal, welche Schulbildung sie haben.

Was betroffen macht, sind ihre Berichte über das, was sie bei afrikanischen Frauen sehen und erleben muss. Nicht nur bei denen, die direkt aus Afrika stammen, sondern auch bei denen, die als Nachkommen in Deutschland leben. Ich verzichte hier auf martialische Beschreibungen von körperlichen Verstümmelungen, von Kurpfuscherei und von unglaublichem Leiden, denen diese Frauen ausgesetzt werden. Das ist wohl der barbarischste kulturelle Rückfall, der bei uns still und heimlich um sich gegriffen hat und unter dem Deckmantel des Schweigens und Wegschauens verborgen wird.

Es war für mich ein unglaublicher Bewusstseins- und Lernprozess, diese vielen Charaktere zu erleben und für einen Moment in ihre Welt zu schlüpfen. Ich habe viel dabei gelernt. Aber ich habe auch etwas aufgenommen, was nicht so direkt mit den Personen selbst zu tun hat, sondern eher mit der Stimmung im Land. Fast alle meine Gesprächspartner waren zu Beginn der Unterhaltung deutlich darum bemüht, nur nichts Falsches zu sagen. Alles korrekt zu formulieren. Bloß niemanden zu kritisieren. Erst als das Eis geschmolzen war und ich sie nicht von der »Angel« ließ, sondern bei schwierigen Themen richtig penetrant auf einer Antwort beharrte, erst da legten sie ihre Scheu ab. Manche sogar nur, wenn ich das Aufnahmegerät ausschaltete. Es herrscht schon so etwas wie ein Klima des Duckmäusertums. Dass Menschen unbeschwert ihre Eindrücke schildern, dass sie offen ihre Meinung sagen, ist bei uns nicht mehr selbstverständlich. Äußerungen wie »Schreiben Sie aber um Himmels willen nicht meinen Namen« oder die Frage »Erfährt jemand, dass ich bei Ihnen war?« bereiten mir Sorgen. Hat der Gruppendruck als Psychoterror über politisch Andersdenkende schon seine fatale Wirkung entfaltet? Gilt nur noch der vom Linkskartell definierte Mainstream-Multikulturalismus? Liegt die Deutungshoheit gesellschaftlicher Entwicklungen ausschließlich bei den selbsternannten Wahrheitsbesitzern und Demokratieverstehern? Freiheit nur für die

Gedanken, die den meinen folgen. Pluralität nur im Rahmen meines Spektrums.

Allen Abweichlern droht eine Enttarnung mindestens als Rassisten, Neofaschisten, Rechtspopulisten. Das Beängstigende dabei ist, dass dieses »Schweigegebot« bereits bei den ganz normalen Menschen vor Ort angekommen ist. Was haben wir uns empört über die Verhältnisse in der DDR. Wo Menschen sich fast nicht mehr trauten, in den eigenen vier Wänden offen miteinander zu reden. Weil man nicht wusste, ob die Stasi sie aus der Nachbarwohnung abhört. Wie weit sind wir denn davon noch entfernt, dass Menschen nur deshalb ihre Meinung nicht mehr zu dem sagen, was sie sehen und erleben, weil sie Angst davor haben müssen, zur Zielscheibe von Schmähungen oder gar Gewalt zu werden?

Die Menschen, mit denen ich gesprochen habe, waren weder Burkaträgerinnen noch hatten sie weiße Pluderhosen an oder Strickkäppis auf. Sie trugen auch keine langen Mäntel. Ich habe diese gesellschaftliche Schicht nicht einbeziehen können. Versucht habe ich es. Aber ich glaube, diese Menschen wissen ganz genau, dass sie eigentlich in der Schuld der Mehrheitsgesellschaft stehen und dass sie sich davor drücken, diese Schulden zu begleichen. Integration und Wohlstand bedingen eine Dialogbeziehung. Sie flüchten sich deshalb in die Deckung der Anonymität in der eigenen Ethnie. Doch diesem Rückzug, dem kulturellen Separatismus, müssen wir uns entgegenstellen.

Sind wir nun klüger?

Ich habe versucht, Ihnen die Welt von Menschen nahezubringen, die nicht Otto oder Helga heißen. Es waren ganz unterschiedliche Persönlichkeiten, aber im Wesentlichen führten sie alle ein bürgerliches Leben. Auch aus der Sicht ihrer Herkunftsländer.

Rund ein Jahr bin ich eingetaucht in das Neukölln der Einwanderer. Ich habe mich in den Wohngebieten getummelt. Habe mich mit Menschen verabredet, bin zu ihnen gegangen, habe viel gelernt (das geht selbst bei einem Bürgermeister) und wurde auch enttäuscht. Nicht selten habe ich vergeblich warten oder zu fadenscheinigen Ausreden freundlich lächeln müssen. Fast alle kannten mich, auch wenn wir uns noch nie begegnet waren. Vielleicht war das mein Prä oder der Grund, warum mir einige Wunschpartner verschlossen blieben. Es mag sein, dass meine Gesprächspartner nicht immer ohne Ausschmückungen oder Beschönigungen gesprochen, sondern den einen oder anderen Filter eingebaut haben. Selbst wenn man dies unterstellt, glaube ich aber dennoch, dass meine Kontakte schon ein reales Bild aufgenommen und vermittelt haben.

Ich bin ziemlich sicher, dass die Schlüsse, Notwendigkeiten und politischen Einsichten, die ich daraus ziehe und ableite, nicht jeder und jedem gefallen. Das Spektrum der Beschimpfungen ist aber hinreichend bekannt und inzwischen auch schöpferisch abschließend kreiert. Ich denke dabei an die Vorhaltung »rassistisch«, derzeit der absolute Renner im Plattmachen ungeliebter Thesen. Dagegen kommt »ausländerfeindlich« schon recht altbacken um die Ecke. Selbst wenn es wie immer nichts nutzt, so will ich an dieser Stelle noch einmal Wert auf die Feststellung legen, dass mich das nur peripher berührt. Ich bin nur der Bezirksbürgermeister von Berlin-Neukölln. Daraus ergibt sich eigentlich bereits wie selbstverständlich die Erkenntnis, dass ich kein Wissenschaftler mit Möglichkeiten eigener Erhebungen, Untersuchungen und Umfragen sein kann und daher stets darauf zurückgreifen muss, was die Fachwelt öffentlich zugänglich macht oder worauf mich Menschen aufmerksam machen, was sie mir schreiben und erzählen. Als Prüfsteine wirken dann meine eigenen Erlebnisse und Erfahrungen und all die Dinge, die mir in der kleinen Neuköllner Welt begegnen. Das mag alles nicht immer repräsentativ und objektiv belastbar sein, aber ein Medikament gegen Blindheit ist es allemal.

Eine bissige Bemerkung vorweg kann ich mir allerdings nicht verkneifen. Ich beschäftige mich seit nunmehr 15 Jahren praxisgeerdet intensiv mit der Materie Einwanderung, Integration und behaupteter Assimilation. Dabei befasse ich mich gern mit den Segmenten, bei denen die publizierten Sonntagsreden mit der Wahrnehmung meiner Augen und Ohren im Alltag nicht übereinstimmen. Ich höre in den Jahren bisher eigentlich nur Erfolgsparolen: wie weit wir doch gekommen sind, dass es in diesem oder jenem Jahr wieder ein Stück besser wurde oder dass es zwar noch ein langer Weg ist, den wir aber zügig und erfolgreich beschreiten. Das geht bis hin zu der triumphalen Feststellung: »Integration ist in Deutschland eine einzigartige Erfolgsgeschichte.«

Ja, natürlich gibt es sie, die Erfolgreichen, die Angekommenen und ihre Geschichten. Sie haben im vorherigen Kapitel einige davon lesen können. Aber ich muss die Leser meines ersten Buches ein klein wenig mit der Wiederholung langweilen, dass man die Verkehrssituation einer Straßenkreuzung nicht daran erkennt, wie viele Fahrzeuge sie problemlos passieren konnten, sondern eher daran ablesen kann, wie hoch die Unfallhäufigkeit ist. Deshalb betrachte ich mich selbst eher als eine Art »Unfallforscher« der Integrationspolitik.

Ich habe nach der Veröffentlichung von *Neukölln ist überall* viele Ecken der Bundesrepublik kennengelernt, die ich vorher noch nicht einmal dem Namen nach kannte. Überrascht war ich dann immer wieder, wie häufig sich selbst dort Parallelen zu meiner Lebenswelt auftaten. Noch stärker hat mich allerdings – und dies mitnichten positiv – berührt, dass die Menschen, die in meine Lesungen gekommen sind und die Diskussion mit mir gesucht haben, immer wieder ein Klagelied darüber anstimmten, wie wenig Engagement und Interesse die örtliche Politik diesen Themen und damit ihren Sorgen widmet. Also, da müssen bei einigen Herrschaften die Hosenböden eine große Leere aufweisen, weil kein Körperteil drin ist. Sich so perfekt aus dem öffentlichen Staub zu machen ist nicht ungefährlich, liebe Kolleginnen und Kollegen. Die Wahlergebnisse der Rechtspopulisten bei der Europawahl im Frühjahr müssten eigentlich eine Warnung sein. Dort, wo sich die etablierte Politik der Volksparteien den Sorgen, Nöten, Gefühlen und Ängsten der Bürgerschaft verweigert, dort bereitet sie den Weg für die politischen Flachköpfe und Radikalinskis.

Mögen die Erfolgsmeldungen von noch so lautem Getön begleitet gewesen sein, das Gros aller Veröffentlichungen der vergangenen Jahre hat immer wieder nur eines offenbart: Wir sind in den letzten zehn Jahren kein entscheidendes Stück weitergekommen. Das Bildungssystem hat es immer noch nicht gepackt, Kinder aus der Unterschicht – Entschuldigung: aus prekären Lebenslagen zu erreichen und in eine Bildungskarriere zu leiten. Die Sicherheitsbehörden haben nach wie vor kein Rezept gegen die organisierte Kriminalität in einzelnen Einwanderermilieus.

Der Absentismus der überwiegenden Zahl der Einwanderer im öffentlichen Leben ist auch nicht gebrochen.

Es sind noch ein paar neue Problemchen dazugekommen wie die Binnenwanderung innerhalb der EU, die man auch Armutswanderung nennen kann. Oder die Karawane junger Leute aus den Krisenstaaten Spanien, Italien und Griechenland, die auf der Suche nach Arbeit und einem Leben in Wohlstand nach Deutschland kommen. Nicht zu vergessen die wieder deutlich anschwellende Zahl der Asylbewerber infolge von Armut, Krieg und Verfolgung in vielen Ländern der Welt. Ansonsten ist alles wie gehabt, nur dass wir aus dem Wort Integrationspolitik die »Willkommenskultur« entwickelt haben. Zumindest verbal. Doch nun zur Sache.

Auch wenn Sie es nicht mehr hören können. Deutschland ist ein Einwanderungsland. Aufgrund der demographischen Entwicklung, von mir Schrumpfgermanen genannt, sind wir auch gezwungen, eines zu bleiben. Es geht ein bisschen an der öffentlichen Wahrnehmung vorbei, dass wir nicht nur ein Einwanderungsland, sondern auch die größte Einwanderernation dieser Erde sind. Zumindest relativ. Saldiert man Zuzüge und Fortzüge, so sind im Jahr 2013 netto knapp 440 000 Menschen nach Deutschland gekommen. Mit Ausnahme der USA waren es in keinem anderen Land mehr. Warum die USA eigentlich auch gegen uns abstinken, ist »relativ« einfach: Sie haben das Vierfache an Bevölkerung; im Verhältnis dazu müsste es zum Gleichstand 1,76 Millionen Menschen in die USA verschlagen. Dies verdeutlicht eindrucksvoll die sich im Moment in unserem Land vollziehende Entwicklung.

Sie brauchen deshalb aber nicht gleich zum Baldriandoping zu greifen. Die jungen Leute aus Spanien, Italien und Griechenland, die derzeit bei uns ihr Glück suchen, sind meist gut gebildet, größtenteils bereits beruflich qualifiziert, manchmal sogar hochqualifiziert. Das ist auch ganz leicht an ihrer Verhaltensweise hier in Deutschland abzulesen. Sie suchen sich als Erstes eine Bleibe, und im nächsten Schritt erkundigen sie sich nach der Adresse der Volkshochschule, um einen Deutschkurs zu belegen. Es gibt durchaus auch anders gelagerte Einwanderung, bei der das Interesse in erster Linie einem Vordruck zur Beantragung von Sozialleistungen gilt. Das ist bei den Erstgenannten nicht der Fall. Allein im Jahr 2013 haben an der Volkshochschule Neukölln 600 junge Spanier den Deutschunterricht begonnen. Na, das ist doch einmal ein gelungener Start.

Nicht ganz so glücklich sind wir in Neukölln darüber, dass »europäische Wanderarbeiter/innen« vornehmlich aus der Volksgruppe der Roma recht gern und zahlreich ihren Wohnsitz zu uns verlegen. Diese etwas geschwollene Formulierung muss ich wählen, weil man aus Gründen der Political Correctness nicht mehr Begriffe aus der Opernwelt verwenden darf. Roma sollte ich eigentlich auch nicht sagen, weil schon die Benennung einer einzelnen Ethnie in Verbindung mit negativen Entwicklungen im Sozialraum rassistisch ist. Rumänen oder Bulgaren kann man auch nicht formulieren, weil dann diejenigen diskriminiert werden, die in diesen Ländern nicht zur Volksgruppe der Roma gehören. Deshalb wurden daraus europäische Wanderarbeiter, was aber das Problem gar nicht mehr beschreibt. Denn nunmehr sind damit auch der polnische Schnitter oder der portugiesische Bauarbeiter vereinnahmt, die als reguläre Arbeitnehmer mit Armutsflüchtlingen rein gar nichts zu tun haben. Aber egal, so nennen wir die Menschen eben Wanderarbeiter, obwohl sie gar nicht wandern. Deren Ansagen in die Mikrophone, Kameras oder Stenoblöcke sind allerdings vollkommen unmissverständlich: »Wir sind gekommen, um zu bleiben.« Die Stammtische kollabieren, fordern sofortige Maßnahmen à la Sarkozy in Frankreich, und unsere

Schulen haben ihre liebe Not mit nicht alphabetisierten Kindern.

Es sind EU-Bürger, und die haben ein unbeschränktes Niederlassungsrecht. Freizügigkeit nennt man das. Eines der höchsten Güter und neben dem Fortfall der Grenzen auch eine der größten Errungenschaften der EU. Es gibt gar keine rechtliche Handhabe, den Stammtischen außer bei Bierzeltreden bedienlich zu sein und den Menschen die Wohnsitznahme zu verwehren. Wenn wir nicht wollen, dass es in den Städten erneut zu additiven sozialen Verwerfungen kommt, dann sollten wir nicht noch einmal die gleichen Fehler begehen wie bei den Gastarbeitern vor vierzig bis fünfzig Jahren. Das heißt, dass wir uns rechtzeitig um die Integration der Menschen kümmern müssen, die sich aus den beiden Armenhäusern der EU zu uns aufgemacht haben, um ein besseres Leben zu finden, als sie es zu Hause hatten.

Das erinnert ein bisschen an die Bremer Stadtmusikanten. Nicht weil ich die Leute karikieren will, sondern weil schon dieses Märchen den Wunsch aufgreift, schlechten Lebensbedingungen zu entfliehen. Dass die Roma in Bulgarien und Rumänien besonders liebevoll von der dortigen Gesellschaft umsorgt werden, kann man nun wirklich nicht sagen. Dass Roma eine für unser Empfinden gewöhnungsbedürftige kulturelle Ausprägung ihrer Lebensweise pflegen, trifft sicherlich auch zu. Die Belastungen, die durch diese Zuzüge entstehen, sind im Sozialraum bei uns in Neukölln beträchtlich. Wir verzeichnen rund 10 000 Menschen, die den Weg zu uns gefunden haben, und das gefällt der ansässigen Bevölkerung überhaupt nicht. Die Konkurrenz um den Spielplatz an der Ecke und um die Schulplätze wird als lästig empfunden. Insbesondere von der bereits vorhandenen migrantischen Bevölkerung.

Es hat sehr lange gedauert, bis die Politik der ersten Liga bereit war, dieses Thema als ein solches überhaupt zu akzeptieren.

Erst martialische Formulierungen in für den Deutschen Städtetag nicht üblichen Denkschriften ließen die Wecker klingeln. Es gibt derzeit ungefähr 40 Städte in der Bundesrepublik, die infolge des Romazuzugs mit außerordentlichen Problemen zu kämpfen haben. Eine dieser Städte heißt Berlin, speziell Berlin-Neukölln.

Die Vorgänge um die Aufnahme von Flüchtlingen möchte ich an dieser Stelle nur streifen. Einerseits ist das ein Feld, das temporär schnellen Veränderungen unterliegt, so dass die heutige Situation bei Erscheinen des Buches schon längst wieder eine andere sein könnte. Andererseits sind Fragen der Flüchtlingspolitik der EU und Deutschlands, der Residenzpflicht, der Arbeitserlaubnis und der Unterbringung nicht Thema dieses Buches. Ich will mich insoweit nur auf zwei Bemerkungen beschränken. Das, was sich in den letzten anderthalb Jahren vor Entstehung dieses Buches in Berlin abgespielt hat, spottet jeder Beschreibung. Muss sich ein Land, das die meisten Flüchtlinge von allen EU-Staaten aufnimmt, wirklich von einigen wenigen, denen die gesamte Ausrichtung der Politik nicht passt, monatelang am Nasenring führen lassen? Alle hierfür verantwortlichen Politiker haben ohnmächtig zugeschaut und der Bevölkerung ein solches Schauspiel der Hilflosigkeit geboten, dass sich dieser zwangsläufig die Frage aufdrängte, wofür man sie überhaupt braucht. Gesteuert von sogenannten Aktivisten formulierte die Linkspolitik in Berlin die politische Forderung, dass jeder Flüchtling, der das Land erreicht, ein sofortiges Bleiberecht und innerhalb von drei Tagen eine Wohnung erhält und natürlich auch gleich eine Erwerbstätigkeit aufnehmen kann. Da kann ich dann nur sagen: Ihr Mühseligen und Beladenen dieser Welt, schaut auf dieses Land, sucht euch einen Schlepper, und der Weg wird gefunden. Das wäre eine Art Konjunkturprogramm für die organisierte Kriminalität.

Man mag zu bestimmten Inhalten der Asylpolitik stehen, wie man will. Aber es sind politische Fragen, und diese gehören auf die politische Bühne und nicht in den Straßenkampf. Ich bin nun einmal kein Freund anarchistischer Politik.

Wir sind unserem eigentlichen Thema »Gibt es eine andere Gesellschaft?« aber noch nicht viel näher gekommen. Meine selbstsichere Antwort lautet: Na sicher gibt es eine. Wenn Sie das nicht glauben, fahren Sie in die nächste oder übernächste Kreisstadt, setzen Sie sich auf den Marktplatz, trinken Sie einen Cappuccino und nehmen Sie das Bild des öffentlichen Raumes in sich auf.

Aber wie viele andere Gesellschaften gibt es denn nun? Eine Mehrheitsgesellschaft und eine andere Gesellschaft der Einwanderer, oder bildet jede Ethnie ihre eigene? Teilt sich die Gesellschaft nicht nach Ethnien, sondern eher nach Bildungsstand, Arbeitseinkommen und Religionen in abgegrenzte oder gar geschlossene Schichten? Haben wir solche Gated Communities? Ich sehe das nicht so.

Für eine Parallelgesellschaft mit einem eigenen verbindlichen Regelwerk für das tägliche Leben, die man auch »die andere Gesellschaft« nennen könnte, benötigt man eine solide Menge an Mitgliedern. Schon allein um ein möglichst vollständiges Netz der Versorgung mit Dienstleistungen zu gewährleisten, sozialen Druck und Kontrolle aufbauen und normative Sitten und Gebräuche im Alltag durchsetzen zu können, bedarf es feingliedriger sowie fächerartiger Verästelungen und Hierarchien. Auf gut Deutsch: Sie brauchen Menschen, Lebensraum und soziale Struktur. Das bekommen Sie mit einer eher übersichtlichen Gruppe nicht hin.

Ich glaube, dass es deshalb sinnvoll ist, sich nur den vier zahlenmäßig stärksten Ethnien zu widmen. Das sind in fallender Reihenfolge zunächst türkische Staatsangehörige oder türkischstämmige deutsche Bürger, deren Zahl mit drei Millionen angegeben wird. Die zweitstärkste Herkunftsnation ist Polen. Zwei Millionen Menschen mit polnischem Pass oder mit polnischer Abstammung leben in Deutschland. An dritter Stelle stehen schon die Italiener. Allerdings repräsentieren sie mit 750 000 Menschen nur noch einen unterhalb der Millionengrenze liegenden Wert. Auf Platz vier befinden sich all diejenigen, die man im weitesten Sinne als arabisch bezeichnen kann. Diese Zuordnung ist etwas schwierig, weil die arabische Abstammung kaum einer individuellen Ethnie und schon gar nicht einer mehrheitsprägenden Nation zugerechnet werden kann.

Es gibt so viele verschiedene arabische Stämme mit unterschiedlichen Sprachformen, dass ich es, ehrlich gesagt, schon für sehr gewagt halte, alle Herkunftsländer – von Marokko über Algerien bis hin zu Syrien und dem Irak – in einen Topf zu werfen. Aber egal, wir tun das jetzt einfach. 500 000 Menschen ist diese Gruppe groß, demnach von den Top vier mit Abstand die kleinste.

Können Menschen im Alltag identische oder zumindest vergleichbare Verhaltensweisen an den Tag legen, obwohl sie ethnisch unterschiedlicher Abstammung sind? Ich bin zu dem Ergebnis gekommen, dass eine solche Entwicklung unwahrscheinlich ist. Menschen polnischer Herkunft zum Beispiel spielen in der Integrationsdebatte so gut wie gar keine Rolle. Sicher, es gibt hier und dort von der Mehrheitsgesellschaft abweichende Lebensweisen, aber die rangieren nicht als Aufreger. Es mag sein, dass dort, wo viele junge Männer in engster Nachbarschaft wohnen, es bevorzugt zu beachtlichem Getränkekonsum kommt. Ich habe davon gehört. Auch wenn Nachbarn über die eine oder andere Gewohnheit die Nase rümpfen mögen, ein wirkliches Problem stellen die polnischen Mitbürger im Alltag nicht dar.

Ein Phänomen sind die Italiener. Sie gelten in der soziologischen Forschung und in Integrationsbetrachtungen als eine recht schlecht integrierte Volksgruppe. Auch italienischen Eltern sagt man nach, dass sie über die gleichen erzieherischen Unarten verfügen wie problembeladene türkisch- oder arabischstämmige Eltern. Sie kümmern sich nur nachlässig um ihre Kinder, insbesondere, wenn es um die Schule geht. Sie gelten als bildungsfern und haben auch Probleme mit der Berufsqualifikation. Trotzdem ist die italienische Bevölkerung, pauschal betrachtet, durchaus beliebt. Man sieht ihnen fast alles nach, denn »Italiener sind halt so«. Irgendwie muss die Schönheit des Heimatlandes und die Urlaubertradition ein Höchstmaß an Empathie bewirken. So betrachtet, macht das für die Türkischstämmigen Hoffnung.

Es bleiben die türkisch- und arabischstämmigen Teile der Bevölkerung. Wie ich bereits erwähnte, bringen die Türken im Verhältnis dieser beiden Gruppen das Sechsfache auf die Waage. An dieser Stelle haben wir die erste Überraschung, jedenfalls für Laien. Wenn Sie sich vor Augen führen, welchen Raum Vorgänge um arabischstämmige Familien oder arabische Schüler in den Schulen einnehmen, so entspricht dieser bei weitem nicht ihrem quantitativen Anteil. Damit wird die These widerlegt, dass allein schon die Größe einer Einwanderergruppe der entscheidende Beleg dafür ist, ob sie eine eigene Gesellschaft bildet oder nicht. Mir jedenfalls sind keinerlei Hinweise dafür bekannt, dass es eine von der Mehrheitsgesellschaft abgespaltene italienische oder polnische »andere Gesellschaft« gibt. Die Größe ist es allein also nicht. Dann bleibt eigentlich nur noch die Religion als Abgrenzungsmerkmal.

Aha, werden die Kritiker sagen, jetzt kommt sie: die Islamophobie. Immer langsam mit den jungen Pferden. Ich bin nach meinen Recherchen zu der Überzeugung gelangt, dass nicht bereits die Religion des Islams an sich zur bewusst gewollten und auch optisch sichtbaren Abgrenzung führt. Dazu war mir der weitaus überwiegende Teil meiner Gesprächspartner viel zu ähnlich und – ohne sie im Nachgang hinter ihrem Rücken beleidigen zu wollen – viel zu bodenständig »deutsch«. Damit meine ich natürlich nicht die Konvertiten. Ich denke vielmehr, dass wir ein wachsendes Problem mit dem fundamentalistisch geprägten und vor allen Dingen so gelebten Islam haben. Mit der extrem konservativen Lesart und den daraus abgeleiteten Wertenormen, die uns als archaische unmenschliche Orthodoxie erscheinen. Ich will das gerne begründen.

Meine profundesten Begleiter sind diejenigen, die bereits etwas weiter vorne Zeugnis abgelegt haben. Es ist eigentlich überflüssig, aber ich wiederhole es dennoch. Ob sich jemand einer Parallelgesellschaft zugehörig fühlt, sich so bewegt und so lebt oder nicht, kommt nicht dadurch zum Ausdruck, dass er etwas anderes isst, andere Musik hört oder auch in der Erziehung andere Maßstäbe als die Mehrheitsgesellschaft der Mitteleuropäer setzt. In meinem ersten Buch habe ich das Beispiel bemüht, dass niemand eine Lederhose anziehen und Bier maßweise trinken muss, um als integriert zu gelten. Er muss auch nicht abends die »Tagesschau« anschalten oder gestärkte Gardinen vor den Fenstern haben. Das sind alles Äußerlichkeiten. Man kann es auch Landessitte nennen. Darum geht es nicht. Sondern entscheidend ist, dass sich in diesem Land eine Gesellschaft entwickelt hat, die getragen ist von den Prinzipien der Freiheit des Einzelnen, des Respekts vor dem Einzelnen und der Chancengerechtigkeit für alle. Dies alles auf der Basis einer demokratisch verfassten, sich pluralistisch und solidarisch verstehenden Gesellschaft. Das ist das Wesentliche und nicht, ob jemand plakativ formuliert, dass er natürlich das Grundgesetz sowie alle Gesetze und Regeln des Landes achte, sich aber gleichzeitig wie die Axt im Walde aufführt.

Können Muslime, die ihr Leben dem Glauben bedingungslos unterordnen und ihn nach den Riten der Altvorderen leben, in einer westlichen demokratisch verfassten Gesellschaftsordnung überhaupt ein integriertes Leben führen? Ich meine, entweder sie leben wirklich nach den Geboten der Quellen, dann sind sie zwar unter, aber nicht bei uns. Sie leben in einer anderen Welt. Oder aber, die westliche (demokratische) Lebensweise hat doch zumindest partiell Einzug bei ihnen gehalten. Dann können sie ein (teil-)integriertes Leben führen, nur bestimmt dann die Welt um 600 n. Ch. nicht mehr das praktische Leben. Das wäre doch schon mal was.

Aydan Özoğuz, unsere Staatsministerin für Integration, hat im Frühjahr 2014 in einem Interview erklärt, dass ihr das Wort Integration manchmal auf die Nerven geht. Vielleicht ist es Frau Özoğuz peinlich, aber in dieser Frage sitzen wir beide im selben Boot. Mich nervt es auch. Ich weiß nicht, warum ich mit jemandem über seine Integration diskutieren soll, wenn schon seine Eltern im Land geboren und hier sozialisiert worden sind. Ein solcher Mensch ist für mich kein Migrant oder Einwanderer, sondern schlicht und ergreifend ein Kind dieses Landes – ein Deutscher. Egal mit welcher formalen Staatsangehörigkeit. Wenn er sich nicht so fühlt und meint, ein Integrationsfall zu sein, dann ist in seiner Erziehung etwas schiefgegangen. Allerdings kann das nicht nur allein auf die Familie abgewälzt werden. Wir als Gesellschaft sind daran nicht ganz unbeteiligt. Was haben die vielen Staatsbediensteten in Kindergarten und Schule eigentlich gemacht oder, besser gesagt, versäumt, dass es zu dieser Fehlsteuerung der Sozialisation gekommen ist?

Auf einer Diskussionsveranstaltung traf ich auf einen jungen türkischstämmigen Mann, der meinte, die Welt und die menschliche Gesellschaft an sich erklären zu müssen. Er hatte die Weisheit mit Löffeln gefressen, dabei aber seine Kinderstube verpasst. Höfliches Benehmen war ihm fremd. Irgendwann verstieg er sich zu dem Satz: »Je älter ich werde, desto türkischer werde ich.« Man muss dazu wissen, dass er keine 25 Jahre alt war. »Was willst du mir damit sagen?« habe ich mich gefragt. Wenn er damit zum Ausdruck bringen wollte, dass ihm das Land, in das er hineingeboren wurde und in dem er lebt, nicht gefällt und er sich zur Heimat seiner Vorväter hingezogen fühlt, ja warum sucht er sein Glück dann nicht dort?

Das meine ich, wenn ich sage, dass das Wort Integration mir manchmal auf die Nerven geht. Ich habe keine Lust, mich mit jungen Leuten über Integration zu unterhalten, bei denen es eigentlich theoretisch gar nichts mehr zu integrieren geben dürfte. Sie sind da, sie haben in der Schule aufzupassen, etwas zu lernen und das Gehirn bei der Berufswahl einzuschalten, damit sie hinterher ihr Leben in die eigenen Hände nehmen können. Offensichtlich ist das bei einigen aber zu viel verlangt.

Wenn ich behaupte, dass nicht die Größe einer Gruppe entscheidend dafür ist, wie normativ ihre Binnenkräfte wirken, sondern ihr spiritueller Überbau, in unserem Fall also die Religion, dann muss es dafür Belege geben. Ein solcher Überbau könnte ja beispielsweise auch darin bestehen, dass sich alle Araber als Familie fühlen und daher zusammenhalten oder dass alle Türken sinnbildlich den Umriss eines Igels bilden, der die Stacheln aufstellt. Dem ist aber nicht so. Die arabische Welt in unserem Land ist sehr vielschichtig. Es gibt durchaus Unterschiede zwischen Kurden, Libanesen oder Marokkanern. Als Einheit habe ich sie bisher nicht wahrgenommen. Ähnliches gilt für die türkischstämmigen Einwanderer. Auch sie unterscheiden sich, je nachdem, ob sie in ihrer früheren Heimat Städter waren, sich aus den Weiten Anatoliens auf den Weg gemacht haben oder ob sie zum Beispiel von Kurden oder Turkmenen abstammen. Ebenso ist ihre Auffassung zur Moderne und zum westlichen Lebensstil als wahrnehmbares Unterscheidungs-merkmal gut. Sind es Anhänger einer laizistischen Türkei oder eines islamischen Gottesstaats? Insofern bleibe ich bei meiner These, dass das verbindlichste Band, das ich ausmachen kann, die Religion und damit bei uns der Islam ist.

Von Interesse ist in diesem Zusammenhang eine Studie des Wissenschaftszentrums Berlin für Sozialforschung (WZB) aus dem Jahr 2013. 9000 Muslime wurden in sechs europäischen Ländern zu ihrer Frömmigkeit und zur Bedeutung der Religion für ihr Leben befragt. Die Ergebnisse sind ernüchternd. Zwei Drittel der repräsentativ Befragten halten religiöse Vorschriften für wichtiger als die Gesetze des Landes, in dem sie leben. Drei Viertel vertreten die Meinung, dass es nur eine mögliche Auslegung des Korans gibt. Das WZB erklärt dazu, dass die Werte von befragten Christen bei gleicher Fragestellung erheblich abweichen. Diese stellen nur zu 13 Prozent die religiösen Regeln über das staatliche Recht, und 80 Prozent sind der Meinung, dass man die Bibel unterschiedlich auslegen kann. Betrachtet man diese Zahlen, so darf man, denke ich, durchaus von einer starken Tendenz zum religiösen Fundamentalismus unter Europas Muslimen sprechen.

»Fundamentalismus ist keine unschuldige Form strenger Religiosität. Unsere Untersuchung zeigt vielmehr, dass Menschen mit fundamentalistischer Haltung gleichzeitig Gruppen, die von ihrem Standard abweichen – wie Homosexuelle oder Juden –, feindselig gegenüberstehen«, so der Autor der Studie. Fast 60 Prozent der befragten Muslime lehnten Homosexuelle als Freunde ab, und 45 Prozent waren der Auffassung, dass man Juden nicht trauen kann. Der Generalverdacht, dass der Westen den Islam zerstören will, wurde von fast der Hälfte der Befragten ausgesprochen. Die Anteile der Christen in der Umfrage, die etwas gegen Homosexuelle oder Juden haben, liegen mit 13 bzw. 9 Prozent wesentlich niedriger.

Fundamentalismus ist also in unserer heutigen Zeit evident. Er erlebt derzeit im Islam eine Renaissance. Es ist überaus fraglich, ob Mustafa Kemal (Atatürk) heute noch eine laizistische Türkei ausrufen könnte. Auch der Arabische Frühling scheint in den revolutionären Kinderschuhen stecken geblieben zu sein. Selbst in Staaten wie Malaysia und Indonesien, die früher durchaus als gemäßigt galten, hat eine radikalere Sichtweise Einzug gehalten. Aus Indonesien hören wir, dass Kirchen niedergebrannt werden. In Nigeria macht zum Zeitpunkt des Verfassens dieses Buches die islamische Terrorgruppe Boko Haram von sich reden. Im Irak hat die radikalislamistische Miliz ISIS oder IS einen bewaffneten Kampf zur Errichtung eines islamischen Gottesstaates begonnen. Bis zu einer Million Menschen sind auf der Flucht.

In immer kürzeren Abständen hören wir, dass Bürger in islamischen Staaten, die gegen die religiösen Moralgesetze verstoßen oder sich von ihnen abgewandt haben, grausam gepeinigt oder sogar zum Tode verurteilt werden. Man muss wohl den derzeit 57 islamischen Ländern bescheinigen, dass unter ihnen nicht ein einziges ist, dem man eine demokratisch-pluralistische Gesellschaftsordnung attestieren kann. Momentan scheint sich die erzkonservative Auffassung Bahn zu brechen, dass der Islam mit dem Koran die letztgültige und nicht mehr interpretierbare Offenbarung von Gottes Wort besitzt. Das Gefüge der menschlichen Gesellschaft und der Auftrag eines gottgefälligen Lebens des Einzelnen sind damit für alle Zeiten als unveränderbar vorgegeben. Wer sich im Besitz dieses göttlichen Gebotes als Teil der unveränderbaren Schöpfung weiß und davon in all seinem alltäglichen Tun beseelt ist, der stellt sich nicht mehr menschlichen, zum Teil sehr schwierigen Entscheidungsprozessen über die Gestaltung und den Wandel der Gesellschaft oder strebt ein Leben in der Demokratie mit Pluralismus und Toleranz an.

Auf der anderen Seite kommt man um die Feststellung nicht umhin, dass jede Form von Kritik am Islam zu unmittelbar einsetzender heftiger Reaktion und zur gesellschaftlichen Ausgrenzung des Kritikers führt. Das mindeste, was ihm passieren kann, ist, als antimuslimischer Rassist geoutet zu werden. Es kann durchaus auch vorkommen, dass wissenschaftlich tätige Menschen wie Dr. Necla Kelek sich urplötzlich im Zentrum einer Schmuddelkampagne wiederfinden, in der sie von Kollegen niedergemacht werden mit dem Ziel, sie ihrer wissenschaftlichen Reputation zu berauben. Verstehen kann der Normalmensch das nicht. Es ist doch gerade ein klassisches Beispiel von Toleranz und Pluralismus in einer christlich geprägten Gesellschaft, dass auch der Islam und die Muslime ihren Glauben ungehindert praktizieren können. Im Zweifel auch unter dem Schutz der Gesellschaft. Aber bedeutet das wirklich, dass sie damit von jedem Diskurs freigestellt sind? Ich denke, nein. Natürlich muss es uns bei aller Religionsfreiheit aufhorchen lassen, wenn sechs von zehn Muslimen eine Rückkehr zu den Wurzeln des Islams befürworten und die Regeln der Religion über die der staatlichen Ordnung und des Souveräns stellen.

Lassen Sie mich mehrere Sichtweisen, wie man als Muslim seinen Glauben verstehen kann, nebeneinanderstellen.

Wenn wir von Fundamentalismus und von Orthodoxie im Islam sprechen, fällt jedem auch nur halbwegs Informierten sofort der Salafismus ein. Sicherlich ausgelöst durch verschiedene öffentlichkeitsträchtige Aktionen wie das Verteilen von Koranen in Köln und Berlin, aber auch damit verbundene Gewaltvorfälle. Der Salafismus ist eine als ultrakonservativ zu bezeichnende Glaubensrichtung. Es ist die neuzeitliche Bezeichnung für den Wahhabismus, der im saudi-arabischen Raum zu Hause ist. Ganz komprimiert dargestellt, leben und predigen Salafisten einen unverfälschten (authentischen) Islam, der sich so nah wie möglich an seiner Entstehungsepoche orientiert.

Der Salafismus lehnt jede Verunreinigung des Islams ab. Neuerungen und Interpretationen werden als verwerfliche Irrwege zurückgewiesen. Es gibt ausschließlich die wörtliche (göttliche) Botschaft des Korans und der Sunna mit den Gebräuchen und Aussagen des Propheten Mohammed. Selbst schon bei den Hadithen (menschliche Berichte über Handlungen und Aussprüche des Propheten) machen die Salafisten große Abstriche und akzeptieren die Überlieferungen nur, wenn sie von der Hadithwissenschaft völlig unbestritten aus mehreren Quellen abzuleiten sind. Die Zahl der aktiven Salafisten wird in Deutschland auf etwa 5000 geschätzt. Man unterscheidet puristische (gewaltlose), politisch den Gottesstaat anstrebende und dschihadistische (gewaltbereite) Salafisten.

Ein hiervon völlig abweichendes Beispiel ist die Ahmadiyya Muslim Jamaat (AMJ). Sie pflegt eine ganz andere Sprache und Botschaft. Der Bundesvorsitzende erklärt, dass es völlig selbstverständlich ist, dass die Sammlung von Texten und Vorschriften, die zusammengefasst als Scharia bezeichnet wird, immer wieder neu interpretiert und ihrem aktuellen gesellschaftlichen Umfeld angepasst werden muss. Er begründet dies mit der wenig überraschenden Feststellung, dass die Muslime und die islamische Welt heute vor völlig anderen Herausforderungen stehen als vor 1400 Jahren. Im Übrigen bestreitet er, dass der Islam für sich selbst auch die vollkommene Staatsform reklamiert. Dazu führt er aus, dass der Islam lehre, dass kein Staat im Staate gebildet werden solle. Diese Textstelle stehe im klaren Widerspruch zur behaupteten Exklusivform des islamischen Staates. Und er vertritt die aus Sicht der Orthodoxen nahezu ungeheuerliche Prognose, dass Bildung und Aufklärung den Fundamentalismus zurückdrängen werden. Für die Vertreter der reinen Lehre müssen solche Aussagen von vermeintlichen Glaubensbrüdern den Grad der Schmerzen ins Unermessliche treiben. Allein schon das Wort Aufklärung führt wahrscheinlich zu Fieberschüben.

Eine ähnliche Welt zeigen uns die Aleviten. Sie sind im allerweitesten Sinne aus der schiitischen Glaubensrichtung hervorgegangen. Als Anmerkung sei darauf hingewiesen, dass Teile der wahhabitischen Lehre »Schiiten« als Nichtmuslime bezeichnen. Der alevitische Glaube hat humanistische Züge, im Mittelpunkt steht der Mensch. Dieser Glaube kennt keinen Unterschied in der Wertigkeit der Geschlechter. Toleranz, Pluralismus und Offenheit auch gegenüber anderen Religionen zeichnen Aleviten aus. Sie erleiden seit Jahrhunderten das Schicksal der Verfolgung in der islamischen Welt. Aleviten seien gar keine echten Muslime, wirft man ihnen vor. Dort, wo sie sich in der Türkei offen bekennen, wurden und werden sie aus Staatsämtern entfernt. Man raubte ihnen Hab und Gut. Deswegen herrscht keine allzu dicke Freundschaft zwischen den Aleviten und den Sunniten, die die Hauptglaubensrichtung in der Türkei vertreten. Aleviten haben keine Moscheen, sondern Cem-Häuser, was frei übersetzt Bürgertreffpunkt bedeutet. Sie beten nicht regelmäßig fünfmal am Tag und leben ihren Glauben angepasst an die jeweiligen gesellschaftlichen Verhältnisse. In Baden-Württemberg erteilen sie Religionsunterricht und sind eine anerkannte Körperschaft. Jedes Mal, wenn Sie mit einem Muslim in Kontakt kommen, der sich durch ein ausgesprochen tolerantes, weitsichtiges und liberales Weltbild auszeichnet, dann fragen Sie ruhig, ob er vielleicht Alevit ist. Mit hoher Wahrscheinlichkeit landen Sie einen Treffer. Nicht immer, aber immer öfter, heißt es in der Werbung.

Die Hauptglaubensrichtung aller weltweit geschätzten 1,6 Milliarden Muslime ist das Sunnitentum. Man rechnet dieser Gruppe 1,36 Milliarden Gläubige zu, was 85 Prozent entspricht. Die zweitgrößte, aber deutlich kleinere Gemeinschaft sind die rund 250 Millionen Schiiten. Damit repräsentieren die Schiiten einen Anteil von etwa 10 bis 15 Prozent. Ihr herausragendes Zentrum ist der Iran. Zwischen Sunniten und Schiiten herrschen seit Jahrhunderten erbitterte Auseinandersetzungen um die Grundlagen des Glaubens. Ich will mich an dieser Stelle nicht verheben und Ihnen daher nur den Tipp geben, bei Interesse im Internet nach der einen oder anderen Erklärung zu suchen. Die Unterschiede sind für einen Nichtmuslim nur schwer zu verstehen.

Neben all den vorstehend dargestellten Glaubensrichtungen gibt es aber noch etwas, das mit der Religion in ihrem ursprünglichen Sinne eigentlich nichts zu tun hat – den Islamismus. Um nicht in zu viele Fettnäpfchen zu treten, möchte ich mich hier hinter dem Islamwissenschaftler Dr. Johannes Kandel verstecken. In seiner Denkschrift von 2013 erklärt Dr. Kandel Islamismus wie folgt:

»Islamismus ist eine extremistische politische Herrschaftsideologie, die politische Herrschaft exklusiv aus der Religion ableitet. Die staatliche Ordnung und die gesellschaftlichen Verhältnisse bis in die privaten Lebenswelten der Menschen sollen von der Scharia als das geoffenbarte unveränderliche Gesetz Gottes in fundamentalistischer Auslegung beherrscht werden. Eine Trennung von Religion und Staat basierend auf dem Prinzip der religiösen und weltanschaulichen Neutralität des Staates wird grundsätzlich abgelehnt. Islamisten erheben einen exklusiven Wahrheits- und politischen Geltungsanspruch ihrer Version vom Islam: Sie allein verfügen über den ›wahren‹ Zugang zur göttlichen Offenbarung und leiten aus diesem Wahrheitsmonopol die Gestaltung von Staat und Gesellschaft ab. Sie verstehen sich als Erben der ›goldenen Ära‹ des Islams, der Herrschaft zur Zeit Mohammeds und der ersten vier ›rechtgeleiteten Kalifen‹. Sie nehmen für sich in Anspruch, die Avantgarde der Wiederherstellung dieses ›authentischen‹ glorreichen Islam zu sein.«

Ich glaube, aus dieser Erklärung wird deutlich, dass Islamismus mit dem Islam des Glaubens nicht sehr viel gemein hat. Islamismus ist Politik, strebt nach Macht und Herrschaft. Alles das, was wir im Moment mit Terrorismus, Grauen und Unmenschlichkeit, mit Missbrauch des Namens einer Religion verbinden, ist Islamismus. Weltweit sind in diesem Jahrhundert schon mehr als 350 000 Menschen durch islamistischen Terror gestorben. Die meisten Opfer sind Muslime. Ich kann die Verbitterung von gläubigen Menschen verstehen, die man nur aufgrund ihres Glaubens mit Mördern auf eine Stufe stellt. Es ist sicher ein schwerer Gang, den die Religion Islam in unserer heutigen Zeit gehen muss. In ihrem Namen werden Angst und Schrecken verbreitet, Blut und Tränen vergossen. Die Menschen, die das tun, schüren Angst, und sie diskreditieren ihre Glaubensbrüder und -schwestern wie auch die dem Islam innewohnende Botschaft der Nächstenliebe und der Barmherzigkeit.

Es gibt wohl Hunderte Religionen und Weltanschauungen. Als Weltreligionen bezeichnet man das Christentum, den Islam, den Hinduismus, den Buddhismus und das Judentum. Die breite Masse der Muslime ist der Meinung, es sei dem Islam vorbehalten, den Alleinvertretungsanspruch für das Heil der Menschheit für sich zu reklamieren. Die Weltgemeinschaft hat hierzu in Artikel 18 der Allgemeinen Erklärung der Menschenrechte allerdings etwas anderes für die Menschheit in unserer Zeit formuliert: »Jeder hat das Recht auf Gedanken-, Gewissens- und Religionsfreiheit; dieses Recht schließt die Freiheit ein, seine Religion oder seine Weltanschauung zu wechseln, sowie die Freiheit, seine Religion oder seine Weltanschauung allein oder in Gemeinschaft mit anderen, öffentlich oder privat durch Lehre, Ausübung, Gottesdienst und Kulthandlungen zu bekennen.«

Wie erwähnt, ist mir im Moment kein islamischer Staat geläufig, bei dem dieses Menschenrecht beachtet wird oder einklagbar ist. Den Spiegel müssen sich die Vertreter der fundamentalistischen Lehre vorhalten lassen. Hierzu gehört pikanterweise auch die Erkenntnis: »Unser und euer Gott ist einer. Ihm sind wir ergeben.« (Koran 29:46). Und nach Vers 5:48 des Korans ist die Vielfalt von Religionen von Gott gewollt: »Wenn Gott es gewollt hätte, hätte er euch zu einer einzigen Religionsgemeinschaft gemacht. Doch will er euch darin prüfen, was er euch (vor)gab. So tut Gutes um die Wette. Zu Gott kehrt ihr alle zurück, dann klärt er euch über das auf, worüber ihr uneins wart.« An einer anderen Stelle geht es auch um die ethnische Vielfalt, die gepriesen wird.

Im Wesentlichen reduziert sich die Welt der orthodoxen Muslime, aber insbesondere des Islamismus, auf eine ganz einfache Formel: Der Westen mit seiner ganzen Verdorbenheit, die jüdische Weltverschwörung und der Staat Israel sind an allem schuld. An unserem Elend, an unserer Bildungsferne und auch daran, dass die Vormachtstellung des Islams in bestimmten Regionen der Welt abgelöst worden ist mit der Folge, dass wir, zu denen alle aufgeschaut haben, heute verachtet werden und unsere Völker in Armut leben. Da ist sie wieder, die Opferrolle und die Zuweisung, dass alle anderen schuld sind.

Der für mich entscheidende Punkt ist nicht die Suche nach einem möglichen Erklärungsmuster, sondern vielmehr die Frage, ob dies eine Bedrohung für mich selbst oder für das Land und die Gesellschaftsordnung, in der ich lebe, darstellt. Für mich selbst sicher nicht. Ich persönlich fühle mich weder durch den Islam im Allgemeinen noch durch dessen Ausprägungen des Fundamentalismus und Islamismus als Person bedroht. Erweitere ich jedoch meinen Blick und schaue über den eigenen Horizont hinaus, dann werden meine Gedanken sorgenvoller.

Das hat etwas mit Vorgängen in anderen Ländern zu tun. Wie beispielsweise der muslimischen Religionspolizei in London. Vermummte Jugendliche durchstreifen Londoner Stadtviertel, um Menschen, die »Allah durch Alkoholkonsum oder zu aufreizende Kleidung beleidigen«, aus der Nähe von Moscheen zu vertreiben. Ziel ist es, ihre Wohngebiete von den Ungläubigen zu reinigen. Ein Video zeigt die Sequenz, in der sich eine wegen ihres Minirocks beschimpfte Frau wehrt und darauf hinweist, dass sie als Frau in Großbritannien Rechte habe. Die Antwort der selbsternannten »Muslimischen Patrouille« lautet: »Ist uns egal, wir respektieren niemanden, der Gott nicht gehorcht.« Ein anderes Video dokumentiert, wie eine BH-Werbung einer Modekette abgerissen und demonstrativ verbrannt wird. Begleitet wird die Aktion von den Worten: »Muslime haben es auf sich genommen, das Gute einzufordern, das Böse zu verbieten und die Nackten zu bekleiden.« Alles Exoten?! Was sich wie eine Räuberpistole von psychisch überreizten Hysterikern anhört, ist auch bei uns längst Realität. So berichteten die Medien Anfang September 2014 von einer Religionspolizei, die nach Londoner Stil durch Wuppertal patrouillierte. Die selbst ernannten Scharia-Ordnungshüter sprachen Passanten an, luden sie zu Predigten in die Moschee ein, gingen aber auch in Geschäfte und Lokale, um Menschen auf ihre Verhaltensregeln aufmerksam zu machen, zu denen beispielsweise gehört, dass Alkohol und Glücksspiel tabu sind. »Wir reden von der ewigen Glückseligkeit, vom Paradies. Das wollen wir uns nicht nehmen lassen. Deswegen gehen wir raus und suchen nach unseren verlorenen Geschwistern«, war auf einer Videobotschaft zu hören. Die Polizei machte dem Treiben zwar schnell ein Ende und leitete Strafverfahren ein. Aber ich bin ziemlich sicher, dass die Saat an anderer Stelle wieder aufgehen wird.

Das sind evidente Alltagsvorgänge, die noch nicht den Beleg liefern, dass sich tatsächlich Veränderungen vollziehen, die die Wurzeln der Gesellschaftsordnung angreifen und somit einen Prozess des Wertewandels in Gang setzen. Derartige Erscheinungsformen haben natürlich eine viel grundsätzlichere Bedeutung als religiös begründetes oder motiviertes Rowdytum. Um den Unterschied zu verdeutlichen, lassen Sie mich erneut auf die britische Insel schauen und über einen Sex-Skandal in der nordenglischen Stadt Rotherham berichten, der im Sommer 2014 aufgedeckt wurde und nach einem Urteil der *Times* ganz Großbritannien beschämt.

Wie gesagt, es begann mit der Enthüllung eines Sex-Skandals im üblichen Sinne. Im Laufe der Untersuchungen und Ermittlungen stellte sich aber heraus, dass es sich um den sexuellen Missbrauch im »industriellen Ausmaß« von 1400 Mädchen und jungen Frauen handelte. Seit 1997 fielen sie Gruppenvergewaltigungen, Zwangsprostitution und Trafficking, in dem Fall Weiterreichen an Männergruppen südasiatischer Herkunft, zum Opfer. Seit 2005 war der Vorgang öffentlich bekannt. Trotzdem gab es nur fünf Verurteilungen zu Gefängnisstrafen und das Gros der Täter blieb unbehelligt auf freiem Fuß.

Der Polizeichef sah keinen Grund, für seine Person Konsequenzen zu ziehen. Die Kinderschutzbeauftragte, die die Vorgänge als quantitativ nicht besonders bemerkenswert einstufte, hat sich ebenfalls geweigert, von ihrem 120 000-Euro-Job zurückzutreten. Es ging nach Auffassung der Untersuchungsführer im Wesentlichen darum, die »Kohäsion der Kommunität«, also den Zusammenhalt der Gemeinschaft, auf jeden Fall zu bewahren und im Sinne der Political Correctness den Multikulturalismus Made in Britain nicht in Frage zu stellen. »Ich glaube, es gab eine Kultur, die besagte, lasst uns das Boot des multikulturellen Zusammenlebens nicht allzu sehr ins Schwanken bringen.« Das war der Kommentar eines Abgeordneten aus diesem Wahlkreis im Unterhaus. Der örtlich zuständige Abgeordnete formulierte es so: Die Unterdrückung von Frauen in Teilen der muslimischen Gemeinschaft Großbritanniens sei ihm bewusst gewesen. »Aber vielleicht war ich ein typischer *Guardian*-Leser und liberaler Leftie und wollte das alles nicht zu hart betonen.« Es war wohl so, dass politische Vertreter bei Offenlegung von kriminellen Vorgängen unter ethnischen Gruppen immer mit dem Vorwurf des Rassismus rechnen mussten.

Hinter den Gangs der organisierten Kriminalität steckten muslimische Männer pakistanischer Herkunft. Die ehemalige Beauftragte der Cameron-Regierung für Beziehungen unter den multi-ethnischen Gruppen Großbritanniens äußerte bereits 2012, dass es in dieser Migrantengruppe eine kleine Zahl von Männern gäbe, die »alle Frauen für zweitklassige Bürger halten und weiße Frauen für drittklassig«.

Es versteht sich von selbst, dass sich die Muslime in Rotherham in Gänze empört zeigten. Einer ihrer Vertreter wies den Vorwurf zurück, dass die Rassismusdrohung zum Schutz der Muslime gedient habe. Er meinte, dass die Stadt ihre heutige Empfindsamkeit nur vortäusche, um eine Untersuchung der Vorgänge zu vermeiden.

Die Quintessenz aus der Geschichte ist, dass es offenkundig über 15 Jahre bis zur Bereitschaft der öffentlichen Diskussion ethnisch bedingter Kriminalität gebraucht hat. Man kann daran ermessen, welche Bremswirkung eine falsch verstandene PC im gesellschaftlichen Diskurs entwickelt und wie weit dadurch das natürliche menschliche Empfinden im öffentlichen Leben erstickt wird. Soweit sollten wir es bei uns nicht kommen lassen.

In Schweden stehen in der Stadt Malmö regelmäßig Übergriffe von Muslimen gegen jüdische Bürger und Einrichtungen auf der Tagesordnung. In jüdischen Läden wird randaliert und der Friedhof der Glaubensgemeinschaft geschändet. Glasscheiben der Synagoge gehen nach einer Attacke mit Feuerwerkskörpern zu Bruch. »Das für Juden in Malmö beschwerliche Klima« – wie der Vorsitzende der Jüdischen Gemeinde sich zurückhaltend ausdrückt – geht sogar so weit, dass jüdischen Jugendlichen auf offener Straße angedroht wird, dass sie halal, also nach islamischem Brauch, geschlachtet werden. Und was macht dort die Politik? Distanziert sie sich von den antisemitischen Ausschreitungen? Als Antwort auf diese Frage darf ich ein Zitat wiedergeben, das der Bürgermeister einer britischen Tageszeitung forsch in die Feder diktiert hat: »Wir wollen, dass Malmö kosmopolitisch ist und jeder hier sicher leben kann. (…) Es gab keine Angriffe auf jüdische Mitbürger, und wenn Juden aus Malmö nach Israel ziehen wollen, ist das ihre Sache.«

In Frankreich kehren immer mehr Juden ihrem Land den Rücken, weil sie die Anfeindungen der arabischen muslimischen Einwanderer leid sind. Innerhalb eines Jahres erhöhte sich die Auswandererquote um 60 Prozent.

In einer schwedischen Schule haben Ärzte bei allen Mädchen einer Klasse Beschneidungen festgestellt. Zum Teil in brutalster Weise vorgenommen. Wo und wann die Genitalverstümmelungen erfolgt sind, ist nicht bekannt. Auch nicht, ob religiöse Einflüsse eine Rolle spielten. Skandinavische Tradition ist es jedenfalls nicht.

Das sind nur zufällige Ausrisse von medial transportierten Vorkommnissen. Sie zeichnen ohne weitere Hintergrundinformationen weder ein vollständiges noch ein abschließendes Bild. Trotzdem greift die Nonchalance »Was geht uns das an« zu kurz. Ich finde derartige Entwicklungen in anderen Ländern schon beachtenswürdig.

Wenn ich von den 5000 Salafisten in Deutschland gesprochen habe, dann ist natürlich klar, dass diese Gruppierung das Land weder überrennen noch die Gesellschaft abschaffen kann. Für sich allein genommen sind die Salafisten ein Ärgernis, aber keine Gefahr – zumindest noch nicht. Setze ich aber die bereits zitierte repräsentative Erhebung unter Muslimen in sechs europäischen Ländern in Beziehung zu der bei uns immer stärker wahrnehmbaren Fundamentalisierung und schaue ich mich in Neukölln um, dann glaube ich, dass wir und vor allen Dingen die Politik zu sorglos agieren. Alle verschließen die Augen und wollen die Dinge einfach nicht sehen. Ausnahmen bestätigen die Regel.

Ich weiß nicht, ob es zutrifft. Ich habe den Medien entnommen, dass in irgendwelchen Gremien der EU darüber beraten wird, ob Kritik am Islam ein europäischer Straftatbestand werden soll. Ich bin eigentlich nicht geneigt zu glauben, dass das eine wahrhaftige Meldung war. Das muss eine Zeitungsente gewesen sein. Religionskritik als Straftatbestand? Das erinnert mich irgendwie an Luther und seinen Prozess in Worms. Wenn es aber doch so wäre, dann stellt sich mir die Frage, wie weit die Einflusssphären schon gediehen sind. Bis in welche Ebene sind diejenigen schon durchgedrungen, die Fragen, Kritik, Liberalität und Laizismus fürchten wie der Teufel das Weihwasser?

Salafisten sind keine reale Bedrohung unserer Gesellschaftsordnung, unseres Landes und unserer Kultur. Aber wer ist es dann? Man kann doch nicht ernsthaft vortragen, dass jeder Einzelne, der uns in den sozialen Brennpunkten der Einwandererviertel unserer Städte Sorgen bereitet, ein Staatsfeind ist. Damit kann man vielleicht an dem einen oder anderen rechtslastigen Stammtisch ein Schulterklopfen abgreifen, aber einen Realitätsbezug hat das nicht. Woran liegt es also, dass wir Schwierigkeiten mit der anderen Gesellschaft empfinden?

Wo liegt die Gefahr ihres raumgreifenden Schrittes, der bis zur Veränderung der Normen dieses Landes reicht?

Ich greife noch einmal die Prozentzahlen vom Wissenschaftszentrum Berlin auf. Zwei Drittel der befragten Muslime, so war das Ergebnis, erklären ihre religiösen Vorschriften für wichtiger als die Gesetze des Landes. Wenn ich von etwa 3,3 Millionen in Deutschland lebenden Muslimen ausgehe, die Aleviten nicht eingerechnet, dann bedeutet das, dass etwa 2,2 Millionen Menschen in unserem Land mit den Gesellschaftsnormen auf Kriegsfuß stehen. Das finde ich dann allerdings schon bemerkenswerter als die 5000 Salafisten. Letztere sollten dennoch in ihrer Wirkung nicht unterschätzt werden. Sie haben die Bedeutung des Bunsenbrenners an der Retorte. Sie sorgen dafür, dass der Kessel nicht kalt wird und die Latte für die einzelnen Muslime im Sozialraum immer höher gelegt wird. »Du bist nur dann ein guter Muslim, wenn du dich so und so verhältst.« Ihre Anhänger fungieren in den Siedlungen als Vorbilder und erhobener Zeigefinger. Ich habe das hautnah an mir selbst erlebt. Ich will Ihnen berichten, wie das war.

Ein ausgesprochener Exportschlager Neuköllns sind unsere Stadtteilmütter. Elfmal national und international ausgezeichnet. Es sind zum Teil wissensferne Einwandererfrauen, die wir in Alltagskompetenzen ausbilden und zu bildungsfernen Familien ihrer Ethnie nach Hause schicken, um sie für die Gesellschaft zu öffnen und ihnen einen Sprachkurs oder den Kitabesuch der Kinder schmackhaft zu machen. Weil sie von so herausragender Bedeutung sind, werden ihr Ausbildungsbeginn und damit ihr Eintritt in die Familie der Stadtteilmütter protokollarisch hochstehend im Bezirk gewürdigt. In der Bürgermeisterei versammeln sich alle, es gibt Essen und Trinken, die berüchtigten offiziellen Reden und dann die feierliche Vertragsübergabe. Dabei wollten mir von einundzwanzig Frauen plötzlich sieben nicht die Hand geben, weil sie die

Berührung mit einem fremden Mann als Haram, also als verboten, erkannten. Das ist ein typisches Verhaltensmuster von Fundamentalisten. Ich habe es abgelehnt, diese sieben Frauen zu Botschafterinnen unserer Gesellschaft zu ernennen und sie als Vorbild zu anderen Familien zu schicken. Hinterher habe ich erfahren, dass es offensichtlich einer einzigen Frau, die der Einflusssphäre einer salafistischen Moschee zugerechnet wird, gelungen war, während der Zeremonie sechs andere Teilnehmerinnen davon zu überzeugen, sich einer sündigen Handlung zu verweigern.

Dieses Beispiel bedeutet für den Lauf der Bundesrepublik weniger als der Einflug einer Biene in einen blühenden Kirschbaum. Ich will damit nur verdeutlichen, welcher Druck auf Muslime vor Ort ausgeübt wird, zumal in der arabischen und türkischen Welt der Aspekt »Was denken die Nachbarn über uns« enorme Bedeutung hat. Das führt leider dazu, dass Muslime, die einen zeitgemäßen Glauben praktizieren, sich diesem Gruppendruck nicht auf Dauer aussetzen wollen. Sie verlassen das Gebiet. Es setzt eine Flucht vor den Landsleuten ein, eine Segregation von Moralanarchie und Psychoterror. Übrig bleibt die verhaltensindividuelle Bürgerschaft. Diese Entmischung wiederum führt letztendlich zur Dominanz und vor allem zum mengenmäßigen Übergewicht der ethnisch-tradierten Lebensweise, aber insbesondere des unkultivierten Umgangs im und mit dem öffentlichen Raum. Es tritt Verwahrlosung ein. Vor und hinter den Wohnungstüren. Zu diesem Aspekt hat schon im Jahre 2008 der Sprecher des Türkischen Bundes Berlin-Brandenburg, Safter Çinar, folgende Erklärung gefunden: »Die sozialen Aufsteiger unter den Migranten würden aus Neukölln nicht wegziehen, wenn sie merken würden, dass sich etwas tut. Wenn sie sich sicher fühlen könnten und wenn die Straßen schon rein optisch einen besseren Eindruck machen würden.« Dieser Erklärung kann ich nichts entgegensetzen.

Wenn Safter Çinar uns hinter die Ohren schreibt, dass die sozialen Aufsteiger unter den Migranten sich nur deswegen in den sozialen Brennpunkten aus dem Staub machen, weil sie keine positiven Veränderungen im Sozialraum wahrnehmen, sich unsicher fühlen und die Wohngegend auch optisch verkommen wirkt, dann müssen wir uns fragen, woran das wohl liegen könnte. Ich habe mir hierbei die Freiheit genommen, die Analyse für den Braindrain – wie das so in Neusprech heißt – auf alle sozialen Brennpunkte zu übertragen. Wie Sie wissen, glaube ich bei Fragen der Integrationspolitik und des Bevölkerungsverhaltens nicht an ein Alleinstellungsmerkmal Neuköllns.

Richtig ist sicher, dass der Wegzug der bildungsaffinen Familien und der damit einhergehende Verlust an sozialer Kompetenz ein ganz erheblicher, wenn nicht gar der entscheidende Faktor für die Abwärtsentwicklung einer Wohnlage ist. Da hilft auch keine verkleisternde Begriffsakrobatik. Ich weiß nicht, wie das bei Ihnen ist, aber in Berlin sind soziale Brennpunkte oder früher so bezeichnete Problemgebiete inzwischen umbenannt worden. Sie heißen jetzt »Gebiete mit besonderem Aufmerksamkeitsbedarf«. Ich glaube nicht, dass das bei der Bewältigung der bestehenden Verwerfungen etwas hilft oder gar den Durchbruch bringt.

Warum reklamiert die migrantische Mittelschicht berechtigterweise fehlende Fortschritte in ihrem persönlichen Alltag und dem sie umgebenden Lebensraum? Es liegt schlicht und ergreifend daran, dass seit 20 Jahren nicht viel Beeindruckendes an Veränderungen geschehen ist. Sie hat recht. Dafür mag es viele Gründe gegeben haben. Sie können politischer Art in Form von Realitätsverweigerung gewesen sein. Hintergrund könnte auch die Sorge gewesen sein, dass zu viel Hinwendung zu Integrationsfragen bei der »biodeutschen« Bevölkerung zum Vernachlässigkeitssyndrom, zu Ausländerfeindlichkeit und einer entsprechenden Quittung in den Wahlkabinen hätte führen können.

Nicht ohne Einfluss sind die gerade in den letzten zwei Jahrzehnten gebildeten und stabilisierten Parallelgesellschaften. Ethnische Kolonien sind entstanden, wie Soziologen sagen. Eigentlich ein unausweichlicher Prozess infolge des sich immer weiter vervollständigenden Angebots an ethnischen Dienstleistungen. Dort, wo die Landsleute ärztliche Versorgung, Pflege, Supermärkte, Friseur, Schneider, Bank- und Versicherungsgeschäfte sicherstellen, wo also alle Dinge des täglichen Lebens in der Heimatsprache abgewickelt werden können, dort bilden sich eigene Lebenswelten und mitunter auch eigene Kasten der Herkunft bzw. Abstammung. Die, wie wir wissen, aber erst Bedeutung erlangen, wenn sie auch eigene Normen und verbindliche Verhaltensweisen entwickeln. Der in Wolfsburg vorhandene hohe Bevölkerungsanteil von Italienern, die im VW-Werk arbeiten, ist noch lange keine Parallelgesellschaft. Auch nicht, wenn es in der Stadt viele Gewerbebetriebe, Lokalitäten, Diskotheken und Spielhallen gibt, die von italienischstämmigen Menschen betrieben werden. Es mag bei den Lebensgewohnheiten der Bürgerinnen und Bürger in Wolfsburg zwar durchaus italienische Einsprengsel geben, aber was fehlt, ist eine gewollte und nach außen sichtbar zur Schau getragene Abschottung.

Das ist aber völlig anders, wenn die Kreise größer werden. Eine Gruppe umfasst dann nicht mehr nur die ursprünglichen Bewohner eines bestimmten Tales oder einer einzelnen Region des Herkunftslandes, sondern sie verbreitet sich durch zahlreiche Verwandtschaft und Verschwägerungen über ganz Deutschland. Einzelne Familiennamen finden sich in Berlin, Hamburg, Bremen, Duisburg, Essen, Mannheim wieder. Nicht nur als Sammelbegriff wie Müller, Schulze oder Lehmann.

Diese Gruppierungen, wie immer Sie sie nennen wollen,

üben Einfluss im Sozialraum aus. Man kann es auch Macht nennen. Sie bestimmen offen oder subtil, was zu tun oder lieber zu lassen ist. Sie schaffen nicht nur Fakten, sondern auch Regeln, die der sozialen Kontrolle dienen. Eine muslimische Familie, die das Verbot des Schweinefleischverzehrs ansonsten nicht so genau nimmt, wird es nicht wagen, in einer muslimisch dominierten Schule ihren Kindern mit Salami oder Schinken belegte Pausenbrote mitzugeben. Das ist nur ein kleines Beispiel. Weitaus größere Bedeutung für die Entscheidung von Familien, zu bleiben oder zu gehen, hat die Frage, ob die Kinder auf ein leistungsfähig konditioniertes Bildungsangebot treffen. Nicht so verklausuliert ausgedrückt: Lernen die Kinder in der Schule tatsächlich etwas? Kommen dann die Eltern zu der Überzeugung, dass die Bildungsferne auch in der Schule überwiegt, werden sie mit dem Möbelwagen abstimmen. Ähnlichen Einfluss haben permanente Einschränkungen der Lebensqualität wie Vermüllung, ständiger Lärm oder Kriminalität.

All diese Aspekte sind nicht neu. Sie wurden bereits oft und gerne untersucht, erforscht und beschrieben. Die Instrumente gegen diese Entwicklung sind übersichtlich. Ich werde beim Thema vorschulische Erziehung und Schulwesen darauf zurückkommen.

Viele werden jetzt einwenden: »Aber Sie vergessen die vielen Projekte von Städten und Gemeinden, Stiftungen, Kirchen und Privatpersonen, mithin die Leistungen der Zivilgesellschaft.« Ich übersehe sie genauso wenig wie das »Programm Soziale Stadt«, das es sich zur Aufgabe gemacht hat, in die beschriebenen Abläufe einzugreifen, sie zu stoppen oder (geträumt) gar umzukehren.

Das Programm Soziale Stadt hat in den vergangenen Jahren heftigen Anfeindungen standhalten müssen. Soziale Maßnahmen waren plötzlich verpönt, die Fördermittel mutierten immer mehr zu Betongeld. Anstatt für Eingriffsszenarien in das Sozialgefüge zu sorgen, wurden mehr und mehr Baumaßnahmen finanziert. Hinzu kommt, dass Projekte wie Modellversuche immer nur temporär und sektoral wirken. Sie entfalten keine strukturelle flächendeckende Wirkung. Sie fruchten vielleicht in einzelnen Straßenzügen oder Stadtvierteln, aber am Wesensgehalt der anderen Gesellschaft kratzen sie nicht.

Wo kommt diese kollektive Lethargie eigentlich her? Ich nenne sie Ignoranz. Sie besteht nicht im Blick auf die Verhältnisse, sondern gegenüber den Menschen, die unter diesen Verhältnissen leiden. Da ist keine echte Betroffenheit. Ich möchte behaupten, dass gefühlt 90 Prozent der politischen Entscheidungsträger noch nie in einem sozialen Brennpunkt gelebt haben. Einige sind noch nicht einmal durchgefahren. Sollten ihnen Realitäten aus dieser robusten Welt im Traum erscheinen, ist ihnen ein schweißgebadetes Aufschrecken sicher. Die Konsequenz daraus ist, dass man der Entwicklung ihren Lauf lässt und – falls unausweichlich – die Ergebnisse von Zeit zu Zeit erschüttert beklagt. Mit etwas Aktionismus kommt man über den nächsten Wahltermin. Dann geht es rasch wieder unter die politische Daunendecke. Und schon ist so das Feld für die politischen Extreme bereitet.

Es könnte alles so schön ruhig sein – wenn es nicht Störenfriede gäbe. »Warum machst du eigentlich immer wieder so viel Stress? Richt's dir doch kommod ein!«, ist eine Ansprache, die ich häufig erhalte. Aber es geht nicht um mich. Es geht um Menschen wie Kazım Erdoğan in Neukölln, Serap Çileli, Necla Kelek, Ralph Ghadban und auch um Leute wie Cem Özdemir. Gerade Letzterer hat der Gesellschaft mit seinen Interviews sehr viel Nachdenkenswertes ins Stammbuch geschrieben – allerdings zu einem früheren Zeitpunkt, als er noch nicht Vorsitzender der Grünen war. Seitdem ist er nicht mehr so markant in Erscheinung getreten. Ein gemeiner Mensch wie ich könnte sich durchaus zu der Formulierung versteigen, dass ihm sein realitätsbezogener Blick mit einer verklärenden Brille – vielleicht aus der Handtasche von Frau Roth – verstellt wurde. Natürlich erheben die gerade genannten Namen keinen Anspruch auf Vollzähligkeit. Es gibt sehr viel mehr Menschen, die erkannt haben, wie verhängnisvoll die Schweigespirale ist.

Woran liegt es also konkret, dass Schulleiter und Rektoren, Lehrer und Erzieher, Sozialarbeiter oder auch andere im Sozialraum tätige und mit den Lebens- und Sozialbedingungen konfrontierte Menschen so still geworden sind? Es gibt, gemessen an der Größe der Problemstellungen, eindeutig mehr Menschen, die um sie wissen, als die, die darüber sprechen. Die Gründe hierfür sind einfach und schlicht: Diffamierung, berufliche und gesellschaftliche Repression und Ausgrenzung. Wir Menschen haben alle Angst vor der sozialen Isolation. Niemand will gerne allein dastehen und aus der Gemeinschaft verstoßen werden. Der Satz, es ist nicht gut, dass der Mensch allein sei, beschreibt seine Bedürfnisse als ein soziales Wesen, trotz all seiner Individualität. Deswegen sind Mechanismen, Menschen bloßzustellen und mit einem Stigma zu versehen, so erfolgreich beim Mundtotmachen.

Es gibt drei Prinzipien, die bei uns in Deutschland liebend gerne angewendet werden, um Unbequemes nicht zuzulassen und mit einem gesellschaftlichen Bann zu belegen. Erstens ist das die PC, die Political Correctness, zweitens die Rassismuskeule und drittens der Kulturrelativismus. Alle drei zusammen sind bestens geeignet, Tabus zu errichten und Sprech- und Denkverboten, im gesellschaftlichen Diskurs zu implantieren. Wer sich mit diesen Phänomenen auseinandersetzen will und dazu die heute gebräuchlichen Nachhilfeinstrumente Google und

Wikipedia befragt, verirrt sich schnell. Zur politischen Korrektheit finden sich 4,5 Millionen Einträge und zum Aspekt des Rassismus 2,4 Millionen. Nur der Kulturrelativismus ist noch jung und mit 30 000 Nachschlagemöglichkeiten für einen Menschen in mehreren Jahren zu bewältigen. Ich muss daher herzlich um Ihr Verständnis werben, dass ich Ihnen in diesem Buch keine generelle Aufarbeitung anbieten kann. Dafür müssten Sie bitte selbst an den Computer gehen. Ich will nur mit einigen Instantinformationen Ihren Appetit anregen.

Die Political Correctness – oder anders formuliert »Was darf ich sagen und was nicht« – stammt aus den USA. Der Begriff geht zurück bis ins 18. Jahrhundert, hat aber seinen Siegeszug in der Gegenwart erst in den 1980er Jahren angetreten. In den 1990ern kam sein Durchbruch. Die Philosophie hinter der PC ist, dass die Sprache nicht systemstabilisierend wirken darf. Ausdrücke und Handlungen sollen Menschen nicht wegen ihres Geschlechts, ihrer Abstammung oder ihrer Religion kränken, beleidigen oder diskriminieren. Es handelt sich also um ein Instrument des Minderheitenschutzes, das verhindern soll, dass wir allein schon mit der Sprache unseren eigenen moralischen Ansprüchen zuwiderhandeln. Eigentlich ist dem von der Intention her nichts entgegenzusetzen – wenn nicht die Entwicklung eingetreten wäre, dass sich die PC zu einem Kampfbegriff gegen den politischen Gegner entwickelt hat. Auch zu einer Art Denk- und Sprechpolizei. Wer definiert denn »unsere eigenen moralischen Ansprüche«?

Inzwischen ist die PC im Grunde genommen eine Zensur derjenigen, die sich selbst die Deutungshoheit darüber anmaßen, was diskriminierungsfrei ist und was nicht. Es handelt sich im Wesentlichen um den linksintellektuellen Teil unserer Gesellschaft. Dieser legt also fest, welche Begriffe korrekt und welche Sprachfacetten inkorrekt sind. Das Ergebnis erleben wir seit geraumer Zeit. Was nicht ins wohlgelittene Schema passt, darf nicht gesagt werden. Was nicht genannt werden darf, das kann auch keiner Lösung zugeführt werden. Statt konkreter Beschreibungen ergehen wir uns dann in vollmundig inhaltsleeren Sprechblasen, allerdings in korrekter Sprache. Ich kann hier wieder eine leichter verständliche Formulierung anbieten: PC führt zu Denkfaulheit, Handlungsstillstand, Feigheit und Anpassertum. Was einmal eine höhere sprachliche Sensibilität, mehr soziale Kompetenz und empathische Denkungsart zum Ziel hatte, ist zum gesellschaftspolitischen Totschläger politischer Extremisten oder Faulpelze geworden.

Hochkonjunktur hat im Moment der links definierte Rassismus. Nichts können Sie sich schneller verdienen als den Titel Rassist. Allein das Kaufen und Lesen dieses Buches macht Sie schon verdächtig.

Nach Wikipedia ist Rassismus eine Ideologie, die »Rasse« in der biologistischen Bedeutung als grundsätzlich bestimmenden Faktor menschlicher Fähigkeiten und Eigenschaften deutet. Er ist nicht das Resultat des Aufzeigens von Verschiedenheit und Unterschieden, sondern der daraus abgeleiteten negativen Wertung. Der Begriff des Rassismus und die rassistisch begründete Handlungsdominanz lassen sich eigentlich bis in die Anfänge der menschlichen Gesellschaft zurückverfolgen. Es gab immer diejenigen, die genau begründen und beschreiben konnten, warum man diese und jene Bevölkerungsteile, anders aussehende, anders sprechende und anders denkende Menschen unterjochen und versklaven dürfe, weil sie eben minderwertig im Vergleich zur eigenen Bevölkerungsgruppe sind. Ohne hier grauenvolle Fehltritte in der Menschheitsgeschichte rekapitulieren zu wollen, wissen wir aber, dass Vorurteile und Diskriminierungen bis zur Sklaverei und zum Völkermord führten. Ich halte es immer für deplatziert, dass man heute streitige Vorgänge des Diskurses mit stark belasteten Begrifflichkeiten der Vergangenheit gleichsetzt. Ein Beispiel ist der

Begriff Apartheid, der inflationär gebraucht wird, oder auch der liederliche Umgang mit dem Holocaust.

Dass die Bezeichnung »Du Jude« bei uns schon wieder im täglichen Sprachgebrauch unter Jugendlichen als Schimpfwort benutzt wird, ist unfassbar. Das ist keine Geschichtsvergessenheit, sondern eine Verrohung des Denkens. Bei allem Verständnis für aktuelle politische Schwierigkeiten und internationale Brandherde ist es für mich nicht hinnehmbar, wenn ein Rabbiner sich wieder nicht mehr traut, mit mir durch Neukölln zu gehen und dabei die Kippa zu tragen. Auslöser dieser defensiven Haltung war ein gewalttätiger Überfall, dem er einige Zeit zuvor aufgrund seiner erkennbaren jüdischen Identität in einem anderen Teil Berlins zum Opfer gefallen war. Egal, wie man zu sonstigen gewöhnungsbedürftigen Auftritten von Einwanderern steht, der wieder sicht- und hörbare Antisemitismus ist jedoch eine Spezialität der Muslime, insbesondere der arabischen Muslime. Ich sage an dieser Stelle sehr deutlich: Das geht gar nicht! Das Schweigen unserer Gesellschaft missachtet an dieser Stelle unseren historischen Auftrag der Sühne für den Genozid.

Der beschriebene »klassische Rassismus« – soweit der Begriff zulässig ist – hat bei uns inzwischen eine Erweiterung zum Kulturrassismus oder auch antimuslimischen Rassismus erfahren. Diese Erweiterung folgt der These, dass der auf die biologistische Kategorie »Rasse« gegründete Rassismus in der heutigen gesellschaftlichen Realität keine bemerkbare Relevanz mehr habe. Also mussten ihm als Kampfbegriff neue ideologische Anwendungsfelder und Feindbilder erschlossen werden, ist hierzu mein Kommentar. Es ist also so: Egal, ob Sie streitbar über Kulturnormen, die Religion Islam oder über Ethnien reden oder schreiben – Rassist sind Sie immer.

Der Dritte im Bunde, der Kulturrelativismus, ist neuerer Art. Bis vor einigen wenigen Jahren galt er als absolutes No-go in der Integrationspolitik. Selbst die Grünen schalteten die rote Ampel ein und erklärten: »Kulturrelativismus können und werden wir nicht zulassen.« Das sieht inzwischen etwas anders aus. Ich werde nachstehend zur Begriffserläuterung einige Beispiele dafür geben, wie sich gesellschaftlich akzeptierter Kulturrelativismus bei uns bereits breitgemacht hat und still und leise seine Wirkung entfaltet.

Der Kulturrelativismus ist ein gern gewähltes Instrument des Fundamentalismus. Egal ob religiöser, kultureller oder ethnischer Art: Es ist im Wesentlichen die allgemeingültige Entschuldigung – man nennt so etwas auch Persilschein – für diejenigen, die der herrschenden Kultur oder den gültigen Gesetzen zuwiderhandeln. Ihr Tun verstehen sie dann als legitime Ausprägung bzw. Ausdruck der eigenen Kultur.

Als philosophischer Hintergrund dafür gilt, dass alle Kulturen gleichwertig sind und damit in keinerlei Wettbewerb zueinander stehen. Hieraus folgt konsequent, dass der Kulturrelativismus keine universellen Rechte kennt. Um Normen, Werte und Denkweisen zu verstehen, darf man sie nur in ihrem jeweiligen kulturellen Kontext betrachten. Das gilt zum Beispiel auch für sogenannte Ehrenmorde, für Erziehungsziele, das Verhältnis von Staat und Religion. Die Menschenrechte sind dann ebenfalls nicht mehr allgemeingültig und für jeden bindend, auch sie fallen unter den Ausschluss universeller Rechte.

Der Kulturrelativismus dient dem Multikulturalismus als wesentliches Fundament. Kulturelle Phänomene können nur in ihrem eigenen Kontext verstanden, betrachtet und beurteilt werden. Jede Kritik an ihnen ist, Sie ahnen es schon, Kulturrassismus, weil beispielsweise die Menschenrechte ein Produkt der westlichen Kultur sind und daher für Muslime nicht gelten. Jedenfalls nicht in der uns geläufigen Form. Wie wir wissen, gibt es Menschenrechte nach chinesischer Lesart, auch nach islamischer und wahrscheinlich auch nach indischer. Gerade

Letztere müssen wir in neuester Zeit in regelmäßigen Abständen hier mit Entsetzen zur Kenntnis nehmen. Was heißt das aber nun für uns? Wenn jeder selbst definieren kann, was für ihn die Inhalte seiner Kultur sind, führt das insofern ins Absurde, als er sein Tun mit der Herkunft vom Opa rechtfertigen kann. Das darf es natürlich nicht sein. Aus diesem Grunde ist das Einfordern der Normentreue von jedem für eine Gesellschaft nicht verhandelbar. Das heißt, die Lebensregeln der Gemeinschaft, das soziale Gefüge und die Grundsätze des Rechtswesens gelten nicht nach ethnischen, sondern nach staatsbürgerlichen Maßstäben. Die einfache Formel: Wer im Land lebt, hat sich in die Gesetze zu fügen.

Eine Gesellschaft muss sich die schlichte Frage stellen, wie weit sie Kulturrelativismus zulässt. Wo ist die Schwelle der ungewollten, aber stattfindenden leisen Übernahme von Einflüssen auf die Lebensregeln im Land? Wir können nicht wollen, dass wir Riten und Denkmuster überwundener Diskriminierung und Ungleichbehandlung aus Zeiten der Feudalherrschaft und Diktaturen einer Renaissance zuführen. Im Klartext, wir sollten uns nicht ins Mittelalter zurückbeamen. Es ist schnell dahergeredet oder -geschrieben, dass das Grundgesetz und die anderen gesetzlichen Normen nicht zur Disposition stehen. Aber stimmt das im praktischen Leben wirklich? Dies würde ja bedeuten, dass wir eine statische Gesellschaft sind. Das stimmt nicht. Sie verharrt nicht, sie ist ständig in Bewegung und verändert sich permanent. Werte, Moral und Normenakzeptanz in einer Gemeinschaft müssen sich immer wieder neuen Einflüssen und Sichtweisen, Erwartungen und Gefühlswelten stellen und auch anpassen. So apodiktisch kann man fremde Einflüsse gar nicht fernhalten. Das sollte man auch nicht, weil dahinter die Überzeugung stünde, dass nur unsere heutigen kulturellen Gepflogenheiten die richtigen und alle anderen minderwertig sind. Es mag Protagonisten einer solchen »Deutschland, Deutschland über alles«-Verirrung geben. Lebensreal und tatsächlich mehrheitsfähig ist sie nicht.

Aber was sind denn nun die unabdingbaren Grundkompetenzen, die zur Integration in das Wertegefüge, also zum »Ankommen« in der neuen Heimat, erforderlich sind? An erster Stelle steht (bis heute) unbestritten die Sprache. Ohne sie ist kein Zugang zur Kultur möglich. Einem Land seine Sprache zu verweigern heißt, ihm seine Missachtung auszudrücken. Sich selbst genug zu sein entzieht aller Larmoyanz die Legitimation. Wer nicht kommunizieren, sich nicht ausdrücken und andere nicht verstehen kann, der bleibt einer Gesellschaft fremd.

Danach folgen für mich Wissenserwerb und Bildungsbereitschaft, also lesen, schreiben und rechnen zu können. Alles Selbstverständlichkeiten für denkende Menschen der modernen Zivilisation.

Drittes Essential ist die Achtung des Selbstbestimmungsrechts eines jeden Menschen. Als vierter Grundsatz gilt, dass jeder den Willen und die Möglichkeit dazu haben muss, sein Leben selbst zu gestalten und für sich und seine Familie selbst zu sorgen. Frühere Generationen formulierten: »Tue recht und scheue niemand.« Oder anders ausgedrückt: »Halte dich an die Regeln und ducke dich vor keinem.« Wenn es gelingt, hierzu eine allgemeine Akzeptanz herzustellen, wäre das der Durchbruch.

Das war sicher ein bisschen viel Seminarismus. Die Botschaft von der Metaebene. Ich will mich daher wieder der Frage zuwenden, wie weit wir vom eben erhofften Durchbruch noch entfernt sind.

Das kollektive Abtauchen

Ich habe im Zusammenhang mit der Political Correctness und dem Kulturrelativismus darauf hingewiesen, dass weite Teile unserer Gesellschaft überhaupt nicht der Überzeugung sind, dass wir eine sich nachteilig auf die Gesellschaft auswirkende Entwicklung im Werte-, Bildungs- und Kulturbereich haben, die es zu stoppen und bestenfalls umzukehren gilt.

Es gibt verschiedene Alternativen, unbequeme Dinge nicht in das Bewusstsein der Menschen gelangen zu lassen. Recht simpel und erfolgreich ist das System »Totschweigen«. Einfach nicht reagieren. In unserer heutigen schnelllebigen Informations- und Medienwelt gibt es kaum Vorgänge von längerem Bestand. Jede Woche muss eine neue Sau durchs Dorf getrieben werden. Da ist der Deckmantel des Schweigens schon ein hilfreiches Kleidungsstück.

Die zweite Methode ist die moralische Überwältigung. Der Störenfried wird ins Abseits gestellt. »Iiih, er stinkt«, heißt es am Ende der Geschichte von dem jungen Mann, der in die Kanalisation hinuntersteigt, um sie zu reinigen. Nachdem er sie wieder instand gesetzt hat und nach oben zurückkommt, will niemand etwas mit ihm zu tun haben. Menschen, die auf Missstände aufmerksam machen und dadurch Reaktionen herausfordern, handeln sich schnell eine Außenseiterrolle ein. Denn allein schon die Erwähnung und Beschreibung bedeutet ja im Umkehrschluss, dass wohl jemand gepennt oder Mist gebaut haben muss. Wer hört so etwas schon gerne? Damit es erst gar nicht zu einem solchen ausgesprochenen oder stillen Vorwurf kommt, wird oft zwischen den in den Fokus geratenen Politikebenen die leise Übereinkunft getroffen, bestimmte Entwicklungen erst gar nicht öffentlich aufzugreifen oder zu thematisieren.

Eine weitere Möglichkeit ist der Shitstorm der Empörung. Von allen Seiten prasselt und kübelt es auf den zur Unperson Gestempelten ein. Das kann recht massiv werden. Nicht selten fragen sich die Betroffenen dann, was sie eigentlich so Schlimmes verbrochen haben, dass sie öffentlich hingerichtet werden.

Gern genommen wird auch die Verunglimpfung persönlicher oder politischer Natur. Die Person wird, wie erwähnt, mit »Nettigkeiten« als Rassist o. Ä. stigmatisiert und gleichzeitig noch mit der Diagnose der Ausländerfeindlichkeit, Islamophobie, Homophobie und des deutschtümelnden Pinschertums belegt. Existenzrelevantes Eindringen in die meist berufliche, mitunter aber auch private Sphäre wirken bei nicht so erfahrenen oder instabilen Menschen nachhaltig und abschreckend.

Nutzen alle vorgenannten Strategien nichts, so bleibt immer noch die Militanz. Der direkte Angriff. Der kann psychischer und physischer Art sein. Farbbeutel gegen das Wohnhaus, Abfackeln des Autos und – besonders beliebt – Störungen von Veranstaltungen. Der letzte bemerkenswerte Vorgang in Berlin war die Verhinderung einer Diskussion mit Thilo Sarrazin, die vom Magazin *Cicero* im Berliner Ensemble veranstaltet wurde. Thema war sein jüngstes Buch *Der neue Tugendterror*. Es ging hoch her. Die Veranstaltung musste abgebrochen werden. Hierbei ging es nicht um einen Diskurs oder eine intellektuelle Auseinandersetzung, sondern schlicht und ergreifend um Randale. Dies von Menschen, die für sich in Anspruch nehmen, zur geistig gut konditionierten Klasse in der Gesellschaft zu gehören. Ich will das gar nicht mit meinen Maßstäben beurteilen, sondern den Intendanten des Berliner Ensembles, Claus Peymann, zu Wort kommen lassen. Er, der als Alt-68er der Rechtslastigkeit unverdächtig ist, hat die Vorgänge in einem Zeitungsinterview im März 2014 so beurteilt: »Es war ein undemokratisches, nazihaftes Gepöbel, dem wir uns schließlich beugen mussten. Ich bin 76 Jahre alt. Ich kann einen Teil der Geschichte unseres schönen Deutschlands durchaus als mündiger Beobachter einschätzen. Und ich sehe eine zunehmende Brutalisierung und Militarisierung unserer Gesellschaft. Eine zunehmende Gewaltbereitschaft und ein immer geringeres Sozialverhalten. Diese unbelehrbaren ›Linken‹ benehmen sich wie die Brandstifter von Hoyerswerda. Sie sind nicht erreichbar. Sie brüllen nur, beschimpfen normale Zuschauer als Nazis und Rassisten. Sie haben sogar Leute geschlagen, draußen vor dem Theater.«

Nun, dieser Vorgang, der bis zur Gewalt gegenüber Menschen reichte, ist extrem. Ein Zeichen der Verrohung und der Intoleranz gegenüber der Freiheit des Geistes. Für mich besorgniserregend.

Eine sehr einseitige und ideologisierte Sichtweise wird auch in einschlägigen Organisationen und Veranstaltungen gepflegt. So berichtete die *taz* über einen Workshop des Migrationsrates Berlin-Brandenburg vom 3. September 2013 mit einem sehr hässlichen Artikel, der einen angeblichen institutionellen Rassismus der deutschen Justiz belegen sollte. Gegenstand der Berichterstattung war ein Vortrag der Professorin für Diversity Studies/Rassismus und Migration an der Alice-Salomon-Hochschule in Berlin, Frau Professor Dr. Iman Attia.

In einer Richtigstellung hat die Professorin mehreren Passagen des Artikels widersprochen. Folgende ließ sie allerdings ohne Gegenrede: »Angesichts begrenzter Ressourcen könne die weiße deutsche Mehrheitsgesellschaft ihren Reichtum nur behalten, wenn sie die Arbeitskraft von Migranten und Illegalen ausbeutet und diesen den Zugang zu Privilegien verwehrt. Der antimuslimische Rassismus diene dazu, diese Diskriminierung zu rechtfertigen und den Diskriminierten die Schuld in die Schuhe zu schieben. Nach dem Motto: Die Muslime sind kriminell, ungebildet und gewalttätig, sie haben also nicht die gleichen Rechte verdient wie weiße Deutsche.« Die Diktion dieser Aussage ist so aggressiv, wie sie inhaltlich falsch ist. So etwas bezeichnet man durchaus auch als Hetze.

Aber Frau Professor Attia ist nicht allein. So hat sich der bereits erwähnte Migrationsrat Berlin-Brandenburg nicht vor einer Definition des »Neuköllner Modells« (beschleunigte Verfahren bei Bagatellstraftaten von Jugendlichen) gescheut. Er sieht es so: »Neukölln entwirft ein neues Strafmodell, wonach Exekutive und Legislative schneller Jugendliche, die nicht der weißen Mehrheitsgesellschaft angehören, kriminalisieren, verhaften und verurteilen können.« So einen gerüttelten Blödsinn habe ich zu diesem Thema noch nie gehört oder gelesen. Eigentlich muss man zu dem Schluss kommen, dass da jemand nicht ganz bei sich war.

Wenn Ihr Blutdruck wieder Normalwerte aufweist, will ich Ihre Aufmerksamkeit auf eine fast unbemerkt eingeführte Praxis lenken: auf den sprachlichen Problem-Absentismus. Gemeint ist das Verkleistern von eigentlich klaren Sachverhalten bis zur Unkenntlichkeit. Die Umformatierung unserer Kommunikation in eine pseudoempathische Scheinwirklichkeit. Da unsere Gesellschaft durchaus nicht plüschohrig ist, wird die Sprache zur problemfreien Zone erklärt. Sie wird aller Dinge entkleidet, die man nicht hören will. Bei manchen Protagonisten habe ich sogar den Eindruck, dass sie auch nichts wissen wollen und dabei sehr erfolgreich sind. Die Erfindung und Verwendung von Begriffsplacebos sind auf einem Siegeszug.

Mir kommt es bei der folgenden Beschreibung nicht so sehr

auf den Ausgangspunkt an, sondern ich will nur Beispiele geben, welchen Wandel Sachverhalte im Sprachgebrauch durchlaufen. Dass Sinti und Roma zu »europäischen Wanderarbeitern« umgeflaggt sind, wissen Sie bereits. Der Normalbürger erkennt zwar nicht mehr, wer oder was damit gemeint ist, aber es ist diskriminierungsfrei formuliert. Eventuell bestehende Probleme lassen sich aus der Bezeichnung auch nicht ableiten.

Wer Hartz IV erhält, ist im Job-Center nicht mehr Hilfeempfänger oder Antragsteller, sondern »Kunde«. Suchtverhalten und Schulden führten früher in die Asozialität, heute nennt man das »Arbeitsmarktferne«. Waren vor nicht allzu langer Zeit »entsozialisierte Menschen ohne nennenswerte Kompetenzen« nicht vermittelbar, so wurde dieses Stigma in »multiple Vermittlungshemmnisse« überführt. Doch das war eigentlich auch noch zu böse. Deswegen umschreibt man diesen Kreis der »Kundschaft« des Job-Centers nunmehr mit einer »komplexen Profillage«.

Frühere Problemgebiete wechselten in den »sozialen Brennpunkt« und von dort in das »Gebiet mit erhöhtem Aufmerksamkeitsbedarf«. Schulen hießen dort früher »Brennpunkt-Schulen«, dann »Schulen im sozialen Brennpunkt« und folglich hieß ein Hilfefonds des Berliner Senats für genau jene Schulen »Sonderprogramm für Brennpunkt-Schulen«. Inzwischen ist es zum »Bonusprogramm« mutiert. Damit kann niemand etwas anfangen, aber darum geht es ja auch nicht.

Der Begriff »Unterschicht« wurde durch das Wort »Prekariat« ersetzt. Lebt dieses in einem »Gebiet mit erhöhtem Aufmerksamkeitsbedarf«, dann handelt es sich um das »abgehängte Prekariat«. Menschen, die von Antriebsarmut oder Arbeitsunlust geplagt werden, leiden an den Folgen der »sedierenden Wirkung der Transferlogik«. Da sind Schulschwänzer als »schuldistanzierte Jugendliche« eigentlich noch einfach zu orten. Schwieriger wird es schon bei »verhaltensoriginellen Schülern«.

Hierbei handelt es sich um junge Menschen mit sozialen, emotionalen Auffälligkeiten und Entwicklungsverzögerungen.

Ein Gutachter schrieb einmal zu einem Antrag auf Frühverrentung, dass die Untersuchungsperson sich innerlich schon so weit vom Arbeitsleben entfernt habe, dass eine Wiedereingliederung nicht mehr erfolgreich erscheint. Mich hat nie jemand gefragt, wie weit mein Ich innerlich von der Arbeit entfernt ist und ob es dort eingegliedert werden möchte. Ungerecht und schlecht ist diese Welt.

Doch zurück zum Thema. Die Verniedlichung der Zwangsheirat zur »arrangierten Ehe« erscheint im aufgezeigten Kontext eher harmlos. Aber ich will an dieser Stelle auch eine positive Sprachentwicklung nicht verschweigen. Nicht nur in Deutschland gibt es aktuell konkrete Bestrebungen, den Begriff »Rasse« aus Gesetzen und den Landesverfassungen zu entfernen. Es ist unstrittig, dass der Begriff »Rasse«, auf den Menschen angewandt, in den vergangenen Jahrhunderten oft die Begründung für Missbrauch, Diskriminierung und Verfolgung lieferte. Angebliche Wissenschaftler und Vererbungstheoretiker haben fürchterlichen Unfug über vermeintlich höherwertige und niedere menschliche »Rassen« verzapft. Hinzu kommt, dass gerade in Deutschland mit seiner Geschichte des Naziwahns der Begriff »Rasse« mit all seinen möglichen Verknüpfungen als No-go eingestuft ist. Der an und für sich unspektakuläre biologische Begriff ist von den Inhalten seines Missbrauchs nicht zu trennen und reflektiert sie ständig mit.

Es ist zweifelsohne richtig, dieses Wort in der Fachwelt nur noch minimalistisch zu gebrauchen, zumal es nicht nur politisch, sondern auch wissenschaftlich obsolet ist. Die Anthropologen und Ethnologen sprechen heute je nach Zusammenhang von Populationen, Spezies, Ethnien und Volkszugehörigkeit. In Bezug auf die Veränderung des Grundgesetzes oder der Länderverfassungen überzeugen mich die bisher unterbreiteten Ersatzvorschläge jedoch nicht. Die Verfassung ist kein wissenschaftlicher Text, und sie ist auch nicht nur für intellektuell hochgebildete Menschen geschrieben. Jede Frau und jeder Mann soll lesen, verstehen und begreifen können, was die Grundprinzipien unseres Staates sind. Deswegen muss eine Verfassung so aufgeschrieben werden, dass jedem eine Sinnentnahme aus ihrem Text möglich ist. Das erinnert irgendwie an Martin Luther, dessen Prämisse es war, dass jedermann die Bibel lesen und Gottes Wort verstehen können soll. Das Beste scheint mir zu sein, den Begriff »Rasse« aus der Aufzählung der Benachteiligungs- und Bevorzugungsverbote einfach zu streichen.

Wenn ich diesen ganzen Abschnitt zusammenfasse, dann lande ich wieder bei der Political Correctness. Schon allein deshalb, weil sie zu Recht für sich reklamiert, der ideologische Überbau all dieser sprachlichen und geistigen Desinfektionen zu sein. Mein nüchternes Resümee lautet: Die Political Correctness ist die operative Ebene von Ignoranz als Form der Arroganz des linken Bildungsbürgertums. Sie ist ein wunderbares Alibi für Tatenlosigkeit und Schwätzertum. Die, die Empathie mit den sozial Schwachen heucheln, geben eigentlich nur ihren Egoismus preis. Sie sind ja nicht betroffen. Also schafft man sich seine Scheinwirklichkeit.

Ich möchte Sie zum Abschluss an dieser Stelle noch mit einem erfundenen und nicht ganz ernst gemeinten sprachlichen Kunstgebilde erfreuen. Man könnte Stadtteile in Duisburg, Essen, Dortmund, Bremerhaven, Hamburg und Berlin durchaus auch so beschreiben:

»Der Sozialraum dieses Gebietes mit erhöhtem Aufmerksamkeitsbedarf ist dominiert von einem bildungsfernen abgehängten Prekariat in der Varietät arbeitsmarktferner europäischer Wanderarbeiter mit komplexer Profillage in Transferleistungsalimentation.«

Wir haben in diesen Zeilen folgende sprachlichen Untiefen umschifft: sozialer Brennpunkt, Problemgebiet, Unterschicht, Analphabeten, ungebildete Menschen, Roma, Rumänen, Bulgaren, Hartz-IV-Bezug, Sozialleistung, nicht sprachfähig, unqualifiziert und unvermittelbar. Na, das ist doch schon mal was. Ich glaube, mit dem politisch korrekten Retortentext ecken Sie nirgendwo an und in der Masterarbeit wird wohl die Randnotiz »sehr gut« auf Sie warten.

Das war ein kleiner Ausflug weg vom eigentlichen Thema. Ich gebe aber zu, dass mir dieser Sarkasmus Spaß gemacht hat. So richtig hatte das mit der anderen Gesellschaft nichts zu tun. Das war mehr eine zugegebenermaßen polemische Reaktion auf die immer mehr zutage tretende Dekadenz unserer ach so liberalen, pluralistischen und innovativen Gesellschaft.

Ich gestehe, dass mich diese Demokratiewächter, Kulturrechthaber, Freiheitsbeschwörer und Alleswisser mit ihrem Volkshochschulgehabe nerven. Sie gehen mir einfach auf den Zünder. Außerdem hat es schon etwas von Gehirnwäsche à la KPD in früheren Zeiten. Das Zentralkomitee der Arbeiterklasse ist die Avantgarde des Proletariats. Die Avantgarde weiß, was für die Arbeiterklasse und ihren Kampf gegen den Kapitalismus und die Ausbeutung des Menschen durch den Menschen gut und richtig ist. Wer das nicht versteht und daran Kritik übt, der hat die höheren Werte der Arbeiterklasse noch nicht verstanden und muss umerzogen werden. Wer sich der Umerziehung widersetzt, entlarvt sich als Konterrevolutionär und somit als Feind der Arbeiterklasse. Wie man mit Feinden der Arbeiterklasse in der Historie umzugehen pflegte, war nicht besonders nett, es wirkte sich schlecht auf die Erwartungshaltung der Betroffenen aus.

Zugegeben, diese Ausführungen waren nicht sehr sachlich und simplifiziert. Ich hoffe, sie haben Sie trotzdem unterhalten.

Kommen wir zurück zum Kulturrelativismus. Ich will Ihnen einige Anekdoten berichten. Jede ist für sich allein eine Petitesse. Die Geschicke und die Zukunft der Bundesrepublik Deutschland werden davon nicht beeinflusst. Warum ich sie Ihnen dann trotzdem erzähle? Einfach nur, um ein wenig Problembewusstsein bei Ihnen zu wecken und diejenigen, die fernab meiner Welt leben, mit auf meinen gedanklichen Dampfer zu nehmen, dass man vielleicht an der einen oder anderen Stelle durchaus die Brille putzen und das Hörgerät eine Stufe sensibler stellen sollte.

Ich erinnere noch einmal an unsere Grundprämisse: Es geht nicht darum, ob etwas erlaubt oder verboten ist oder ob man etwas erlauben oder verbieten sollte. Es geht nicht um Repression oder, ob etwas »passt«. Vielmehr will ich hinterfragen, ob Dinge der nachstehenden Art mit unseren akzeptierten kulturellen Gepflogenheiten, mit unserem Menschenbild und dem friedlichen Miteinander zivilisierter Menschen der Moderne vereinbar sind.

Kurzer Sidestep – ich rede von der westlichen Welt. Ich bin ein Kind der westlichen Kultur: In ihr aufgewachsen und sozialisiert, bin ich zu einem ausge- und erfüllten Leben mit für mich ausreichendem Wohlstand gelangt. Ich betrachte das als meine Erbmasse, die ich an die nächsten Generationen weiterzugeben habe. Dabei habe ich alle jungen Menschen in meinem kleinen Neukölln als Begünstigte der Erbfolge im Blick. Sie sind mir als Hüter des Gemeinwesens schließlich anvertraut. Deswegen kann ich Menschen, die einem selbstbestimmten Leben dieser jungen Menschen im Wege stehen, es sogar aktiv hintertreiben, nun einmal nicht leiden. Ganz unabhängig davon, in welchen sozialen Stand sie sich erhoben haben oder erhoben wurden. Niemand hat in unserem Land das Recht, die Würde des Einzelnen mit Füßen zu treten. Es beginnt mit der Gewalt in der Familie, geht über körperliche Misshandlungen und Verstümmelungen bis hin zur familiären Entmündigung, eigene Richtungsentscheidungen für das Leben zu treffen. Es gibt keine von der Schöpfung gegebene Macht eines Menschen über den anderen. Wer der Tyrannei von anderen ausgesetzt ist, hat Anspruch auf den Schutz der Gemeinschaft. Wer sich dieser Aufgabe aus ideologischen, politischen oder sonstigen Gründen verweigert, der vergeht sich an den Kindern dieses Landes. Er tritt auch den Interessen und Erwartungen der Gesellschaft und damit auch den Ihren und meinen ins Gesicht.

Leid und Not, schreckliche Irrtümer sowie Hunger und Elend haben die Menschen dieses Landes nicht dafür überstanden, damit wir heute tatenlos zusehen, wie die Relikte orthodoxen Glaubens, des Aberglaubens, der willkürlichen Autoritäten und der machtkonservierenden Traditionen von Einzelnen reanimiert werden. Dreihundert Jahre Kampf der Reformation und der Aufklärung mit dem Sieg der Vernunft, der Bildung und der Wissenschaft stehen für mich nicht zur Disposition. Egal, ob man mich mit Trillerpfeifen oder Farbbeuteln zum Schweigen bringen will. Solange elfjährige Kinder im naturwissenschaftlichen Unterricht erklären, dass die Lehrkraft Unsinn erzählt, weil das Wetter von Allah gemacht wird, so lange wird der Nährboden hierfür in mir einen erbitterten Gegner finden.

Mir geht es weder um gute oder schlechte Religionen noch um die Frage, welchen Beitrag Religion im Leben überhaupt leistet oder umgekehrt. Jeder kann und muss für sich selbst entscheiden, wie er zum inneren Frieden mit sich selbst oder auch mit seinem Schöpfer findet. Bei uns herrscht Religionsfreiheit. Das ist jedoch kein Freifahrtschein für die schrankenlose Überstrapazierung der Ausübung einer Religion zu Lasten der Allgemeinheit. Jeder Glaube hat Anspruch auf seine Rituale und sakralen Bauten wie auch auf eigene Einrichtungen der Erziehung und Bildung. Dem Staat als verfasste Ordnung der

Allgemeinheit obliegt Werteneutralität, auch wenn es unsere Verfassungsmütter und -väter nicht vermocht haben, den Laizismus im Grundgesetz zu verankern.

Da war Mustafa Kemal, seit 1934 Atatürk, konsequenter. Zu den Grundprinzipien des Kemalismus gehört seit der Staatsgründung der Türkei 1923 der Laizismus, also die Trennung von Staat und Religion. Jedenfalls ist das bis heute noch so. Vielleicht könnten wir uns oder zumindest unsere Gerichte ein kleines Scheibchen davon abschneiden.

Der offenkundige Einfluss von religiösen Riten auch auf die Rechtsprechung im Land halte ich für unerträglich. Die Begründung »Er kennt es ja nicht anders« ist meines Erachtens völlig daneben, eben kulturrelativistisch. Wie wir alle in den letzten Monaten immer wieder zur Kenntnis nehmen mussten, ist es in bestimmten Regionen Indiens anscheinend völlig »normal«, dass man rangniedere Frauen missbraucht, wenn einem danach ist. Soll das übertragen auf uns bedeuten, dass ein im Land weilender Inder das hier auch machen kann, weil er es so gewohnt ist?

Wenn es zum Prinzip erhoben wird, dass das alles richtig ist, was ein Mensch aus der Welt seines Urgroßvaters mitgebracht hat und dies für uns zur kulturellen Toleranz und Identität gehört, dann ist allerdings Widerstand angesagt. Ich hatte es schon für gewöhnungsbedürftig gehalten, dass die Krankenversicherung eines Bürgers mit Migrationshintergrund bis zum Jahr 2005 auch für den Gesundheits- bzw. Krankheitsaufwand von Zweit-, Dritt- und Viertfrauen nicht nur in Deutschland, sondern auch im Herkunftsland eintrat. Dieser Anspruch wurde abgeschafft. Nach wie vor gelten jedoch die Ansprüche aus der Rentenversicherung auch für im Ausland rechtlich ordnungsgemäß entstandene Bindungen. Verständlicher formuliert: Auch Frauen aus einer Vielehe steht Witwenrente zu. Die Ausgaben der Rentenversicherung erhöhen sich aber nicht.

Der Rentenanspruch wird unter den Frauen aufgeteilt. Da es nach unserem Rechtsverständnis nur eine Ehefrau geben kann, ist das in etwa so, als ob nach einer deutschen Ehe auch die Geliebte (sofern es etwas so Unanständiges gab) Witwenrente geltend machen kann. Vielleicht wird ja ein solches Rechtskonstrukt zur wirtschaftlichen Absicherung von Fastehefrauen noch entwickelt.

Dass aber juristische Sachverhalte vom Bewusstseinsstand der Akteure abhängen, das ist für mich inakzeptabel. Mit seinem Grundsatzurteil hat sich der Bundesgerichtshof zur Frage, inwieweit der kulturelle Hintergrund eines Täters für das Strafmaß eine Rolle spielen darf, wie folgt festgelegt: »Bei der Gesamtwürdigung, ob ein Tötungsmotiv objektiv als niedrig einzuschätzen ist, kommt es nicht auf den kulturellen Hintergrund des Täters an. Zwar umfasst die Gesamtwürdigung, ob ein Beweggrund objektiv niedrig ist, neben den Umständen der Tat auch die Lebensverhältnisse des Täters und seine Persönlichkeit. Der Maßstab für die objektive Bewertung eines Beweggrunds als niedrig ist jedoch den Vorstellungen der Rechtsgemeinschaft der Bundesrepublik Deutschland zu entnehmen, in der der Täter lebt und vor deren Gericht er sich zu verantworten hat, und nicht den Anschauungen einer Volksgruppe, die sich den sittlichen und rechtlichen Werten dieser Rechtsgemeinschaft nicht in vollem Umfang verbunden fühlt.«

Das sind eigentlich klare Worte des Bundesgerichtshofs. Trotzdem scheint es nach Meinung vieler Beobachter der Materie doch immer wieder zu kulturellen »Rabatten« in der Rechtsprechung zu kommen. Selbstverständlich werden öffentlich geäußerte Vorbehalte zu Urteilen stets empört von den Gerichten zurückgewiesen. Was sollen sie denn auch sonst tun. Ich möchte mich an dieser Stelle nicht in die Bewertung von einzelnen Verfahren oder Urteilen begeben. Ohne detaillierte Kenntnisse des Einzelfalls würde ein solches Unterfangen nur schiefgehen können. Aber die Skepsis von Kritikern unserer Justiz scheint mir nicht ganz aus der Luft gegriffen zu sein.

Da wird ein Scheidungsbegehren wegen Gewalt in der Ehe tatsächlich mit der Begründung abgelehnt, dass eine Sure des Korans dem Mann das Recht der körperlichen Züchtigung einräumt (Frankfurt). Bei einem Tötungsdelikt spielte eine Rolle, dass der Täter sich »aufgrund seiner kulturellen und religiösen Herkunft in einer Zwangslage befunden« hat (Wiesbaden). In einem anderen Verfahren um den Tod eines Menschen spricht das Gericht von den »traditionellen Vorstellungen im arabischen Kulturkreis« und dem »streng anstößigen« Verhalten des Opfers (Köln).

Der eigene Vater missbraucht seine Tochter und schwängert sie. Es kommt nur zu einer Bewährungsstrafe, weil bei seinem Einsitzen die Verwandtschaft herausbekommen könnte, was passiert ist. Der Täter hatte darauf hingewiesen, dass in seinem Kulturkreis Frauen, die ein Kind vor der Ehe erwarten, als beschmutzt und nicht mehr tragbar für die Familie wären. Das gilt wohl auch, wenn der Papa selbst nicht an sich halten konnte (Bochum).

Zu einer Verurteilung nur wegen Totschlags und nicht wegen Mordes kam es unter anderem auch deshalb, weil der Täter wegen des Ramadan-Festes unterzuckert und dehydriert war. Das habe ihm schwer zu schaffen gemacht und sein Bewusstsein eingetrübt (Rottweil). Bei einem Ehrenmord stellte das Gericht fest, dass die Täter aus archaischen Wertvorstellungen heraus handelten (Detmold).

In einem weiteren Ehrenmord-Prozess erläuterte der Sachverständige, dass es sich um eine in ihrem Denkmuster patriarchalisch geprägte Familie handele, die insbesondere auch von Frauen bestimmte Verhaltensweisen erwartet bzw. bestimmte andere Verhaltensweisen verbietet. Frauen und Mädchen hätten nicht allein auszugehen und sie hätten nicht in einer eigenen Wohnung zu leben … Gegen alle diese Vorstellungen habe das Opfer verstoßen. Sie habe ein Leben führen wollen, wie es in der deutschen Umgebung üblich war. Dieser Lebensstil verletzte das Ehrempfinden der Familie (Hagen).

Ich kann zeitversetzt und von Ferne überhaupt nicht beurteilen, mit welchem Gewicht die wiedergegebenen Aspekte in die Entscheidungsfindung der Gerichte eingeflossen sind. Wenn sie aber gar keine Rolle gespielt haben sollten, warum macht man sich dann die Mühe, sie so ausführlich zu kommunizieren. Im Schrifttum wird immer wieder auf die Vielzahl von Verfahren ähnlicher Art hingewiesen. Das veranlasste z. B. die nicht als Migrantengegnerin verdächtige frühere Berliner Ausländerbeauftragte, Frau Professor Barbara John, zu dem Kommentar: »Ich bin schon in den 80er Jahren dagegen (gemeint sind Gerichtsurteile, der Verf.) Sturm gelaufen, dass kulturelle Rabatte gegeben werden. Aber es gibt nun einmal, auch unter Richtern, Dummköpfe.«

Serap Çileli, Autorin und Menschenrechtlerin, hat sich zu dieser Thematik wie folgt geäußert: »N. N. und M. M. stehen für unzählige Mädchen und Frauen, die unter Gewalt im Namen der Ehre jahrelang leiden. Doch das Lebensrecht der Frauen ist und bleibt unantastbar, deshalb fordere ich nachdrücklich: lebenslänglich bei Ehrenmord! Keine kulturelle Toleranz bei Gewalt und Willkür … Und ich plädiere auch für eine realistische Integrationspolitik in Deutschland. Als Folge der Integrationspolitik, die ausschließlich der Bund zu verantworten hat, gehören Ehrenmorde heute zu unserem Alltag. Die betriebene Integrationspolitik, die nur aus Schönreden besteht, stellt sich nämlich gegen die Integration der Einwanderer in dieser Gesellschaft. Denn Familie Ö., die als wünschenswertes Musterbeispiel für Integration dargestellt wird, hat uns erneut die Integrationslüge vor Augen geführt – Multikulti ist gescheitert!«

Die mit mehr oder weniger heftigen Emotionen betrachtete *Emma*-Herausgeberin Alice Schwarzer kommentierte das Frankfurter Urteil: »Es hat in den vergangenen Jahrzehnten zahlreiche Urteile – sogar bei Mord – gegeben, die Täter im Namen ›anderer Sitten‹ bzw. eines anderen ›Kulturkreises‹ milder verurteilt oder gar freigesprochen haben. (…) das geltende Rechtssystem wird seit langem systematisch von islamistischen Kräften unterwandert. (…) eine Richterin, die sich auf den Koran beruft, spricht Recht im Namen der Scharia und nicht im Namen des Grundgesetzes. Sie hat an einem deutschen Gericht nichts zu suchen.«

Wenn Sie sich zu diesem Thema vertiefender informieren wollen, empfehle ich Ihnen die Website von peri e. V., einem Verein, der sich für Menschenrechte und Integration einsetzt. Vorfälle oder Straftaten, die medial eine spektakuläre Wirkung entfalten, sind natürlich immer nur Einzelfälle. Sie zeichnen nicht unbedingt ein Bild vom Leben der Mehrheit der jeweiligen Ethnie. Aber sie geben uns auch für einen kurzen Moment einen Einblick in eine andere Welt. Während des gesamten Prozesses einer Familientragödie saß ein Mann im Zuschauerraum, der nach Presseberichten ein jesidischer Hochgelehrter war. Als er zu der Tat befragt wurde, antwortete er: »Man kannte unsere Regeln, als man uns Asyl gab. Jetzt sagen immer mehr, wir dürfen so nicht leben. Wir werden unsere Religion aber nicht aufgeben.« Dies zeigt, dass unter uns Menschen leben, die überhaupt nicht daran denken, die hiesigen Wertvorstellungen zu respektieren. Da hilft auch kein Sozialarbeiter. Die Urteile, mit denen Männer wegen häuslicher Gewalt freigesprochen werden, weil es in ihrer Heimat das gute Recht des Mannes ist, die Frau zu vertrimmen, die gehören ins Repetitorium erstes Semester Jura.

Es ist auch egal, welche Koranschule oder Fatwa die Deutungshoheit gewinnt. Einerlei, ob es nun erlaubt ist oder nicht, bis zu vier Frauen zu ehelichen. Bei uns herrscht die Einehe und basta. Übrigens gilt die auch in der Türkei. Wer hier von kultureller Identität und heterogener Weiterentwicklung unserer Familiennormen spricht, also damit kundtut, dass er nach allen Seiten offen ist, der kann nicht ganz dicht sein.

Ich möchte nicht, dass in unseren staatlichen Schulen Gebetsräume eingerichtet werden. Wer eine religiöse Schule für seine Kinder bevorzugt, der kann das tun. Dass der Leiter des Sportamtes sich einer Dienstaufsichtsbeschwerde »erfreut«, weil er die Turnhalle für eine technische Prüfung betritt, während dort Mädchen ohne Kopftuch turnen, ist absurd. Gleichfalls ist es fahrlässig, wenn sich Lehrerinnen beim Sportunterricht mit muslimischen Mädchen einschließen.

Dreißig Prozent der Insassen der Jugendarrestanstalt Berlin erhalten keine Salami und keinen gekochten Schinken mehr, weil siebzig Prozent der Insassen Muslime sind, die kein Schweinefleisch essen.

Weihnachtsmärkte dürfen so nicht mehr heißen, meint man in Berlin-Kreuzberg. Winterfest heißt das neue politisch korrekte Zauberwort. Und weil es muslimischen Kindern natürlich nicht zuzumuten ist, am Sankt-Martins-Laternenumzug teilzunehmen, taufen wir auch diese traditionelle Veranstaltung um und nennen sie fortan Mond-und-Sterne-Fest. Was soll das alles? Ich bin ganz sicher, dass den Kindern die Laterne wichtiger ist als der Name. Selbst der Vorsitzende des Zentralrats der Muslime hat solche kleinkarierten Aktionen als Blödsinn bezeichnet.

In der Volkshochschule eines Berliner Bezirks werden in einer Ausstellung die Zeichnungen von nackten weiblichen Körpern abgenommen – aus Rücksicht auf die Gefühle muslimischer Frauen, die in der Volkshochschule Deutschkurse besuchen, heißt es. Nur am Rande sei erwähnt, dass sich überhaupt niemand über die Bilder beschwert hatte.

Dass die Firma Haribo aus ihrem Sortiment den »Skipper-Mix« herausnehmen musste, ist schon wieder fast ulkig. Die Süßigkeiten bestanden aus Masken und Gesichtern afrikanischer, asiatischer und indianischer Kulturen. Hiermit sollte die Erlebniswelt von Seefahrern stilisiert dargestellt werden. Letztendlich musste sich der Süßwarenhersteller der Rassismuskeule beugen, die gegen ihn geschwungen wurde. Irgendwie schüttelt's mich, auch wenn diese Aktion in Schweden und Dänemark stattfand. Sagen Sie jetzt nicht, bei uns wäre so etwas nicht möglich. Würden Sie darauf wetten?

Mir erzählte eine junge Mutter, die mit ihrer Familie in einem Berliner Restaurant zum Brunch war, folgende Geschichte. Sie stand mit ihrem dreijährigen Sohn auf dem Arm am Büfett und fragte ihn, ob er noch etwas naschen wolle. Sie zählte ihm verschiedene Dinge von dem vorhandenen Süßkram auf, unter anderem fragte sie, ob der Kleine einen Negerkuss haben möchte. Eine drei Schritte neben ihr stehende Frau pöbelte sie an, wie sie denn ihr Kind so rassistisch erziehen könne. Es sei ja unglaublich, dass sie sich mit einer solchen Person in einem Restaurant aufhalten müsse. Verschreckt nahm die Mutter mit dem Kind wieder Platz. Es dauerte ungefähr zwei bis drei Minuten, bis der Geschäftsführer erschien und sie abmahnte. Wenn sie die übrigen Gäste weiter rassistisch belästigen sollte, dann müsste er sie bitten, das Lokal zu verlassen. Die Frau nahm den Rat an und ging.

Ein von jungen Frauen der neuen Neuköllner Kreativszene geführtes Theater entwarf zu seinem 5-jährigen Jubiläum ein neues Plakat. Die fünf Jahre waren recht erfolgreich verlaufen. Das überwiegend aus unkonventionellen jungen Leuten bestehende Publikum ist international. Das Plakat zeigte eine junge Frau vor dem Hintergrund eines asiatisch anmutenden Gartens, die sich die Augenwinkel zur Seite zog, so dass die häufig bei Asiaten anzutreffenden niedrigen Augenlider entstanden. Die Unterschrift auf dem Plakat lautete: »I love NK – Neukölln wird in die Welt getragen«. Können Sie sich vorstellen, was passiert ist? Die jungen Frauen wurden so lange Opfer rassistischer Beschimpfungen und eines Shitstorms, bis sie sich öffentlich für das Plakat in ihrem Schaukasten entschuldigten.

Das ist nur unsere kleine Welt hier in Neukölln. Die Niederländer mussten sich sogar von einer UN-Expertengruppe wegen ihres »Zwarte Piet« abwatschen lassen. Dieser traditionelle Wegbegleiter von Nikolaus ist, wie der Name schon sagt, tiefschwarz. Ahnen Sie schon, was jetzt kommt? Die Kunstfigur des »Zwarte Piet« diskriminiere dunkelhäutige Menschen und erinnere an die dunkle Epoche der Sklaverei, so die vermeintlichen Experten der UN. Das Sinterklaasfest sei daher rassistisch und gehöre abgeschafft. Nach Medienberichten ging ein Sturm der Empörung durch die Niederlande. Die Menschen protestierten dagegen, dass es ihrem geliebten Fest an den Kragen gehen sollte. Eine auf Facebook organisierte »Pietition« zum Erhalt von »Zwarte Piet« hatte innerhalb kürzester Zeit zwei Millionen (!) Likes. Erst einmal hatte der »Zwarte Piet« überlebt. Bis zum Sommer 2014. Das Verwaltungsgericht Amsterdam verurteilte ihn als diskriminierende rassistische Karikatur. Der Vorsitzende des Rassismusausschusses der UN sprach von einer Rückkehr der Niederlande zur Sklaverei. Mal sehen, wie es weitergeht.

Ich stelle es Ihrer Bewertung anheim, ob es wirklich eine rassistische Beleidigung ist, wenn Lehrer in markanten Situationen zu migrantischen Schülern den Satz sagen: »Benimm dich wie in Mitteleuropa!« Jedenfalls schaffte es eine solche Episode auf der Tagung von Vertretern der Bildungsgewerkschaft GEW als ein Beispiel für Diskriminierung vorgestellt zu werden. Ich für meine Person kann nur feststellen, dass ich so manchen Otto, Klaus und Wilhelm im Jugendalter kenne, dem der Rat, sich wie in Mitteleuropa üblich zu benehmen, auch nicht schaden könnte. Zumal nicht beschrieben wurde, auf welchen Auslöser sich die Replik bezog.

In einer Berliner Grundschule hat das Lehrerkollegium den Kopftüchern bei Schülerinnen der Grundstufe den Kampf angesagt. Das hat auch jahrelang erfolgreich funktioniert. Bis sich eine Mutter ob dieses Frevels beim Antidiskriminierungsbüro beschwerte. Die zuständige Senatorin ließ der Schule über einige verschlungene Wege ausrichten, dass sie diese Praxis zu unterlassen habe.

In Neukölln findet ein Kindersportfest mit einem Fußballturnier statt. Bevor das nette Fest jedoch beginnen kann, werden auf dem Spielfeld Gebetsteppiche ausgelegt, und man startet den Nachmittag mit einem gemeinsamen Gebet im Tor. Auf dem Plakat zur Einladung zu dem Kindersportfest sind auch die berühmten Treppchen für den ersten bis dritten Platz aufgezeichnet. Auf dem ersten Treppchen steht ein Junge, auf dem zweiten steht ein Junge, und auf dem dritten steht ein Mädchen mit Kopftuch in knöchellanger Kleidung. Der Veranstalter des Sportfestes ist ein Förderverein für den islamischen Religionsunterricht. In seinem Logo führt er das Brandenburger Tor, nicht von der Quadriga gekrönt, sondern von einem Halbmond. Ich war nicht dabei, aber mir ist berichtet worden, dass begleitende Mütter am Spielfeldrand aufgefordert wurden, sich nicht mit fremden Männern zu unterhalten. Ob es stimmt, weiß ich nicht, aber aufgrund der Begleiterscheinungen halte ich es nicht für ausgeschlossen.

Eigentlich fängt diese Indoktrinierung von Mädchen und Frauen schon viel früher an. Von den Erziehungszielen muslimischer Eltern hatte ich schon berichtet. Jetzt ist mir ein Flyer des »Vereins Berliner Muslime« in die Hände gefallen, der regelmäßig vor Schulen in Neukölln verteilt wird. Der Verein sagt auf seiner Internetseite von sich selbst, dass sein Weg der der tugendhaften Altvorderen sei. Ich muss sagen, dass mir schon der Atem stockt bei so viel Rückwärtsgewandtheit. Mit der Nachricht an »Meine liebe Schwester im Islam« soll Mädchen die angeblich einzig richtige Form des Hidschabs, nämlich die Körperverschleierung, schmackhaft gemacht werden. Mich hat dieses Papier ziemlich entsetzt. Es ist geradezu unglaublich, welch ein Druck auf die Mädchen ausgeübt wird. Damit auch Sie einen Eindruck gewinnen können, dokumentiere ich es auf den nächsten Seiten.

Meine liebe Schwester im Islam,

ich will für dich nur das Beste! Bitte nimm dir diesen Ratschlag zu Herzen und strebe nach dem Wohlgefallen Allahs!

DAS ist ein Hidschab!

Allah, Der Erhabene, sagt im Qur'an:

„Und sag zu den gläubigen Frauen, sie sollen ihre Blicke senken und ihre Scham hüten, ihren Schmuck nicht offen zeigen, außer dem, was (sonst) sichtbar ist. Und sie sollen ihre Kopftücher auf den Brustschlitz ihres Gewandes schlagen und ihren Schmuck nicht offen zeigen, außer ihren Ehegatten,...

...Und sie sollen ihre Füße nicht aneinanderschlagen, damit (nicht) bekannt wird, was sie von ihrem Schmuck verborgen tragen. Wendet euch alle reumütig Allah zu, ihr Gläubigen, auf dass es euch wohl ergehen möge!"
(Qur'an 24:31)

Wusstest du schon, dass ...

- ein Hidschab alle Körperteile bedeckt?!
- ein Hidschab selbst kein Schmuck ist?!
- ein Hidschab nicht durchsichtig ist?!
- ein Hidschab nicht eng am Körper anliegt?!
- ein Hidschab nicht parfümiert sein darf?!
- ein Hidschab nicht der Männerkleidung ähnelt?!
- ein Hidschab nicht der Kleidung der Nicht-musliminnen ähnelt?!
- ein Hidschab ein Kleidungsstück der Schamhaftigkeit, Bescheidenheit und Unauffälligkeit ist?!

Geehrte Schwester, das ist KEIN Hidschab! Du fragst dich warum? Schau mal ...

- es ist eng und entblößt deine Körperkonturen!
- es ähnelt der Männerkleidung, wie z.B. die Hose!
- es ähnelt der Kleidung der Nichtmusliminnen!
- es bedeckt nicht alle Körperteile, man sieht mehr als nur das Gesicht und die Hände!
- es duftet verführerisch für fremde Männer!
- es ist eine Verzierung, durch die du dich präsentierst!
- es ist durchsichtig!
- es ist ein auffälliges Kleidungsstück der Eitelkeit!

Liebe Schwester,

ist es nicht an der Zeit, deinen Hidschab zu vervollständigen? Tue das Richtige und tue das Gute, denn der Herr der Welten, Allah, liebt die Gutes Tuenden!

222

Ausreden von Schwestern, welche den Hidschab (noch) nicht tragen wollen!

1. Ausrede: Ich bin noch nicht von der Notwendigkeit des Hidschabs überzeugt!

2. Ausrede: Ich bin von der islamischen Kleidung überzeugt, aber meine Mutter hindert mich daran sie zu tragen. Und wenn ich ihr nicht gehorche, dann komme ich in das Höllenfeuer!

3. Ausrede: Meine Situation erlaubt es mir nicht, (korrekte) islamische Kleidung zu tragen.

4. Ausrede: Ich habe Angst davor den Hidschab wieder abzulegen, wenn ich ihn jetzt trage, weil ich so viele andere kenne, die es so gemacht haben!

5. Ausrede: Wenn ich den Hidschab trage, wird mich niemand heiraten, also warte ich solange, bis ich verheiratet bin.

6. Ausrede: Die Zeit dafür ist noch nicht gekommen. Ich bin noch zu jung, um den Hidschab zu tragen. Ich werde es tun, wenn ich älter bin und nachdem ich die Hadsch (Pilgerfahrt) vollzogen habe!

„Weder für einen gläubigen Mann noch für eine gläubige Frau gibt es, wenn Allah und Sein Gesandter eine Angelegenheit entschieden haben, die Möglichkeit, in ihrer Angelegenheit zu wählen. Und wer sich Allah und Seinem Gesandten widersetzt, der befindet sich ja in deutlichem Irrtum."
(Qur'an 33:36)

Diese Flugblattaktion ist kein Zufall. Salafisten haben offensichtlich länderübergreifend die Schulen als ein Agitationsfeld entdeckt.

Im Sommer 2014 erreichten uns Berichte aus England über eine sprichwörtliche »Übernahme« staatlicher Schulen in Birmingham durch radikale muslimische Interessengruppen. Von der Schulaufsichtsbehörde wurden angemeldet 21 Schulen überprüft. Nur 3 blieben ohne Beanstandungen. 13 Einrichtungen erhielten Auflagen und bei 5 besonders auffälligen Schulen wurden Leitungen und Lehrer abgelöst. Alle inkriminierten Schulen wurden unter Aufsicht gestellt. In den betroffenen Einrichtungen habe eine Atmosphäre der Einschüchterung und Angst geherrscht; in den Klassen saßen Jungen vorne, Mädchen hinten, Freundschaften zwischen den Geschlechtern sind unerwünscht, an den Wänden hingen Plakate mit Koranaussagen und das Freitagsgebet fand unter Ausschluss der Nichtmuslime in der Aula statt. Das Fach Sexualkunde war suspendiert, und sechsjährigen Kindern wurde angeblich beigebracht, dass nichtmuslimische Frauen als weiße Prostituierte in das Höllenfeuer kommen. Muslimischen Schülern sollen aus Steuermitteln Reisen nach Mekka finanziert worden sein. Die Inspektoren sprachen von organisierten Kampagnen, um Elterngremien zu besetzen und einen unangemessenen Einfluss auf den Schulbetrieb auszuüben. Es war vom Ruf des Muezzin auf dem Schulhof die Rede und davon, dass der Mathematiklehrer sich weigerte, einer Inspektorin als Frau die Hand zu geben.

Na ja, das ist England. Bei den Briten ist so manches anders. Zu diesem Schluss könnte man kommen, wenn nicht gleichzeitig auch in unseren Medien ähnliche Berichte erscheinen würden. Sei es in Hamburg, Berlin, Bonn oder Konstanz. Konfrontative Religionsausübung wird es genannt, wenn salafistische »Gebetsflashmobs« veranstaltet und Schüler, die nicht mitmachen wollen, gemobbt werden. Der Druck auf Mädchen, ihr Haar zu verhüllen, soll zunehmen. Die Konfliktfelder in der Schule sind die, die Sie kennen. Sexualkunde, Speisetabus, Kleidung, Gebetsräume, Klassenreisen, Sport- und Schwimmunterricht. Die Schulleiter und Lehrer schweigen. Sie haben Angst um den Ruf der Schule, vor Gewalt der Jugendlichen und vor dem Stempel »Rassist« oder »islamophob«. Die Neuköllner Gleichstellungsbeauftragte sah sich veranlasst, ein Rundschreiben vor den Sommerferien an alle Schulen zu schicken mit einem Leitfaden, wie bei dem Verdacht auf Zwangsverheiratungen während der Sommerferien vorgegangen werden soll. Mehr als die Hälfte finden im Ausland größtenteils während der Ferien statt. Wenn ich mir all diese Informationen vergegenwärtige, bin ich nicht mehr davon überzeugt, dass alles nur ein großes Missverständnis und Zufall ist.

Im Alltag sieht das dann so aus: Die sechste Klasse eines Gymnasiums fährt ins Schullandheim. Drei von zwanzig Kindern sind muslimische Mädchen. Zwei davon tragen ein Kopftuch. Auf der Klassenreise werden die drei Mädchen von einer Mutter muslimisch betreut. Es bestand die Sorge, dass es zu unkontrollierten Kontakten zwischen Jungen und Mädchen der sechsten Klasse kommen könnte. Die Alternative wäre gewesen, dass die drei Mädchen nicht hätten mitfahren dürfen. Was hätten Sie der Lehrerin geraten?

In Berlin (nicht in Neukölln!) geht ein türkischstämmiger Bürger zum Friseur. Während er auf dem Stuhl sitzt und bedient wird, überreicht ihm der Inhaber des Friseursalons einen salafistischen Koran (Muslime erkennen das an einer bestimmten Aufmachung des Buches). Er lehnte dankend mit der Begründung ab, dass er Alevit sei. Daraufhin bekam er zu hören, dass er sich von Allah abwenden würde, wenn er das Buch nicht nehme und in ihm lese. Dann allerdings würde er den Laden nicht mehr lebend verlassen. Er nahm den Koran und verließ das Geschäft. Diese Geschichte hört sich wie aus dem schlechten Drehbuch eines islamophoben Films an. Der, dem sie widerfahren ist, ist mir persönlich bekannt und genießt einen untadeligen Ruf. Natürlich glaube ich nicht, dass der Friseur den Kunden gekillt hätte. Aber die Drohkulisse, die selbst bei profansten Verrichtungen des Alltags aufgebaut wird, ist schon ein dickes Ding.

Bei Überhitzung brennt schon einmal eine Sicherung durch. Besonders in Berliner Sommerbädern. Eine spezielle Besuchergruppe sind männliche (vermutlich muslimische) Einwandererjugendliche. Ihre Aggressivität ist hoch, gegenüber anderen Badegästen oder auch dem Personal. Es gibt Konfliktschlichter »Cool am Pool«, die Polizei, Hausverbote, die ganze Palette. Neu ist nunmehr ab 2014, dass eine Badchefin eine nahe gelegene Moschee gebeten hat, auf Anforderung (Bitte) einen Imam zu schicken, der die jungen Krawallmacher besänftigt.

Das ist der Offenbarungseid. Weder Personal noch Sicherheitskräfte, Konfliktlöser und Polizei werden der Lage Herr. Keiner hat verständlicherweise Lust, sich prügelnd im Schwimmbecken wiederzufinden. Der Imam als Friedensmediator soll's jetzt richten. Vielleicht schafft er es ja. Die verhinderten Opfer sagen Dank. Aber eigentlich geht das nicht, oder?

Die Berliner Polizei zeigte im Rahmen der Präventionsarbeit in Berliner Verkehrsmitteln Videoaufnahmen von Taschendiebstählen. Nix Erfundenes, es handelte sich um echte Aufnahmen. Taschendiebstahl in Bus und Bahn oder auf Rolltreppen in Kaufhäusern – eine Domäne von Menschen nichtdeutscher Herkunftssprache. Ottos und Helgas sind sicherlich auch manchmal als Langfinger in dieser Branche tätig, aber die Regel ist das nicht. Muss ich noch weiterberichten, was passiert ist? Richtig, der bereits routinierte Sturm der Entrüstung setzte wieder mit der Begründung ein, dass die Polizei mit diesen echten Videoaufnahmen rassistischen Vorurteilen

Nahrung gebe. Es kam, wie es kommen musste. Innensenator und Polizeiführung knickten sofort ein, zogen den Film zurück und erklärten, sie werden die Szenen nunmehr durch Polizeibeamte in Zivil – sozusagen als Schauspieler – nachstellen lassen und dann den Film erneut zeigen. Irgendwie hat das Leben auch immer wieder eine humoristische Seite für uns. Prost und Helau!

Jetzt wage ich es kaum noch, die Lappalien vorzutragen, wie beispielsweise die ständigen Auseinandersetzungen über Geburtstagsfeiern in Kindertagesstätten, weil Muslime keinen Geburtstag feiern. Oder die Diskussionen, ob man Musik hören und dazu tanzen darf. Beides ist Haram.

Aber es gibt auch Wunder. Oder zumindest etwas Ähnliches. Ich bin Gast bei einer Schulabschlussfeier. Ein Programmpunkt ist die Tanzdarbietung der Mädchentanzgruppe. Aha, dachte ich, der übliche kurdische Volkstanz. Ist recht nett. Doch dann kam's. Rock 'n' Roll nach Lesart Jerry Lee Lewis. In der Gruppe war eine Schülerin mit ausgesprochen konservativer verhüllender Kleidung. Nur das Gesicht war vom Untertuch begrenzt erkennbar. Sie hottete richtig ab und hatte dabei sichtbar viel Spaß. Nach dem Auftritt fragte ich die Lehrerin, ob die wohl sehr religiösen Eltern von der Freizeitbeschäftigung wüssten. »Ja«, sagte sie. Es gibt Hoffnung. Ami-Jazz (so sagten meine Eltern) verbindet.

Abschließen möchte ich diesen Abschnitt mit einer Geschichte, die mich zutiefst aufgewühlt hat. Sie ereignete sich im Frühjahr 2014. Eine Bochumer Polizistin griechischer Herkunft schrieb einen Brandbrief an die Gewerkschaftszeitung der Polizei, der in mehreren Tageszeitungen öffentliche Wahrnehmung erfuhr. Sie beklagte recht massiv das respektlose Verhalten und die Aggressivität junger (vermutlich) muslimischer Männer ihr als Polizistin gegenüber. Dieser Brief machte recht betroffen und erinnerte an den erwähnten Vorfall in Neukölln, wo zwei junge muslimische BMW-Fahrer eine nach ihrem Gefühl zu langsam fahrende Funkstreife verprügelten. Ich will jetzt gar nicht weiter auf die Details des Briefes eingehen, Ihnen aber die Geschichte zu Ende erzählen. Ein Zeitungsleser schickte den Artikel an den SPD-Parteivorstand im Willy-Brandt-Haus in Berlin, verbunden mit den Fragen, wie lange der Rechtsstaat vor den beschriebenen Verhältnissen noch kapitulieren müsse und wie lange die Bürger das zu akzeptieren hätten. Der Brief war frei von Verbalinjurien. Aus der SPD-Zentrale bekam er eine wenig aussagekräftige Antwort mit der Belehrung, dass Respektlosigkeit kein ethnisches oder kulturelles, sondern vor allem ein soziales Problem sei. Darauf schrieb der Mann erneut. Er war offensichtlich mit der Antwort nicht zufrieden und machte seinem Unmut auch durch barsche Formulierungen Luft. Allerdings wieder ohne jegliche Formen von Beleidigungen oder Fäkalsprache. Nunmehr erhielt er zur Antwort – von der Parteizentrale der SPD wohlbemerkt –, dass er nur jede x-beliebige Studie zur Jugendkriminalität über das Verhalten von jungen Menschen nachzulesen bräuchte, aber es wäre für den Briefeschreiber anscheinend einfacher, »ahnungslos rassistische Parolen nachzuplappern«.

Ich bin nicht der Oberlehrer meiner Parteizentrale. Aber einem Bürger, der seinen Unmut über Verrohung, Gewalt auf der Straße und Respektlosigkeit gegenüber Polizisten kundtut, ahnungslose rassistische Parolen vorzuwerfen, das ist aus meiner Sicht der falsche Weg, um mit Sorgen und mit Emotionen der Bevölkerung umzugehen. Es erinnert ein bisschen an das Verhalten der Störer im Berliner Ensemble. Um auf den Auslöser des Zorns der Bochumer Polizistin zurückzukommen. Auch in Berlin ist die Polizei eine Art Prügelknabe vom Dienst. 2013 wurden knapp 3000 Polizisten im Einsatz verletzt. Normenverweigerung ist inzwischen leider nicht nur bei politischen Extremisten sehr beliebt. Es ist aber mitnichten der

Beweis und die Voraussetzung der bürgerlichen Freiheitsrechte. Das Durchsetzen von Recht und Gesetz gehört zur Pflichtaufgabe des Staates. Es ist so wenig Polizeiterror wie Polizisten verprügeln kein Klassenkampf ist. Wir halten Wegschauen, Nichtstun und Abtauchen für Deeskalation statt für Feigheit, die es eigentlich ist. Gesetzlosigkeit nennt man Anarchie, Gewaltanwendung Kriminalität.

Die Beispiele will ich nicht weiter fortführen. Nicht, weil ich kein Material mehr hätte, sondern weil weitere Anekdoten keine neuen Sachverhalte eröffnen würden. In meiner täglichen Arbeitspraxis erlebe ich noch ganz andere Nummern. Sie zu publizieren hieße, nur die Emotionen anzuheizen. Aber eines sollten Sie nicht vergessen. Es ist für viele Menschen wie Erzieher, Lehrer, Sozialarbeiter, Polizeibeamte, Ordnungsamtsmitarbeiter eine große Belastung, die ständigen Erniedrigungen, Beschimpfungen übelster Art und Drohungen gegen die Person selbst oder gegen ihre Angehörigen und Kinder zu verkraften und zu verarbeiten. Wenn mir die Mitarbeiter dann von den Gerichtsterminen berichten, in denen die Beschuldigten als Unschuldslämmer auftreten, die natürlich durch unsere Mitarbeiter provoziert worden seien, und das Gericht sehr verständnisvoll reagiert und ein geharnischtes »Du, du!« ausspricht, dann weiß ich ehrlich gesagt oft nicht, was ich Aufmunterndes zur Stabilisierung mitgeben kann.

Zum Thema Kulturrelativismus kann man den Bogen nur mit der deutlichsten Form dieses Phänomens schließen. Dem der eigenen »Rechtsprechung« der Muslime. Wir hatten die Friedensrichter schon im Kapitel »Was uns unterscheidet«, aber ich will Ihnen an dieser Stelle nochmals das Buch von Joachim Wagner *Richter ohne Gesetz* ans Herz legen, weil es ausgesprochen anschaulich beschreibt, dass sich gerade muslimische Familien nur sehr dezent der deutschen Rechtsprechung oder Urteilsfindung bedienen.

Aus dem Alltag der anderen Gesellschaft

Wenn wir im letzten Kapitel die Spuren entdeckt haben, wie wir Sprach- und Tatenlosigkeit zu drängenden Aufgaben organisieren, dann will ich mich nun wieder Aspekten des praktischen Lebens widmen. Es wird sich dabei nicht vermeiden lassen, die eine oder andere kritische Formulierung zu gebrauchen, die dem Urteil, ich sei islamophob oder islamfeindlich, als vermeintlicher Beweis dienen wird. Dabei gibt es dafür gar keinen Anlass. Dazu aber später mehr.

Während wir versuchen, die Schweigespirale zu perfektionieren, indem wir sprichwörtliches Leukoplast auf die Münder der Bevölkerung kleben, erlegen sich andere eine solche Zurückhaltung nicht auf. Sie können sich bestimmt schon denken, auf wen ich zusteuere. Auf den türkischen Ministerpräsidenten und heutigen Staatspräsidenten Recep Tayyip Erdoğan, der in schöner Regelmäßigkeit nach Deutschland kommt, hier Wahlkampf macht und mit Kritik an unserem Land nicht spart. Ob die deutsche Regierung, Deutschland oder DIE Deutschen – er beschimpft alles und jeden. Ich verfolge das immer wieder mit großer Ungläubigkeit und frage mich stets, warum nicht einmal jemand den Mund aufmacht und sagt, dass das so nicht geht. Als türkischer Ministerpräsident reagierte er hingegen außerordentlich sensibel auf Kritik an seiner Person oder Politik. Das haben bei ihm zu Hause auch schon ein paar tausend Menschen zu spüren bekommen. Wer ihm nicht in den Kram passt und in Ungnade fällt, verliert seinen Job, wird seines Amtes enthoben oder dem entzieht man einfach die Arbeitsgrundlage als Journalist. Er macht da vor nichts und niemandem halt. Kommen dann Denkanstöße von außen, reklamiert er diese tief gekränkt als Einmischung in die inneren Angelegenheiten der Türkei. Im Austeilen ist er hingegen robuster.

Mir ist eigentlich nicht bewusst, dass der türkische Ministerpräsident vergleichbare Auftritte wie in Deutschland 2008, 2011 und 2014 auch in anderen europäischen Ländern abgeliefert hat. In Bulgarien leben 750 000, in Frankreich 500 000 und in den Niederlanden 450 000 türkischstämmige Menschen. Da war er nicht. Eine Ausnahme ist wohl Österreich mit etwa 300 000 Auslandstürken. Das brachte dem Land ebenfalls eine Wahlkampfsequenz in Wien und einen kleinen Skandal ein. Vielleicht liegt es daran, dass die anderen Länder sich stärker auch offiziell dagegen wehren, dass der türkische Ministerpräsident wie bei uns als selbsternannter Hegemonialfürst Audienzen für seine »Geschwister und Landsleute« zelebriert. Ich persönlich empfinde diese Herrschaftsdemonstrationen in einem fremden Land als – gelinde gesagt – ausgesprochen ungewöhnlich.

Eine Botschaft transportiert der unerwünscht Reisende jedoch hörbar. Er betrachtet die türkischstämmigen Menschen in Deutschland als (s)eine türkische Exklave. Das kann man in seinen Reden offen verfolgen. So wiederholt er beispielsweise stetig, dass die türkischen Kinder »natürlich« zuerst Türkisch zu lernen haben und es um die Wahrung »unserer Interessen« gehe. Sein Mantra in 2014 war, dass bei Religion, Sprache und Tradition die türkischstämmigen Menschen keine Zugeständnisse machen könnten. Gebetsmühlenartig folgen seine bekannten Forderungen nach Schaffung türkischer Gymnasien und muttersprachlicher Schulen in Deutschland. Was immer »muttersprachlich« bei Kindern von ebenfalls bereits in Deutschland geborener und sozialisierter Eltern heißen soll.

Bemerkenswert ist auch die Anrede »meine Staatsbürger«

für Menschen, die nicht in der Türkei, sondern in Deutschland ihre Heimat haben. Erdoğan verspricht »Menschenrechte und Freiheit nach europäischem Standard«, denn das sei seine Politik. Ob er damit auch die Meinungs-, Presse-, Versammlungsfreiheit und die Prinzipien eines Rechtsstaates mit einer unabhängigen Justiz gemeint hat? Mit seinen Aussagen sorgt er zumindest für Nachdenklichkeit und Skepsis. Eine seiner Häutungen kann er aber nicht leugnen. 2008 hat er die Türkei noch als laizistischen Staat dargestellt und gelobt. Ich habe es bereits erwähnt, dass dies nunmehr der Bezeichnung »islamischer Staat« gewichen ist. Unklar ist ebenso, wie sein Zuruf in Köln an die jubelnde Menge, »Steh und beuge dich nicht!«, gemeint war. Unter einem dringenden Appell zur Integration verstehe ich etwas anderes. Aber gut, ich bin kein Türke und kann deshalb das stolze Türkentum mit der Verklärung des Osmanischen Reiches (1299–1922) nicht so empfinden. Aber wer die Vergangenheit nicht bewältigt, hat keinen Blick für die Zukunft.

Eines habe ich mit Genugtuung registriert. Er hat jeweils immer vor 15 000 bis 20 000 jubelnden Fans gesprochen. 2014 haben aber auch 30 000 Menschen vor der Halle gestanden und ihm ihre Ablehnung gezeigt. In Wien war das nicht anders. Das ist doch ein ermutigendes Zeichen. Außerdem sind 20 000 Jubler von drei Millionen türkischstämmigen Bürgern in Deutschland noch nicht einmal ein Prozent. Seine Auftritte sind nicht so sehr ein Mengenereignis, sondern eher eines der psychologischen Wirkung und fehlender Höflichkeit. Das Gastrecht missbraucht man als kultivierter Staatsmann nun einmal nicht. Ich denke, dass viele aufmerksam verfolgt haben, was der Ministerpräsident der Türkei gesagt hat. Nur der Vollständigkeit halber möchte ich anmerken, dass die Nachahmung der Erdoğan-Auftritte durch Kemal Kılıçdaroğlu, den Oppositionsführer der CHP, auch nicht anders zu bewerten ist. Ich finde es einfach daneben, dass Politiker anderer Länder ihre Wahlkämpfe und ihre Konflikte nach Deutschland tragen und hier ausfechten. Wozu soll eine solche Entwicklung gut sein?

Was aber aus meiner Sicht gar nicht geht, sind die hinterher aus der Türkei gesendeten Beschimpfungen und Bedrohungen deutscher Politiker. Diese musste beispielsweise Cem Özdemir über sich ergehen lassen, der es gewagt hatte, ihn öffentlich nicht so toll zu finden und die Bundeskanzlerin gegen seine Schmähungen in Schutz zu nehmen.

Bei der türkischen Präsidentenwahl 2014 konnten die in Deutschland lebenden Staatsangehörigen erstmals ihre Stimme hier im Land abgeben. Zurückhaltend und dezent, wie wir ihn kennen, hat er sich demonstrativ das Olympia-stadion in Berlin als Wahllokal ausgesucht. Auf mich wirkte das ausgesprochen großspurig. Es wurde ihm bereitwillig zu Füßen gelegt. Die mangelnde Konfliktbereitschaft hat in unserem Land auch weite Teile des politischen Lebens erreicht. Allerdings entbehrte dies letztendlich nicht einer gewissen Peinlichkeit. Gähnende Leere an den Wahlurnen. Die erwartete reißende Flut der Wähler blieb aus. Es tröpfelte nur ein Rinnsal von 7 Prozent der in Deutschland lebenden Stimmberechtigten. Im Ergebnis der Wahlen in der Türkei konnte sich Erdoğan aber durchsetzen. Der bisherige Regierungschef wurde mit absoluter Mehrheit zum Präsidenten gewählt und inzwischen auch offiziell ernannt. Schon in seinen allerersten Stellungnahmen hat Erdoğan sein Ziel der Verfassungsände-rung formuliert. Die Entwicklung bleibt also abzuwarten.

Wenn wir schon bei den Türken als größter Einwanderer-gruppe sind, dann gehört in diesen Zusammenhang auch die Auseinandersetzung um den sogenannten Doppelpass. Eigent-lich ist es in Wirklichkeit gar kein doppelter Pass, sondern es sind zwei Pässe. Meine Meinung dazu ist hinreichend bekannt.

Für mich sind die Staatsangehörigkeit und das Wahlrecht die elementaren Grundlagen eines Staatsvolkes. Sie eignen sich überhaupt nicht dazu, auf dem Altar der Beliebigkeit preisgegeben oder auch nur relativiert zu werden. Allerdings sind die Messen gesungen. Insoweit ist es nicht zielführend, an dieser Stelle nachzutreten. Ein Grinsen kann ich mir jedoch nicht ganz verkneifen, wenn ein 22-jähriger Mann der dritten Einwanderergeneration, der in Deutschland geboren, sozialisiert und akademisch ausgebildet wurde, erklärt: »Die Türkei ist genauso meine Heimat wie Deutschland.«

Na ja, ich muss ja nicht alles verstehen und spöttische Gedanken würden nur zu Vorhaltungen führen, dass ich den türkischen Patriotismus beleidigen wolle. Das liegt mir fern. Obwohl es mir schon so zu sein scheint, dass die Türkei derzeit den aggressivsten Nationalismus in Europa verkörpert. Der ist bekanntlich nicht gerade integrationsfördernd. Insider wissen, dass Frau Prof. Barbara John, die frühere Ausländerbeauftragte des Berliner Senats, und ich nicht unbedingt das herzlichste Verhältnis zueinander pflegen. In diesem Fall aber schließe ich mich ihrem Kommentar zum Doppelpass in einer Berliner Zeitung ausdrücklich an: »Warum soll die Enkelgeneration, in Deutschland geboren und aufgewachsen, unbedingt den Pass der Großeltern haben wollen?« Ich finde, das ist eine gute Frage, Frau John.

Neben muttersprachlichen Schulen, türkischen Gymnasien und Unterricht in türkischer Tradition dürfen zwei weitere Dinge im Katalog der Forderungen nicht fehlen. Zum einen der immer wieder auch bei mir in Neukölln vorgetragene Wunsch nach dem Ruf des Muezzin vom Minarett. Bisher leiste ich Widerstand. Ich finde das Argument, dass Kirchenglocken ja auch geläutet werden, zwar nachvollziehbar, aber schief. Wir leben nun einmal in einem Land mit einer christlich-jüdischen Geschichte, egal, wie harmonisch oder unsäglich das Verhältnis zueinander war. Ich würde zum Beispiel nie auf die Idee kommen, in einem islamischen Land für die diskriminierungsfreie Einführung des Läutens von Kirchenglocken einzutreten. »Andere Länder, andere Sitten«, heißt es. Das hat aus meiner Sicht überhaupt nichts mit Ausgrenzung oder Unterdrückung zu tun. Zumal selbst der Muezzin inzwischen eine digitale Datei ist.

Zum anderen wird immer wieder die Forderung nach religiös-muslimischen Staatsfeiertagen erhoben. Hier sind die Gewichte anders gelagert. Es geht dabei nicht um die Frage, ob muslimische Schüler sich bei hohen islamischen Festen vom Unterricht befreien lassen können oder Erwachsenen Urlaubstage zustehen. Beides ist gegeben und wird auch praktiziert. Zum Opferfest und aus Anlass des Ramadans können muslimische Schüler je einen Tag freinehmen. Jüdische Kinder werden für bis zu 13 Feiertage freigestellt. Das alles haben die islamischen Verbände aber scheinbar nicht im Sinn. Sie wollen mindestens einen gesetzlichen Feiertag, an dem die Räder still stehen und der Ehrentag in Ruhe begangen werden kann. Ich will die quantitativen Bevölkerungsanteile nicht überstrapazieren. Aber ist es nicht ein bisschen vermessen, dass ein ganzes Land verharren soll aus Anlass einer religiösen Bedeutung für vier Prozent der Bevölkerung? Dann sollte meiner Meinung nach die jüdische Gemeinde auch Anspruch auf eine Gleichbehandlung des Sabbats als Feiertag haben. Ich glaube nicht, dass uns diese Diskussion weiterführt. Es ist eine permanente Auseinandersetzung um Landgewinn.

Ein weiteres Beispiel für den Versuch, Fuß zu fassen, sind die Briefe, die ein Moschee-Verein 2014 kurz vor Beginn des Ramadan an Neuköllner Grundschulen verteilt hat. Obwohl der Islam Fasten für Kinder überhaupt nicht vorsieht, werden die Schulen darin aufgefordert, die Schüler im Ramadan doch bitte nicht zu überfordern.

Als die Islamkonferenz, hinter deren Existenzberechtigung an sich ich schon ein Fragezeichen setzen würde, vom Innenminister neu konzipiert wurde, haben die Verbände gleich einen kleinen Forderungskatalog überreicht, dass u. a. in Einrichtungen wie Bundeswehr, Gefängnissen, Krankenhäusern oder Pflegeheimen noch viel mehr als bisher auf die Bedürfnisse von Muslimen einzugehen ist. Zum Beispiel durch eigene Seelsorger und die spezielle Zubereitung eigenen Essens. Ich will mich über die Details überhaupt nicht auslassen, aber im Prinzip wiederholt sich das intervallmäßig. Es werden durch die Interessenvertreter immer wieder Dinge derart in den Vordergrund gespielt und zu einer zentralen Bedeutung hochstilisiert, als gehe es um die Belange des ganzen Landes. Allerdings gehört es natürlich auch zur Daseinsberechtigung von Interessenverbänden, so zu agieren. Respekt hat mir hingegen Yilmaz Kahraman abgenötigt. Als Sprecher der Alevitischen Gemeinde kommentierte er die erwähnten Forderungen wie folgt: Man müsse auch schauen, was die Muslime machen können. Sie sollten sich in die Gesellschaft einbringen und nicht Parallelgesellschaften aufbauen und ihr eigenes Süppchen kochen. Das ist eine klare Ansage. In die öffentliche Wahrnehmung gelangte sie allerdings kaum.

Die Forderung nach einem muslimischen Feiertag hat die Schriftstellerin Monika Maron zum Anlass für eine Kolumne genommen. Sie formuliert darin ebenfalls die Frage, was einen Gläubigen daran hindert, an hohen Feiertagen seiner Religion einen Tag Urlaub zu nehmen. Sie kritisiert, dass Integrationspolitik bei uns vor allem eine Politik für Muslime und insbesondere für türkische Muslime geworden ist und stellt gleichzeitig die Frage zur Diskussion, was denn mit den übrigen zwölf Millionen Einwanderern sei.

Wenn die DITIB, die Türkisch-Islamische Union der Anstalt für Religion, fordert, dass mehr wertschätzende Aussagen von Politikern zum Islam erfolgen sollten, weil sie damit die Stimmung in der Bevölkerung verbessern würden, liegt das auf einer Ebene mit der Klage der Staatsministerin für Integration, Aydan Özoğuz, dass die Deutschen nur mangelhafte Kenntnisse über den Islam hätten. Die Feststellung selbst ist nicht zu bestreiten. Sie gilt für das Wissen der Muslime über das Christentum wohl gleichermaßen. Aber ist es wirklich Aufgabe der Politik, einzelne Religionen wertschätzend herauszuheben und sie damit indirekt zu empfehlen? Ich glaube nicht. Ich hege eher den Verdacht, dass das öffentliche Leben in Deutschland so lange Stück für Stück umgestaltet werden soll, bis es islamischen Ansprüchen genügt. Vermutlich dann bis ins kleinste Detail der Burkinis in Schwimmhallen, Gebetsräume in Schulen oder verschleierte Lehrerinnen. Sie wissen doch, steter Tropfen höhlt den Stein.

Ende 2013 konnten wir uns in Neukölln des Verdachts nicht erwehren, dass bei den Fördermittelgebern auf Senatsebene schon eine gewisse Islam-Fixiertheit eingetreten ist. Einem anerkannt erfolgreich tätigen Verein, der sich seit 15 Jahren mit Sprach- und Integrationskursen, Eingewöhnungstrainings und Kinderförderung vorwiegend um Spätaussiedler aus der ehemaligen Sowjetunion und Polen gekümmert hat, wurde die weitere Förderung plötzlich versagt. Begründung: Das Projekt besitzt keine ausreichende integrationspolitische Relevanz. Sollte das heißen, keine hinreichende Bedeutung für Muslime? So pluralistisch sind wir.

Das erinnert mich an die Aussage von Monika Maron, die ich wörtlich zitieren will: »Die Integrationsaufgabe der deutschen Gesellschaft und Politik ist es, den Menschen, die aus anderen Kulturen und Staaten zu uns kommen, die Wege zu ebnen, die Türen zu Schulen und Universitäten zu öffnen, Religions- und Meinungsfreiheit zu garantieren. Die Integrationsaufgabe der Einwanderer ist es, diese Angebote anzunehmen und das Grundgesetz, das heißt auch die Säkularität des Landes zu achten; eben sich zu integrieren als Muslime, Atheisten, Orthodoxe jeder Couleur, Hindus, Juden, Katholiken, Protestanten, jeder nach seiner Fasson.«

Dem Text ist eigentlich nichts hinzuzufügen. Ich merke noch an, dass die Bringschuld der Einwanderer Bereitschaft zur Integration heißt. Hinsichtlich der Flexibilität von Orthodoxen – egal welchen – zur Integration bin ich etwas zurückhaltender. Es ist gerade das Wesen der Orthodoxie, nicht in der Lage zu sein, andere Denkschemata, andere Weltsichten und andere Lebensentwürfe zu achten und zu tolerieren.

Woher generiert der religiöse Fundamentalismus seine Anhänger, und wie erklärt sich die höhere Anfälligkeit gerade von muslimischen jungen Männern für Gewalt und Kriminalität? Ich möchte mit der immer wieder vorgetragenen Generalabsolution beginnen, dass alle diese Dinge nicht kulturell oder religiös bedingt, sondern nur eine Folge der sozialen Lage und der Lebensbedingungen sind. Die sozialen Einflüsse auf das Leben von einzelnen Menschen oder Familien werden durch ihre Umwelt geprägt. Ganz wesentliche Teile davon sind materielle Sicherheit und ausreichende finanzielle Möglichkeiten zur Gestaltung des Alltags, also um Miete zahlen, Einkaufen gehen, alle Münder sattmachen oder den Hunger nach Unterhaltungselektronik stillen zu können. Sofern die Nachbarn alle ein Auto haben, ist das ein weiterer Faktor des Glücksgefühls oder der Unzufriedenheit. Die Umwelt wird nicht vom Einzelnen, sondern von der Gesellschaft geprägt. Folglich ist sie dann auch für die soziale Lage verantwortlich. Der Einzelne kann nichts dafür, sondern Sie und ich.

Schauen wir uns die reinen Daten an, so ist nicht von der Hand zu weisen, dass Einwanderer und ihre Nachkommen im Wirtschaftsleben schlechtere Ausgangslagen haben als »Biodeutsche«. Immerhin haben 36 Prozent der Arbeitslosen ausländische Wurzeln. Regional betrachtet, haben in den alten Bundesländern 43 Prozent der Arbeitslosen einen Migrationshintergrund und in den ostdeutschen 18 Prozent. Die Differenz ist aber keine inhaltliche Komponente, sondern liegt nur am unterschiedlichen Bevölkerungsanteil. Drei Viertel der Arbeitslosen beziehen Hartz IV, davon haben 65 bis 70 Prozent keinen Schul- oder Berufsabschluss. Der entsprechende Vergleichswert bei deutschen Arbeitslosen beträgt die Hälfte. Das spiegelt dann auch die Arbeitslosenquote wider, in der Deutsche zu 5 Prozent, Menschen mit Migrationshintergrund zu 9,5 Prozent und Pass-Ausländer zu 12,5 Prozent erfasst sind. Für Neukölln muss ich noch hinzufügen, dass über 40 Prozent aller jungen Menschen im Alter von bis zu 25 Jahren Hartz IV beziehen, für die Neuköllner Innenstadt werden sogar 70 Prozent geschätzt. Im Klartext ausgedrückt, heißt das, Hartz IV ist bei mir das Standardeinkommen eines Großteils aller jungen Leute, und bei denen mit Migrationshintergrund betrifft es eine übergroße Mehrheit.

Nach diesen statistischen Werten kann die Mitteilung nicht mehr überraschen, dass Migrantenhaushalte mit einem erheblich höheren Armutsrisiko zu kämpfen haben. Man schätzt, dass es etwa doppelt so hoch ist wie bei nichtmigrantischen Haushalten. Wenn die allgemeine Armutsrisikoquote in Deutschland mit 15 Prozent benannt wird, müsste demzufolge etwa jede dritte Familie mit Migrationshintergrund davon betroffen sein. Alle Untersuchungen kommen immer wieder zum Ergebnis, dass entscheidende Auslöser für diese materielle Existenzgefährdung der geringe Bildungsstand und die mangelnden beruflichen Kompetenzen sind. Die regelmäßig in der gesellschaftlichen Diskussion vorgetragene Erklärung, dass die wirtschaftlich prekäre Lage vieler Einwandererfamilien eine Folge von Ausgrenzung, Diskriminierung und Missachtung ist, hat wohl mehr ideologische Hintergründe oder ist gelegentlich auch der Parteiprogrammatik zuzuschreiben.

Erstaunlich in diesem Zusammenhang ist die Selbsteinschätzung von Einwanderern über ihre Zukunftsperspektiven. Die Deutsche Post hatte im Sommer 2013 zum dritten Mal einen Forschungsauftrag zu diesem Thema erteilt. Das Ergebnis: Wenn Kinder der Zuwanderer gute Sprachkenntnisse haben, sehen sie ausgesprochen zuversichtlich in die Zukunft. 54 Prozent der Befragten mit Kindern unter 30 Jahren glauben, dass es ihrem Nachwuchs später einmal besser gehen wird. Unter den »Biodeutschen« sehen das nur 27 Prozent so. Das verblüfft. Das Mecker-Gen ist doch eigentlich nur in Berlin so weit verbreitet und die Opferrolle eher eine Spezialität der Einwanderer. Gründe für die Zuversicht der Migranten sind vermutlich das Vertrauen in Deutschland und in sich selbst. Gerade Letzteres kann man an der Bereitschaft, das Glück in die eigene Hand zu nehmen, ablesen. Es gibt etwa 90 000 Unternehmen, die von türkischstämmigen Inhabern geführt werden, die bei einem Jahresumsatz von 40 Milliarden Euro 400 000 bis 500 000 Arbeitsplätze geschaffen haben. Insgesamt soll es 760 000 selbständige Einwanderer geben, die zwei Millionen Arbeits- und Ausbildungsplätze auf den Weg gebracht haben. Ich formuliere an dieser Stelle ausgesprochen zurückhaltend, weil die statistische Datenlage nicht sehr belastbar ist. Mir ist es nicht gelungen, wirklich valide Werte aus offiziellen Quellen zu generieren. Richtig scheint aber zu sein, dass Einwanderer sehr viel risikofreudiger als einheimische Deutsche sind, die in den letzten 20 Jahren zunehmend ihre Flexibilität eingebüßt haben und der Sehnsucht nach einer Beamtensicherheit verfallen sind.

Es ist unbestreitbar, dass die pekuniäre Situation der Einwandererfamilien im statistischen Durchschnitt wesentlich schlechter ist als die der »Biodeutschen«. Armut und unerfüllte materielle Träume sind schlechte Ratgeber. Der Grat zwischen »arm, aber ehrlich« und »Geld und bewunderter Macker« ist nur schmal und trägt den Namen Versuchung. Wer einmal an dem süßen Honig der schnellen und mühelosen Knete genascht hat, der ist massiv suchtgefährdet. Die Folge ist eine starke Überrepräsentanz von Einwandererkindern und -jugendlichen in der Kriminalstatistik. In Neukölln weisen 90 Prozent aller Intensivtäter oder Schwellentäter einen Migrationshintergrund auf. Ich glaube übrigens nicht, dass der Islam hierbei auch nur die geringste Rolle spielt. Allenfalls vielleicht ein bisschen im Hintergrund bei elitären Gedanken der Erhabenheit über die »Kartoffeln« und andere Kuffar. Viel ausschlaggebender sind meines Erachtens die überlieferten Erziehungsideale in muslimischen Gesellschaften. Man kann sie auch vorzivilisatorisch, religiös verpackt nennen. So wie in früheren Zeiten bei den Christen dem lieben Gott alles in die Schuhe geschoben wurde, so glaube ich, muss auch der Islam für Dinge herhalten, die eigentlich nur dem Machterhalt der patriarchalischen Gesellschaft dienen.

Der Leiter des Zentrums für Türkeistudien und Integrationsforschung, Prof. Dr. Hacı-Halil Uslucan, hat vor längerer Zeit die Erziehungsmuster zusammengestellt: Der Schlüsselbegriff der männlichen Identität ist die Virilität, mithin die Männlichkeit und Zeugungskraft. Im praktischen Erziehungsverhalten führt das dazu, dass den heranwachsenden männlichen Sprösslingen eingetrichtert wird, stets kampfesmutig, tapfer, stark und selbstbewusst zu sein. In Neusprech nennt man das Machoverhalten.

Die weibliche Identität wird mit Virginität, also mit Unberührtheit und Jungfräulichkeit, umschrieben. Im Erziehungsverhalten der Eltern spielen daher das Hervorheben von Keuschheit, sexueller Reinheit, Zurückgezogenheit, Gehorsam gegenüber Ehemann, Eltern und Schwiegereltern eine dominierende Rolle. Dies ist der Grund für die oftmals fast willenlose, sich devot ergebende Persönlichkeit von Mädchen und jungen Frauen.

Neben den Erziehungsmaximen beschreibt Prof. Uslucan auch noch den Ehrkomplex von stark traditionell geprägten Familien. Er sagt, der Ehrenkodex ist ein Überbleibsel aus der Kriegergesellschaft. Dort, wo das uns bekannte staatliche Gewaltmonopol nicht greift und es keine entwickelten Zentralmächte wie Polizei und Justiz gibt, sind Selbstjustiz und Gewalt nicht nur gerechtfertigt, sondern auch überlebensnotwendig. Deshalb steht dieser Ehrenkodex stets in Konkurrenz mit dem staatlichen Gewaltmonopol. Kommt es zu Ehrkonflikten, hofft man nicht auf staatliche Hilfe, sondern eher auf verwandtschaftliche oder freundschaftliche Unterstützung.

Ich glaube, dass diese Erkenntnisse von Prof. Uslucan vieles erklären. Allerdings ist eine Erklärung noch lange keine Entschuldigung, und sie macht schwere Delikte nicht verzeihbarer.

Den Fanfarenrufen, dass die Kinder- und Jugendkriminalität in Berlin rückläufig ist, traue ich nicht völlig. Richtig ist, dass nach dem absoluten Hoch vor fünf Jahren die Zahl der Delikte abnimmt. Das ist auch in Neukölln so. Langfristiger betrachtet, sieht die Entwicklung anders aus. Im Vergleich mit der Situation von 1990 haben die Straftaten von Neuköllner Jugendlichen über alle Deliktfelder hinweg insgesamt um ein Drittel zugenommen. Die Zahl der Raubtaten und Erpressungen hat sich verdoppelt, und Körperverletzungen bringen es auf ein sattes Plus von 100 Prozent. Kamen 1990 noch 25 Straftaten auf 1000 Kinder und Jugendliche, so waren es 2013 immerhin 37. Trotz sinkender Deliktzahlen in toto.

Ständiges Thema im Zusammenhang mit der Kinder- und Jugendkriminalität ist die Forderung nach Herabsetzung des Jugendstrafrechts auf zwölf Jahre. Ich halte gar nichts davon. Wir bekommen dadurch nur eine neue Schnittstelle. Es wird dann eben der 11-Jährige zum Räuber, Schläger oder Dieb und an die Eltern zurückgegeben, und nicht der 13-Jährige. Im Übrigen hat selbst die in Großbritannien eingeführte Strafmündigkeit ab acht Jahren keinerlei Wirkung entfaltet. Im Gegenteil, allein in London sind jährlich rund 30 Morde zu verzeichnen, die von Kindern begangen werden. In Deutschland waren 2013 vier Kinder eines Mordes tatverdächtig.

Ich halte unser gesetzliches Instrumentarium im Jugendstrafrecht für völlig ausreichend. Allerdings muss man es auch anwenden. Jugendrichter, die sich rühmen, noch nie einen jungen Menschen in den Jugendknast geschickt zu haben, haben ihre Aufgabe nicht verstanden und hätten lieber Sozialarbeit studieren sollen.

Natürlich steht im Mittelpunkt des Jugendstrafrechts nicht die Sühne, sondern die Besserung des Verhaltens, also Erziehung. Das ist auch richtig so. Aber dort, wo der Anfang einer kriminellen Karriere bereits erkennbar ist, muss die Reaktion der Gesellschaft hart und unmissverständlich sein. Zum Beispiel bei den über 500 jungen Leuten, die in Berlin im Jahr 2013 als Messerstecher in die Statistik eingegangen sind. Jemand, der nach einer schweren Straftat keine spürbaren Konsequenzen erfährt, fühlt sich natürlich in seinem Handeln bestärkt und hält die Richter für Weicheier. Beispiele dafür gibt es viele. Erst jüngst konnte ich wieder Berichte lesen, dass einem Jugendlichen, der einen Mitschüler mit einem Stich in Herznähe lebensgefährlich verletzt hatte, gerade einmal gemeinnützige Arbeit verordnet wurde. Begründung der Richterin: Es sei nicht nachzuvollziehen, wie das Messer in die Hände des geständigen Täters gelangt ist, und im Übrigen auch nicht auszuschließen, dass es vom Opfer mitgebracht worden ist. Ja und? Es fehlte eigentlich nur noch die Frage, ob sich das Opfer nicht vielleicht selbst das Messer in die Brust gerammt hat.

Den Kopf geschüttelt habe ich auch darüber, dass sich ein stadtbekannter Intensivtäter, der nach einem Raubüberfall auf einen Juwelier gefasst wurde, gleich wieder über seine Entlassung freuen durfte. Lediglich Meldeauflagen hat man ihm mit auf den Weg gegeben. Der Intensivtäter muss sich königlich amüsiert haben, als er die Story seinen Kumpels erzählt hat.

Gerade bei Intensivtätern ist solche Zurückhaltung fehl am Platz. Wir müssen sie endlich als das begreifen, was sie sind: Gewohnheitsverbrecher. Da helfen keine Sozialarbeiter, sondern nur konsequente Strafen. Ein Intensivtäter ist völlig verroht und gefühllos. Es ist ihm egal, ob sein Opfer nachher lebenslang im Rollstuhl sitzt oder tot ist. Ich könnte in die Tischkante beißen, wenn ein Jugendlicher mit seiner 20. oder 30. Straftat vor Gericht steht und dann so milde abgeurteilt wird. Wer sich mit Gewalt an Körper und Seele eines anderen Menschen vergeht, der gehört eingesperrt.

In Neukölln gibt es rund 160 Intensivtäter. Das ist noch nicht einmal ein Promille der Bevölkerung, aber dieses Tausendstel verübt 20 Prozent der Straftaten. Auf die muss die Gesellschaft endlich mit null Toleranz reagieren. Wie bereits erwähnt, haben davon 90 Prozent einen Migrationshintergrund. Die Problemgruppen sind junge, meist muslimische Männer, wobei die arabischstämmigen deutlich überrepräsentiert sind. Sie machen in ihrer Altersgruppe neun Prozent der Bevölkerung aus und verüben 50 Prozent der Straftaten.

Woanders machen andere Gruppen Ärger – aber immer handelt es sich um junge Männer, die durch das Schulraster gefallen sind. Es gibt recht selten einen Gymnasiasten, der sieben Raubüberfälle auf dem Kerbholz hat. Es sind die Schulversager, die, die weder rechnen noch lesen und schreiben können. Sie wissen, von der Langeweile geplagt, nichts mit sich anzufangen, verfügen über kein legales Geld und sind neidisch auf alle, die mehr haben oder angesehener sind als sie. Sie versuchen, ihr Versagen und ihre Dummheit mit Männlichkeitswahn und Kriminalität zu kaschieren.

Leider sind Intensivtäter mit Migrationshintergrund ein immens erfolgreicher Feind der Integration, weil sie in der Bevölkerung eine allgemeine Angst vor Ausländern auslösen und verstärken und damit Vorurteile bestätigen. Der Mensch in Bus und Bahn sieht nicht den türkischstämmigen Abiturienten, sondern den Schläger. Der gesellschaftliche Schaden ist verheerend.

Die Justiz muss am Anfang routinierter Delinquenz ein deutliches Stoppsignal setzen – spätestens nach der dritten Straftat sollte ein Freiheitsentzug ohne Bewährung auf dem Fahrplan stehen. Mit Kuscheljustiz kommen wir an Intensivtäter nicht heran, für die verkörpert jedes Opfer, das sie zu Boden getreten haben, einen Sieg. Wir müssen Gewalttäter schneller und härter anfassen.

Ich erinnere an dieser Stelle liebend gern an meine verstorbene Freundin Kirsten Heisig, die immer wieder propagierte, dass die Strafe auf den Fuß folgen und spürbar sein muss. (»Schnell muss es gehen, und weh tun muss es.«) Es schadet gar nichts, wenn es auch einmal so schmerzt wie beim Opfer. Fast alle Serienstraftäter, die den Absprung geschafft haben, haben später in Interviews erklärt, dass sie schon viel früher ausgestiegen wären, wenn man ihnen eher die Rote Karte gezeigt hätte.

Zur höheren Gewaltakzeptanz in einigen Einwanderercommunities ist schon viel geschrieben und untersucht worden. Ich will trotzdem an das Vorstehende anknüpfen. Wer zu Stärke und Selbstverherrlichung erzogen wird, der duldet kein Infragestellen seiner Anordnungen oder seiner Stellung. Wer mit Gewalterfahrung aufgewachsen ist, der hat gelernt, dass der Gewinner immer der ist, der am schnellsten und härtesten zuschlägt. Ein 32-jähriger türkischstämmiger Berliner, der mit

14 Jahren zum ersten Mal im Knast landete und nach seinem Ausstieg aus der Szene heute Sozialarbeiter ist, hat das wie folgt beschrieben: »Ich weiß, was in den Jugendlichen vor sich geht, weil ich es selbst erlebt habe. Ich habe zu Hause nur Probleme gehabt. Wenn ich etwas falsch gemacht habe, hat niemand mit mir geredet, sondern meine älteren Brüder haben mich ver- prügelt. Das gehörte zur Erziehung. Es war normal, zuzuschla- gen, und es war normal, sich Dinge mit Gewalt zu nehmen. So habe ich es gelernt.«

Gewalt ist in diesen Milieus ein Erfolgs- und Patentrezept. Doch nicht nur dort. Inzwischen reagiert unsere Gesellschaft auch darauf. Es reicht heute auch in politischen Konfliktfällen schon völlig aus, mit gewalttätigen Auseinandersetzungen und Randalen zu drohen, um die gesellschaftlichen Ebenen hand- lungsunfähig zu machen. Die Angst vor hässlichen Bildern ist heute größer als die Staatsräson und die Souveränität des Rechtsstaates. Gewalt ist als Mittel der Interessenwahrung hof- fähig geworden, individuell wie kollektiv.

Ein ganz anderes Kapitel ist die organisierte Kriminalität. Die »Herrschaft« arabischer Großfamilien im Sozialraum. Sie sind ein Ärgernis. Sie wirken genauso wie Intensivtäter als schwere Hemmnisse für die Integration und das Zusammenwachsen der Menschen. Sie produzieren Opfer, Leid, Tränen und Hass. Ihre Angeberei, Arroganz und Überheblichkeit sind die Grün- de dafür, dass sich andere Menschen abwenden. Fremdenhass und Ausländerfeindlichkeit entstehen aus persönlichen Nega- tiverlebnissen oder aus Erzählungen Dritter darüber. Ständige Wiederholungen schaffen irgendwann eine unumstößliche Wahrheit und Gewissheit. Das ist wie die allgegenwärtige Dis- kriminierung von Einwanderern. Ich erinnere an das Kapitel mit den Interviews. Fast alle meine Gesprächspartner sind von einer bestehenden Diskriminierung in unserer Gesellschaft überzeugt. Allerdings bestätigen die allerwenigsten entsprechende eigene Erlebnisse, aber sie hatten alle davon gehört. Bei denjenigen, die Diskriminierung selbst erlebt hatten, ging es um den Eintritt in die Disco, unfreundliche Ansprachen oder komische Blicke, nur weil sie anders aussehen. Wenn doch all diese Menschen nur wüssten, wie oft ich schon merkwürdig angeblickt oder nicht gerade freundlich angesprochen worden bin. Von Einwanderern genauso wie von den »Biodeutschen«, von Klapsköpfen wie von Akademikern, von Männern wie von Frauen. Nicht jede fehlende Kinderstube, Pöbelei, Beleidigung oder flegelhaftes Rowdytum hat eine ideologische Ursache. Meist ist es einfach nur Primitivität.

Die arabischen Großfamilien, die der organisierten Kriminalität »nahestehen«, sind ein Machtfaktor. In Berlin kennt man so etwa zwanzig Namen. Allein bei mir in Neukölln kann ich sieben aufzählen. Die Erfahrung, dass jede Familie es deutschlandweit auf mehrere hundert Mitglieder bringt, belegt eine beträchtliche Größenordnung.

Die Clans wissen inzwischen, wie sie mit den Deutschen und dem deutschen Staat umgehen können. Das Instrument der Einschüchterung funktioniert so gut wie immer. Ob gegenüber dem Ordnungsamtsmitarbeiter, der Kollegin im Jugendamt oder dem Polizeibeamten. Die Androhung von Gewalt ist die niedrigste, aber wirkungsvollste Stufe. Meist reicht sie schon völlig aus, um dafür zu sorgen, dass Opfer ihre Anzeigen zurückziehen oder in Amnesie verfallen, urplötzlich Alibis auftauchen oder niemand mehr etwas gesehen hat.

Der nächste Grad sind Schweigegeld und/oder tatsächliche Gewaltanwendung. Wie man sich vorstellen kann, hat dies schon einen nachhaltigeren Wirksamkeitsgrad. Die höchste Form ist dann die Einflussnahme auf die Justiz selbst. Ein Thema, über das nicht so gern gesprochen wird, weil unser Rechtssystem nun einmal auf der auch von Ganoven respektierten Unangreifbarkeit der Justiz beruht. Gerät dieser Nimbus ins Wanken, kann das zu einem Erdrutsch führen. Für Menschen, die beim Begriff des staatlichen Gewaltmonopols Lachanfälle bekommen, hat die Unangreifbarkeit allerdings nur dann einen Erlebnisfaktor, wenn sich die Justiz als willfährig erweist.

Ich war recht erschüttert, als ich im Frühjahr 2014 auf einer Tagung von Justiz- und Polizeiangehörigen, die die organisierte Kriminalität zum Schwerpunktthema hatte, Folgendes zu hören bekam. Die organisierte Kriminalität in Deutschland erwirtschaftet etwa 50 Milliarden Euro im Jahr, und die mafiösen Strukturen bei uns sind weltweit die zweitmächtigsten. Deutschland ist nach den USA auch der zweitgrößte Rockerstandort der Welt. Das Nachwuchspotential des Rockermilieus rekrutiert sich inzwischen aus gewaltbereiten und gewalttätigen jungen migrantischen Männern.

Nur der Vollständigkeit halber sei erwähnt, dass die Großfamilien, die zur organisierten Kriminalität gehören, sich für gewöhnlich der teuersten Anwaltskanzleien ihres jeweiligen Wirkungskreises bedienen. Was da so abgeht, kennen wir aus amerikanischen Krimis. Das Produktportfolio umfasst Mädchenhandel, Drogen, Schutzgelder, Spielhallen und sonstige Dinge, die möglichst schnell zu großvolumigen Fahrzeugen der Marke BMW, Mercedes und Porsche wie zu einer gut gefüllten Portokasse führen.

Bei dieser Tagung wurde völlig unverhohlen und coram publico vor den etwa 150 bis 200 Teilnehmern darüber referiert, dass natürlich auch Richter nicht frei von Angst und Sorge um sich und ihre Familie sind. Die Bedrohung und Erpressbarkeit von Richtern ist Realität, anders wären verschiedene Verhaltensweisen und Urteile nicht zu begreifen, lautete das schlichte, fast schon resignierte Resümee.

Vielleicht geht es Ihnen jetzt so wie mir. Mich riss es fast

vom Stuhl. Aber ich fühlte mich auch in meinen Emotions-
intervallen bestätigt. Mehr als einmal hatte ich in den letzten
Jahren meinen Ohren nicht getraut und gemeint, auf einem
anderen Stern zu leben, wenn ich von beachtlich empathisch-
mitfühlenden Urteilen oder beeindruckend komfortablen
Haftbedingungen für Täter hörte. Waren das etwa solche Fälle?
Das Hemd ist einem näher als der Wams und Blut ist dicker als
Wasser. Beide Sprichwörter träfen hier zu.

Es ist also ein buntes Kaleidoskop an möglichen Bedingungen, aus denen sich zum Schluss der unter Generalverdacht
als Gewalttäter stehende schwarzhaarige junge Mann zusam-
mensetzt: tradierte Erziehungsmuster, Gewalt in der Familie,
Machowahn, Kompetenzmangel, Empathielosigkeit, ungeliebt,
ausgegrenzt und perspektivlos. Auf Deutsch: kein Selbstwert-
gefühl und kein Charakter. Das ist oft zu viel des Schlechten
für einen Menschen voller irrationaler Träume, um in der Spur
zu bleiben.

Zwei Dinge müssen dann her: ein Feindbild – die Kartoffeln.
Eine Lebensstruktur – der wahre Islam. Der Humus für Kriminalität und Fundamentalismus.

Enttarnter Fundamentalismus oder heimtückische Islamophobie

Bei den Suchworteingaben »Islamophobie«, »Angst vor dem Islam«, »Islamfeindlichkeit«, »antimuslimischer Rassismus« meldet Google bis zu 2,57 Millionen Treffer. Der allgemeine Begriff »Gruppenbezogene Menschenfeindlichkeit« (GMF) ist dabei noch nicht einbezogen.

Die Akteure in diesem Sprachsektor sind uneins. Der Begriff Phobie entstammt dem medizinischen Vokabular und rückt die Feindseligkeit in die Nähe einer Krankheit. Islamfeindlichkeit legt den Fokus auf die Religion, nicht auf die Diskriminierung der Muslime. GMF beschreibt nicht, welcher Gruppe Menschenfeindlichkeit entgegengebracht wird. Und antimuslimischer Rassismus eignet sich nicht als allgemeine Bezeichnung, weil sie sich nur für die harten Varianten entsprechender Negativeinstellungen verwenden lässt, meint die Deutsche Islamkonferenz. Sie soll sich dann letztendlich auf den Begriff »Muslimfeindlichkeit« geeinigt haben.

Sei es, wie es sei. Allein das Begriffswirrwarr zeigt, wie zerstritten die Szene in der Darstellung dessen ist, was sie eigentlich ausdrücken und wogegen sie im Detail politisch kämpfen will. Für außenstehende Normalverbraucher sind all diese detailverliebten, feingeistigen Verästelungen nicht mehr nachvollziehbar. Da gilt lediglich das schlichte »was finde ich gut, was gefällt mir nicht«. Überschriften dienen doch nur der plakativen Wahrnehmung eines Themas an der Oberfläche, sie beschreiben keine Inhalte. Deshalb will ich mich nicht in die Begriffsdebatte einbringen. In diesem Buch bleibe ich bei »Islamophobie«.

Geht man nur ein bisschen in die Tiefe, dann stößt man schnell auf mehrere Quellen, die das Distanzverhalten von Nichtmuslimen erforscht haben. In Deutschland hegt in etwa jeder Zweite keine positiven Gefühle gegenüber der Religion. Ja, er sieht den Islam sogar als Bedrohung an. Ich denke, das kann man auch als »Angst haben« bezeichnen. In Spanien sind es 60 Prozent, in der Schweiz sind es wie in Deutschland 50 Prozent und in den USA 42 Prozent. Evident wird diese Angst, wenn in Umfragen geäußert wird, dass es zu viele Muslime in Deutschland gebe oder dass ihre Religionsausübung einge-schränkt werden sollte. Die Vergleichszahlen anderer Länder habe ich erwähnt, um zu verdeutlichen, dass die Furcht vor dem Islam keine Spezialität der Deutschen ist.

Nach einer Umfrage des Instituts Forsa aus dem Sommer 2014 begreift eine knappe Mehrheit der Deutschen den Islam nicht als Teil von Deutschland. 52 Prozent gibt an, dass sie den Satz des früheren Bundespräsidenten Wulff nicht teilen. Aber selbst 57 Prozent der AfD-Anhänger stellen Islamfeindlichkeit mit Antisemitismus auf eine Stufe.

Nicht verschweigen will ich, dass umgekehrt 32 Prozent der Türken das Christentum als Bedrohung empfinden. So wie es Muslimen vermutlich unerklärlich ist, warum jeder zweite Nichtmuslim Angst vor ihnen hat, so wird es vermutlich auch einem Christen verborgen bleiben, wie man genauso vor dem Christentum Angst haben kann. Die Kreuzzüge sind immer-hin schon ein paar hundert Jahre Geschichte.

Vier von fünf in Deutschland befragten Muslimen haben bei der Befragung angegeben, dass unsere demokratische Staats- und Regierungsform eine gute ist und nicht verändert werden soll. Hier liegen sie übrigens vor den ostdeutschen

Bundesländern, deren Bevölkerung sich nur zu 76 Prozent dieser Aussage angeschlossen hat. Ein kleiner, aber feiner Unterschied. Auch ist eine Divergenz zur im Kapitel »Sind wir nun klüger?« erwähnten Befragung nicht zu übersehen, in der zwei Drittel der Muslime erklärt haben, dass ihnen ihre religiösen Vorschriften wichtiger sind als die Gesetze des Staates. Beide Ergebnisse schließen sich zwar nicht völlig aus, aber für mich ist dies erneut ein Beleg dafür, Umfragen stets mit Vorsicht zu begegnen.

Wenn sich also die Hälfte eines Volkes vor einer Angelegenheit fürchtet, sie negativ belegt, dann sollte die Politik diese emotionale Befindlichkeit ernst nehmen. Egal, ob sie sie für objektiv berechtigt hält oder nicht. Dies geschieht zunächst völlig wertfrei und dient dem Vorbeugen, dass die Entwicklung nicht aus dem Ruder läuft. Massenhysterie und gruppendynamische Selbstläufer verweigern sich der Rationalität. Mein Gefühl ist nicht, dass das schon alle begriffen haben.

In Deutschland leben etwa 40 000 Islamisten, die aber bei weitem nicht alle gewaltbereit und auch nicht alle Dschihadisten sind. Letztere schätzt man auf etwa 500. Es handelt sich um eine Gruppe, die unsere heutige Staats- und Gesellschaftsform aus fundamentalistisch-religiösen Gründen ablehnt. In Verbindung mit den täglichen Bildern von Terroranschlägen, Bürgerkriegen und sonstigen Schrecklichkeiten reicht allein dieses Wissen schon dafür aus, dass sich viele Menschen mit den Worten »Damit möchte ich nichts zu tun haben« aus der Diskussion verabschieden. Bestimmt liegt hierin auch eine der Ursachen, warum gerade einem Großteil der Muslime die Integration so schwerfällt.

Die Erklärung lautet, dass nicht Armut und mangelnde Bildung der Gläubigen zu einer islamischen Gefahr führen, sondern der Islamismus, die politisierte Komponente des Glaubens. Der Islam beansprucht historisch einen autoritären

Gottesstaat. Die überwältigende Mehrheit der Menschen im Land sagt: Wir wollen das nicht. Ich schließe mich dem an.

- Ich könnte keinen Gefallen daran finden, in einer Diktatur zu leben, die mir das Denken verbietet und meine bürgerlichen Freiheitsrechte auf rituelle Handlungen reduziert.
- Ich will nicht das willenlose Teilchen einer Gemeinschaft sein, auch wenn sie mir in noch so glühenden Farben das Heil verspricht.
- Ich möchte schon selbst entscheiden, was ich für erstrebenswert und richtig und was für falsch und verwerflich halte.
- Ich möchte auch selbst darüber befinden, was gut für mich ist.

Wenn andere Länder und Völker meinen, hierzu alternativ leben zu wollen und andere Lebensregeln für sich aufzustellen, dann ist das ihre Entscheidung. Ich verspüre in dieser Hinsicht keinen Missionierungsdrang. Ich glaube zwar an die unveräußerliche Würde eines jeden Menschen und an sein Recht auf körperliche Unversehrtheit, muss aber Gesellschaftsordnungen, die für sich ein anderes Menschenbild entwickelt haben, als gegeben hinnehmen. Egal, was ich davon halte. Dazu gehört dann auch der Umgang mit Angehörigen anderer Volksgruppen, anderer Stämme, anderer Glaubensrichtungen und des anderen Geschlechts. Man wird mir nie vermitteln können, warum es richtig oder gar Gottes Wille sein soll, Millionen und Abermillionen von Frauen körperlich zu verstümmeln, sie zur Triebabfuhr zu missbrauchen, als ehrlose Masse zu behandeln und sie auszupeitschen, aufzuhängen oder zu steinigen, wenn sie sich zu jemandem hingezogen fühlen, der einem anderen Glauben oder Volk angehört. Unsere westliche Welt und Werteordnung repräsentiert (leider) nicht die Majorität der Werteordnungen.

Die demokratische Staatsform ist auf der Erde nicht mehrheitsbildend. Die Welt ist bunt und streckenweise entsetzlich organisiert. Die Würde des Einzelnen und die Gleichwertigkeit allen menschlichen Lebens werden nirgendwo mehr missachtet als dort, wo sie am lautesten proklamiert werden. Deutschland wird die Welt nur bedingt allein inspirieren können. Ob die EU dabei erfolgreicher ist, beurteile ich angesichts der Zustände an den Außengrenzen mit Zweifel. Als Individuum bleibt mir nur, meinen Beitrag dazu zu leisten, dass wir nach vorne gehen mit Chancengerechtigkeit und Solidarität. Mit Freiheitsrechten für alle Bürger und Toleranz mit den Andersdenkenden. Nicht zurückblättern im Buch einer glorifizierten, aber schrecklichen Zeit des Herrschens weniger über entrechtete Völker und Menschen. Wer die Vergangenheit sucht, dem sollten wir den Weg zeigen.

Ich habe an einer anderen Stelle schon einmal ausgeführt, dass für mich jedwede Form von Totalitarismus und Diktatur verabscheuungswürdig ist und ich immer dort, wo meine Einflusssphäre hinreicht, dagegen opponieren werde. Es wird wohl so sein, dass es klügere Menschen als mich gibt. Das kann aber nicht bedeuten, dass sie für mich denken, mir vorschreiben dürfen, was ich zu denken habe oder mir ihre Gedanken psychisch oder gar auch physisch überhelfen können. Ein Gottesstaat will das. Wie alle Ideologien.

Nun gibt es den Einwand und die Frage, warum ich denn so über einen Gottesstaat lamentiere. »Wer will den denn? Wer fordert ihn? Das ist doch alles islamophob.«

Eine Phobie ist eine anhaltende krankhafte (unbegründete) Angst. Ob sie im Bezug auf den fundamentalistischen Islam tatsächlich unbegründet ist, werden wir noch sehen. Erst einmal müssen wir einen ideologischen Kampfbegriff zur Kenntnis nehmen. Ich muss Ihnen dazu sagen, dass der aber nicht (nur) von kleinen versprengten Grüppchen Linksradikaler in Hinterzimmern gepflegt wird. Die schon mehrfach erwähnte

Suchmaschine im Netz verzeichnet 1,3 Millionen Meldungen. Natürlich habe ich nachgeschaut. Denn ich gehe davon aus, dass mir das Krankheitsbild der Islamophobie diagnostiziert wird.

Am Anfang dieses Kapitels konnten Sie schon anhand der konkurrierenden Begrifflichkeiten die Vielschichtigkeit des Phänomens und seines Definitionsproblems aufnehmen. Auf den Kern reduziert, geht es um Feindseligkeit gegenüber Muslimen bzw. ihrer Religion, deren kategorische Abwertung, Diskriminierung und Benachteiligung. Die Friedrich-Ebert-Stiftung definierte es so: »Islamophobie ist ein diffuser Begriff, der alle möglichen tatsächlichen oder eingebildeten Feindseligkeiten gegen Muslime einschließt.« Ich glaube, dass man mit dieser Begründung sogar jedwede Form von kritischer Anmerkung sofort als islamophob diskreditieren und abstempeln kann. Ich hatte ja schon von Überlegungen und der Forderung berichtet, antimuslimischen Rassismus zum Straftatbestand zu erklären. Mir ist nicht geläufig, dass es einen Straftatbestand für antichristlichen, antibuddhistischen oder antihinduistischen Rassismus gibt. Was immer das auch sein mag, wir stehen hier einer ausgeprägten Kritikunfähigkeit gegenüber.

Wenn ich eine andere, durch fundamentalistische Islamauslegung und orthodoxes Leben der Religionsriten geprägte Gesellschaft mit archaisch-tradierten Herrschaftsnormen und Geschlechterrollen ablehne, leide ich dann unter einer unbegründeten krankhaften Angst? Natürlich habe ich mich aufgemacht, um zu schauen, ob es vielleicht doch auch eine andere Begründung für meine Distanz gibt. Ich will Ihnen nachstehend einen Auszug aus dem Text »Zum Verhältnis von Islam und Herrschaft« von Dr. Marwan Abou-Taam wiedergeben. Der ganze Aufsatz ist erschienen im Heft 227 der Evangelischen Zentralstelle für Weltanschauungsfragen mit dem Titel »Islam in Europa«. Es kann sein, dass die etwas längere Passage anstrengt. Aber es ist aus meiner Sicht schon eine verständliche und nachvollziehbare Erläuterung, warum fundamentalistische Islamisten, und der eine Begriff bedingt den anderen, politisch nichts Gutes im Schilde führen.

»Ibn Taymīyas (1263–1328, religiöser Gelehrter, d. Verf.) Schriften sind zentral für den islamischen Fundamentalismus. Die moderne westliche Staatlichkeit basiert auf der Volkssouveränität, die auch als Basis für die Gewährung von Sicherheit dient. Während die islamischen Gelehrten Gott als einzigen absoluten Souverän sehen, der durch seine Offenbarung die Scharia als Grundlage der Staatlichkeit festlegte. Die westliche neuzeitliche Staatsphilosophie begründet den Staat immer weltlich, während die islamische Philosophie den Gottesbezug betont. Aus diesem Unterschied entstehen viele Schwierigkeiten hinsichtlich der Kompatibilität westlicher Ideen mit dem islamisch politischen Denken. Ist der souveräne Staat in der westlichen Ideengeschichte Träger und Garant von Sicherheit, so ist die Erfüllung und Durchsetzung des Gesetzes Gottes die Hauptfunktion des islamischen Staates. Legitimiert sich die Staatsmacht im Westen aus der Grundlage der Volkssouveränität, so ist in der islamischen Zivilisation Gott der einzige Souverän. Sein Wille muss geschehen; dies zu erfüllen, ist die Funktion des politischen Herrschers. Der Staat muss nach außen hin die Mission vorantreiben, um das Wort Gottes und die Scharia zur Geltung zu bringen. … Die Grundlage des islamischen Staates basiert auf dem universalistischen Anspruch und der Absolutheit der göttlichen Wahrheit. Das impliziert, dass die Herrschaft ausschließlich vom einzigen Souverän getragen wird, so dass das Prinzip der Gottesherrschaft eine der wichtigsten Säulen der islamischen Ordnung darstellt. Hierin wird Gott als die einzige legitime rechtsetzende Instanz verstanden, in der er sich durch die Offenbarung und die darin beschriebenen Gesetze für alle Zeiten geäußert hat. Diese Gesetze sind Bestandteil der Scharia. Aus der Offenbarung sollen somit alle Rechtsprinzipien abgeleitet werden. Der Muslim hat sich diesen unterzuordnen. Hier baut der politische Islam eine Brücke zum orthodoxen Islam auf, die sich in Bezug auf die Einheit Gottes äußert, aus der jedoch ein politisches Konzept entwickelt wird, das alle Bereiche des Lebens auf der Grundlage religiöser Regeln strukturiert und bestimmt. Es handelt sich um eine Basis politischen Denkens, die sich gegen jegliche menschlich-philosophisch anmutende politische Ordnung stellt, die Gott nicht im Zentrum ihrer Gedanken hat. Der Islam ist genauso ein Widersacher des Unglaubens, wie der politische Islam ein Widersacher der auf dem Prinzip der Volkssouveränität bauenden Demokratie ist, schrieb Sayyid Qutb (*Die Zukunft ist für diese Religion*, Kairo 1965, d. Verf.). Die Politisierung religiöser Inhalte vereinfacht die Strukturen gesellschaftlicher Interaktionen und reduziert sie auf einen stetigen Kampf zwischen Gut und Böse. Ein dichotomes Denkmuster entsteht, das uns immer wieder bei der Analyse des Phänomens begegnet. Die Anhänger Gottes sind Kämpfer für das Gute und ordnen ihr Leben nach den von Gott offenbarten Regeln und Gesetzen. Ihr einziger Souverän ist Gott. Die anderen, nämlich die Ungläubigen, erkennen menschliche Gesetze an, die von irdischen Souveränen gemacht werden. Somit definiert der politische Islam ideologisch zwei Entitäten: die Hizbollah (Partei Gottes), die aus den Angehörigen der Einheit Gottes besteht, und die Hizb al-shaitan (Partei des Teufels), die aus all denjenigen besteht, die nicht getreu den Gottesgesetzen und Vorgaben leben. Dabei kann es sich um Individuen, Kollektive oder gar politische Systeme handeln. ... Demzufolge richtet sich der Kampf gegen den Westen auch, und ganz besonders, gegen den Nationalstaat. ... Damit entscheidet die religiöse Zugehörigkeit über den rechtlichen Status der Menschen. Die rechtliche Gleichheit im Verhältnis zum Staat und zu anderen Individuen, die den modernen Nationalstaat kennzeichnet, wird hierbei komplett aufgehoben. Dies impliziert die Ablehnung der Idee von der Volkssouveränität, der wichtigsten Legitimationsbasis des modernen Nationalstaats. Vertreter des politischen Islams, aber auch weite Teile der islamischen Orthodoxie lehnen dieses Prinzip kategorisch ab, mit der Begründung, dass nur Gott der Souverän sein kann. … Was die Vertreter des politischen Islams besonders beunruhigt, ist die stetige Orientierung islamischer Gesellschaften an westlichen Lebensarten. So beanstanden sie die Übernahme westlicher Wissenschaften, Wirtschaftsmodelle und gar politischer Strukturen und behaupten, dass dies die Unterentwicklung dieser Gesellschaften festige. Dabei hätten die Muslime die Aufgabe, die Menschen zu retten und sich nicht in diese aktuell vorherrschenden Systeme zu integrieren. Die vehemente Ablehnung weltlicher ›Politiken‹ und die Bereitschaft, das eigene Leben und die Umwelt nach Gottesgesetzen zu organisieren bei gleichzeitigem Drang der Ausweitung dieser Gesetze in Form von Da'wa (Mission), kennzeichnen den wahren Gläubigen und beschreiben die Hauptfunktion eines Islamischen Staates.«

Beurteilen Sie selbst, ob die Sorge vor einem solchen System unbegründet ist oder nicht.

Menschen in Dänemark, Frankreich, den Niederlanden, Portugal und Deutschland wurden im Rahmen einer 2010 vorgestellten Studie der Universität Münster befragt, ob alle Religionen die gleichen Rechte haben sollen. Bei uns war nur jeder Zweite dieser Meinung und befürwortete eine Einschränkung der Glaubensausübung. Allerdings sagten 80 Prozent, dass man alle Religionen respektieren müsse. Die Menschen sind also für fremde Religionen durchaus offen. Sie erwarten aber, dass sich Hinzukommende an die geltenden Normen des Landes halten. Welchen Glauben sie dann individuell leben, wird bedeutungslos. Was soll an dieser Einstellung islamophob sein? Ich weiß, dass solche unangenehmen Belege gerne niedergemacht werden. Hierzu kann ich nur daran erinnern, dass es aus Anlass des Besuchs von Bundespräsident Gauck beim Zentrum für Islamische Theologie in Münster zu einer erbitterten Debatte um die Ausrichtung des Religionsunterrichts gekommen ist.

Hintergrund war, dass dem Leiter des Zentrums, Prof. Dr. Mouhanad Khorchide, vorgeworfen wurde und wird, eine zu liberale Lesart des Islams zu vertreten. So spricht er sich dafür aus, dass sich Muslime von Tabus und Vorschriften befreien sollten, die nicht religiös begründet sind, sondern allein auf Traditionen archaischer Gesellschaftsformen zurückgehen. Auch müsse der Islam in modernen Gesellschaften neu interpretiert werden. Den konservativen Verbänden ist solch eine moderne Auslegung des Glaubens ein Dorn im Auge. Bei dieser Auseinandersetzung geht es letztendlich um die zukünftige Ausrichtung des Islamunterrichts in Deutschland, also im Grunde genommen darum, dass die Kinder und Jugendlichen im Glauben präpariert werden.

Mouhanad Khorchide gilt als humanistisch geprägt. Er betont das Verbindende zwischen Muslimen und Nichtmuslimen. Er weigert sich, ewige Höllenstrafen zu proklamieren. Deshalb will der Koordinationsrat der Muslime (KRM) ihn absetzen. Sie warnen sogar Studenten vor dem »Irrlehrer«. Dieser Vorgang spricht für sich.

Nach den vielen Darlegungen komme ich zu dem für mich zweifelsfreien Ergebnis: Ja, es gibt eine andere Gesellschaft. Sie definiert sich aus der Religion des Islams. Hört sich simpel an, ist aber vielschichtiger. Nicht jede Richtung, Schule, Lesart und Auslegung des Islams gehört für mich in die Kategorie »Mit Vorsicht zu genießen«. Ich kenne ganz viele Muslime, die nur in Frieden ihrem Glauben nachgehen und nicht den Staat stürzen wollen. Mich interessiert nur die fundamentalistisch-orthodoxe Abspaltung. Daraus entsteht die Frage, wie verhindern wir, dass aus der latenten Gefahr eine echte Bedrohung wird.

Die harten Keimzellen des Fundamentalismus können sicherlich Ärger bereiten und ungute Stimmung erzeugen. Ob sie eine wirkliche Gefahr für unsere Gesellschaft darstellen, kann ich nicht richtig einschätzen. Eigentlich dachte ich bisher, dass es dafür einfach zu wenige sind. Ich stoße aber immer wieder auf sich still vollziehende, schleichende Prozesse. So wurden zum Beispiel bei der Neuwahl des Landesbeirates für Integrations- und Migrationsfragen des Landes Berlin 2012 in einer Hauruck-Aktion die Gewichte verschoben. Die nicht religiös orientierten Migrantenvereine fanden sich urplötzlich im »off« wieder. Ein Bündnis aus religiösen und konservativen Organisationen, insbesondere türkischstämmiger Einwanderer, hat die Vorherrschaft übernommen und sagt, wo es langgeht. Sie sind jetzt die Berater des Berliner Senats. Die Folge dieses Vorgangs waren heftige Anfeindungen und Zerwürfnisse zwischen den Organisationen. Da war von Manipulation und bewusster Ausgrenzung die Rede. Das mag alles sein, wie es will. Fakt ist, dass auch dieses Landesgremium nunmehr religiös-konservativ besetzt und gelenkt ist.

Verunsichert bin ich aber angesichts des gerade von Bundesinnenminister Thomas de Maizière veröffentlichten Verfassungsschutzberichts 2013. Danach werden inzwischen gut 43 000 Menschen in Deutschland dem radikalislamistischen Spektrum zugeordnet. Die aus Syrien und dem Irak zurückkehrenden inzwischen wohl 500 Gotteskrieger werden mittlerweile nicht mehr als abstrakte, sondern als konkrete tödliche Gefahr angesehen. Da ich diesen Knoten nicht zu lösen vermag, will ich mich lieber inhaltlichen Dingen zuwenden.

Große Sorgen bereitet mir eine mögliche Vereinigung der fundamentalistischen Religionsprotagonisten mit den ungebildeten Bevölkerungsschichten der Muslime. Die ihre tradierten Machtkonstellationen, Familienriten sowie Rollen- und Geschlechterzuweisungen konservieren wollen. Ich bin immer wieder erstaunt, mit welcher Heftigkeit sich die einzelnen Islamrichtungen gegenseitig den Koran und die Hadithen streitig stellen. Da fliegen richtig die Fetzen. So ist beispielsweise die Frage, ob eine Frau ein Kopftuch tragen muss, stark umstritten. Die Deutung, dass eine Frau dem Mann nicht die Hand geben und ihm nicht in die Augen sehen darf, ist nicht nur umstritten, sondern wird von der Mehrheit der mir bekannten Muslime als völliger Quatsch abgetan. Dass das Zeigen des nackten Oberarms bereits eine Sünde darstellt, die mit dem Verstoß aus dem Paradies bestraft wird, erntet ebenfalls vielfach nur Kopfschütteln. Von der Ermächtigung durch den Schöpfer oder seinen Propheten, zu Hause die ganze Familie vertrimmen oder Frauen körperlich misshandeln zu können, ganz zu schweigen.

Auch wenn ich eingeräumt habe, dass meine Neuköllner Welt nicht unbedingt in jeder Kreisstadt oder für jeden auf dem Land erlebbar ist, so komme ich doch um die Prognose nicht herum, dass sich der Trend von der Bildungsferne zum Fundamentalismus vermutlich ungesteuert, aber im Ergebnis dennoch deutlich wahrnehmbar vollziehen wird. Die Zunahme von Religiosität und religionskonformem Verhalten, Kleiden und Leben ist im Alltag schon heute nicht zu bestreiten.

Der öffentliche Raum islamisiert sich, zumindest in den Städten mit hohem muslimischen Bevölkerungsanteil. Ich kann nicht sagen, dass mir das gefällt. Ich habe eine gewisse Erwartungshaltung an den öffentlichen Raum, der mich umgibt und in dem ich lebe. Dazu gehört nicht, dass Frauen in langen schwarzen Mänteln mit verhüllten Köpfen das Stadtbild und meinen Blick dominieren. Egal, ob die Teile Burka, Niqab, Tschador oder Hidschab heißen. Es gefällt mir einfach nicht. Es erzeugt in mir Distanz und nimmt mir meinen Wohlfühlfaktor. Ja, wenn Sie so wollen, auch mein Heimatgefühl. Das mögen junge Leute kitschig finden und als Gesabbel eines alten Mannes abtun. Wer aus Bad Soundso kommt und gerade einmal sechs Monate die Metropole bereichert, der kann noch kein Heimatgefühl haben. Ich bin schon zufrieden, wenn dieser Mensch nach einem halben Jahr gelernt hat, dass man Neukölln mit zwei L schreibt.

Es ist im Grunde genommen völlig bedeutungslos, ob ich die Bekleidung meiner Mitbürger als schön, angemessen, chic, cool oder als störend und total ätzend empfinde. Jeder kann anziehen, was er will, und die Musik hören, die er möchte. Wer will, kann mit seinen Kindern Geburtstag feiern oder es auch lassen. Sie können in den Sportverein geschickt oder vor den Fernseher gesetzt werden, ganz wie es beliebt. Deutschland ist ein freies Land. Das unterscheidet uns von der Feudalherrschaft, von Religionswächtern wie Stammeshäuptlingen und auch von so manchen Herkunftsländern der Einwanderer. Insofern rede ich auch nicht über Gut und Böse, über Schwarz und Weiß, sondern über unser gesellschaftliches Einvernehmen, das Zusammengehörigkeitsgefühl und die Solidarität.

Die emotionalen Bindungen der heterogenen Teile der Gesellschaft sind mein Ausgangspunkt. Wenn sich eine Gesellschaft nicht als ein gemeinsamer Organismus versteht, sondern sich teilt in »Ich« und »Die da«, dann wird sie auf Dauer keinen Bestand haben, sondern das Trennende manifestieren und irgendwann zerfallen. Ein Blick ins Geschichtsbuch hilft hier weiter. Deshalb bin ich der Auffassung, dass man die Entwicklung auf diesem Weg nicht schrankenlos sich selbst überlassen darf. »Neukölln ist überall« habe ich einmal gesagt. Diesen Satz unterschreibe ich immer noch. Wenn bei Problemen wie zum

Beispiel der Armutswanderung nur die Beruhigungspille verabreicht wird, dass sie »nur« in ein paar Großstädten – es sind in Wirklichkeit immerhin 30 – existieren und ansonsten alles eine gigantische Weiterentwicklung und Bereicherung unserer Gesellschaft ist, dann schafft man zwar vorübergehend Ruhe, aber behebt keinen Defekt. Die mangelhafte Integrationsleistung unserer Gesellschaft in den letzten 50 Jahren halte ich für einen Defekt.

Ausgebliebene Integration ist der Startpunkt von Perspektivlosigkeit, Unzufriedenheit, Neid, Benachteiligung und dem Gefühl, Opfer zu sein. Dort liegen die wahren Ursachen, warum Menschen anfällig werden für Heilsbringer, für Radikalinskis und für das spaltende »Die da«. Jemand, der mit seinem Leben zufrieden ist, hoffnungsvoll in die Zukunft blickt und sich über die gute Entwicklung seiner Kinder freut, der hat keinen Anlass, über die gesellschaftlichen Parameter vor 1400 Jahren nachzudenken, geschweige denn, sie zu aktivieren.

Doch wie steht es eigentlich um die Chancengerechtigkeit für diejenigen, die wir zwar manchmal komisch anschauen, aber dringender brauchen denn je?

Vielleicht erinnern Sie sich noch an meinen Spottbegriff, dass wir Schrumpfgermanen sind. Deutschland hat die niedrigste Geburtenrate in der EU. Auf 1000 Einwohner kommen 8,4 Geburten. In Großbritannien sind es 12,8 und in Frankreich 12,6. In Deutschland wird fast ein Viertel aller »biodeutschen« Frauen niemals Mutter, in den Großstadtlagen ist es sogar ein Drittel. Was glauben Sie, wohin das führen wird? Ich kann es Ihnen sagen: Der Wickeltisch fährt gegen die Wand.

Wenn wir migrantische Frauen mit Kinderwagen sehen, sollten wir klatschen und nicht irgendein dummes Zeug in uns hineinmurmeln. Bei den Jahrgängen 1933 bis 1992 haben nur 19 Prozent der deutschen Frauen drei und mehr Kinder zur Welt gebracht. Bei den Türkinnen waren es 39 Prozent. Die

Zahl der 2014 in Deutschland lebenden drei Millionen tür-kischstämmigen Menschen wird sich bis 2020 – in gesellschaft-lichen Dimensionen gesprochen also bis übermorgen – mehr als verdoppeln. Jedenfalls sagen das die Daten des Statistischen Bundesamtes aus dem Mikrozensus 2008 und die der Univer-sität Tübingen.

Wenn ich vom Applaus gesprochen habe, dann natürlich in der Überzeugung, dass all diese Kinder auch einmal strebsame Mitglieder der Gesellschaft werden. Ich weiß, dass Begriffe wie Fleiß, Arbeit und Nutzen vielen ein Würgen im Hals abver-langen. Schließlich ist doch der Mensch an sich der Wert, nicht seine Verwertbarkeit. Das Problem ist nur, er kann ohne ver-wertbare Kompetenzen nicht allein von Luft und Liebe leben. Das löst die Gesellschaft, indem sie den jungen Leuten den Weg ebnet. Sie schafft die Rahmenbedingungen, die für ein selbstbestimmtes Leben erforderlich sind. Hierzu gehört, die Lebensbedingungen im Land zu beobachten, Schlussfolgerun-gen daraus zu ziehen und gegebenenfalls Maßnahmen zur Be-hebung von Missständen zu ergreifen. Alles überhaupt nichts Neues. Hat uns schon Ferdinand Lassalle gesagt.

Integration ist ohne Bildung nicht möglich. Ohne Integra-tion ist ein Leben in Wohlstand sehr unwahrscheinlich. Ohne integrierte und kompetente Arbeitnehmer an innovativen Ar-beitsplätzen wird unsere Wirtschaft die Herausforderungen von morgen nicht bestehen. Deshalb führt mich mein Weg nun – wie sollte es auch anders sein – zur Bildungspolitik.

Es ist nicht von der Hand zu weisen, dass die jungen Leute mit Migrationshintergrund in der Schule und bei der Berufs-ausbildung immer noch nicht so gut Fuß fassen wie die »bio-deutschen« Schüler. Das ist unter den einzelnen Ethnien durch-aus unterschiedlich ausgeprägt, ohne dass ich das hier vertiefen möchte. Auffällig ist erneut, dass muslimische Jugendliche und dort insbesondere wieder die muslimischen jungen Männer das Schlusslicht der Bildungskarawane sind. Damit es nicht wieder heißt, ich wäre ein notorischer Alarmist und Schwarzmaler, berufe ich mich an dieser Stelle auf die ehemalige Integrationsbeauftragte der Bundesregierung, Marieluise Beck. Sie prognostizierte schon 2005 angesichts des schlechten Ausbildungsstands – deutlicher formuliert: der Ausbildungsunfähigkeit, bei 40 Prozent der jungen Leute: »Hier bahnt sich eine Katastrophe an.«

Diese düstere Ahnung hat ihre Erfüllung im Bildungsbericht 2014 gefunden. Darin wird nach Art der tibetanischen Gebetsmühle zum wiederholten Mal verkündet, dass Kinder mit Migrationshintergrund im Bildungsbereich häufiger als ihre Altersgenossen auf der Strecke bleiben. Migranten weisen fünfmal mehr keinen Schulabschluss und dreimal so häufig keinen Berufsabschluss auf wie gleichaltrige Deutsche. Besonders die türkischstämmigen Migranten ragen negativ heraus. Hier ist jeder Zweite ohne Berufsabschluss. Das ist jetzt aber nicht mehr dem »Alarmismus« des Ausländerbeauftragten Heinz Kühn von vor 35 Jahren anzulasten. Diese desaströsen Fakten fallen bereits in Verantwortung der aktuellen Ära der »unglaublichen Erfolgsgeschichte Integration in Deutschland« im Sprachgebrauch des PC-Schönsprechs. Dieser dominiert, wie wir sehen, weiter ungebremst: Am 12. Juni 2014 betonte die Präsidentin der Kultusministerkonferenz Sylvia Löhrmann: »Auf dem Weg zu mehr Leistungsfähigkeit und Chancengerechtigkeit im Bildungssystem haben wir in den vergangenen Jahren erkennbare Fortschritte gemacht.« Einen Tag später, am 13. Juni, erklärte Bildungsforscher Martin Baethge vom Soziologischen Forschungsinstitut Göttingen bei der Vorstellung des Berichts »Bildung in Deutschland« der gleichen Kultusministerkonferenz zum Anteil der Migranten ohne Bildungskarriere, dass es sich um eine »unglaubliche Zahl« handelt, die sich seit dem ersten Bildungsbericht 2006 kaum geändert hat.

Er bezog sich hierbei auf die fehlende Berufsausbildung bei jungen türkischen Migranten.

Eine solche sich selbst erfüllende Prophezeiung wie die von Marieluise Beck führt zu tiefer Bitternis, zumal die Situation bei uns in Neukölln sogar noch dramatischer ist. Ich erinnere an meine Hinweise, dass in Neukölln im ganzen Bezirk zwei Drittel und im Norden 80 Prozent der Einwanderernachkommen unter 25 Jahren Kunden des Job-Centers sind. Welche Alternative zum Dönerscheibenschneider, Brötchenverkäufer, Hartz-IV-Empfänger oder zu »polizeibekannt« wartet auf sie? Selbstbestimmtes Leben geht anders.

Haben wir etwas daraus gelernt? Scheinbar kaum. Oder wie bewerten Sie das auch »Herdprämie« genannte Betreuungsgeld? Nach einer im Frühsommer 2014 veröffentlichten Studie der TU Dortmund und des Deutschen Jugendinstituts erweist sich das Betreuungsgeld als besonders attraktiv für Familien, die eine geringe Erwerbsbeteiligung aufweisen, durch eine gewisse Bildungsferne gekennzeichnet sind und einen Migrationshintergrund haben. Ein Viertel der Familien mit ausländischen Wurzeln, die ihr Kind nicht in die Kita geben, begründen dies allein mit dem Betreuungsgeld. Aus dem gleichen Grund lehnt mehr als jede zweite Familie mit einfachem oder ohne Bildungsabschluss eine professionelle Kinderbetreuung ab. Damit verschärft das Betreuungsgeld die Chancenungleichheit. Es ist also auch hier genau das eingetreten, wovor alle Experten eindringlich gewarnt hatten. So werden gesellschaftliche Schranken nicht abgebaut, sondern errichtet.

Die Grundvoraussetzung jedes Erfolgs und Aufstiegs ist die Beherrschung der Landessprache. Hatten wir schon, und so richtig neu ist diese Feststellung ja auch nicht. Aber ich muss wieder mit der sozialromantischen Vorstellung aufräumen, dass sich der Sprachstand von Generation zu Generation aus sich selbst heraus – quasi von allein – verbessern wird. Das ist und bleibt Träumerei. Die Zahl der Kinder, die ohne Deutschkenntnisse in Berlin eingeschult wurden, hat in den letzten drei Jahren dramatisch zugenommen. Fast jedes zweite Kind ist der deutschen Sprache gar nicht oder nur fragmentweise mächtig. Hinzu kommen die Kinder, die im Wege der aktuellen Bevölkerungswanderung ihren Wohnsitz in Deutschland genommen haben. Das sind in Berlin mehr als 2700 Kinder, die anfangs Unterricht in sogenannten Willkommensklassen erhalten müssen, bis sie in Regelklassen wechseln können. Vor zwei Jahren waren es 57 Klassen, heute sind es bereits 232. Zeitweise machen wir allein in Neukölln jede Woche eine neue auf.

Ich möchte bei den Kindern bleiben, deren Eltern bereits in Deutschland aufgewachsen und sozialisiert sind, die aber trotzdem ohne die erforderliche sprachliche Fitness eingeschult werden. Hierfür gibt es viele Ursachen: den Sprachgebrauch zu Hause, den Fernseher mit Satellitensendern, die Reisen ins Dorf vom Opa sowie eine allgemeine Sprachlosigkeit und Kommunikationsunfähigkeit. Die Gesellschaft darf es aber nicht nur bei der Feststellung der Defizite und beim Lamentieren darüber belassen, sondern sie muss handeln. Dort, wo die Eltern sich als unfähig, unwillig oder überfordert erweisen, muss alles, was möglich ist, unternommen werden, ihren Einfluss zurückzudrängen. Das heißt: Kindergartenpflicht und Ganztagsschule. Ist auch nicht neu, bleibt aber trotzdem richtig.

Wenn Ihnen das Rezept unter der Überschrift »Für ein paar Ausländerkinder will Buschkowsky allen deutschen Eltern ihre Kinder wegnehmen und einer sozialistischen Einheitserziehung zuführen« zu martialisch erscheint, dann kann ich Ihnen nur raten: Schlummern Sie weiter. Es ist bei weitem nicht so, dass alle »biodeutschen« Eltern preisverdächtig sind. Im Übrigen sind 70 Prozent aller Eltern in Deutschland für Ganztagsschulen. Hier klafft aber noch eine gewaltige Lücke.

Der Ausbau von Ganztagsschulen hat an Tempo verloren. Sind zu Zeiten des milliardenschweren Bundesprogramms 175 000 Ganztagsplätze im Jahr entstanden, sind es jetzt gerade noch gut 100 000, die jährlich hinzukommen. Im Moment besuchen nur 14 Prozent der Kinder eine gebundene Ganztagsschule, also eine mit verbindlicher Anwesenheit bis zum Nachmittag. Die Versorgung reicht von 12 Prozent in Bayern bis 80 Prozent in Sachsen, wo auch die besten Testergebnisse von Schülern herkommen.

Nach einer Studie der Bertelsmann Stiftung fehlen noch 2,8 Millionen Plätze. Wenn es in dem jetzigen Schneckentempo weitergeht, würde es noch 20 bis 25 Jahre dauern, bis die fehlenden Plätze erreicht sind. Der Ausbau aller Schulen zu dieser angesagten Unterrichtsform würde ohne Personalkosten etwa zehn Milliarden und mit Personalkosten etwa 20 Milliarden Euro Kosten verursachen. »Der Ausbau der Ganztagsschule ist eine nationale Kraftanstrengung«, hat uns Jörg Dräger, der Bildungsexperte der Bertelsmann Stiftung, ins Pflichtenheft geschrieben. Also, worauf sollen wir warten? An anderer Stelle sind wir ja nicht so zurückhaltend.

Erinnern Sie sich, was uns die Bankenrettung gekostet hat und heute noch kostet? Schauen Sie zum Vergleich einfach nur, wie hoch der Etat für Langzeitarbeitslose, also sprich Hartz IV, in Deutschland ist. Ich kann Ihnen die Mühe ersparen, es sind 250 Milliarden Euro pro Jahr. Reparaturbetriebe sind hinterher immer teurer.

Schule kontra Sandkastenspiele

Es führt nun einmal kein Weg an der Erkenntnis vorbei, dass hinter schwachen Schülern fast immer schwache Eltern stehen. Dass das Versagen von Eltern ursächlich mit dem Schuldesaster ihrer Kinder zusammenhängt, glauben befragte Eltern erstaunlich selbstkritisch zu 80 Prozent. Es ist auch kein Geheimnis, dass Deutschland sich von allen Industrienationen am schwersten damit tut, die Bildungschancen der Kinder vom sozialen Status der Eltern abzukoppeln. Nirgendwo wird das prekäre Leben der Eltern so häufig an die Kinder weitergegeben (vererbt) wie bei uns. In den sozialen Brennpunkten führt das zu Verhältnissen, die man sich im Bildungsbürgertum kaum vorstellen kann.

Das fängt schon bei Selbstverständlichkeiten an. Von den Neuköllner Grundschülern können 40 Prozent nach Beendigung der dritten Klasse noch immer nicht schwimmen. Das ist der mit Abstand negativste Wert in Berlin. In bürgerlichen Bezirken gelingt es nur 6 bis 8 Prozent der Schüler nicht, den Schwimmunterricht erfolgreich zu bestehen. Die (kulturrelativistische) Erklärung der Schulsenatorin war, dass es bei der Wertschätzung der Schwimmfähigkeit kulturelle Unterschiede gebe. Wohl wahr. Die Leiterin einer Grundschule in Nord-Neukölln zürnte, dass sie manchmal schon froh wäre, wenn sie manche Kinder nach dem einen Jahr Schwimmunterricht dazu bewegen könnte, den großen Zeh ins Wasser zu stecken.

Eine Grundschule beantragt den Einbau einer Dusche mit

Warmwasserzugang, weil das Kollegium immer wieder einnässende und einkotende Kinder säubern muss. Deren Sauberkeitserziehung zu Hause ist ein bisschen zu kurz gekommen.

Neulich besuchte mich eine Grundschulklasse. Die Kinder kletterten auf den Rathausturm und fragten ihrem Bürgermeister Löcher in den Bauch. Kurz und gut, sie waren durch die Bank einfach zum Knuddeln. Weniger knuffig waren allerdings ihre Sprach- und Schreibfähigkeiten. Das war so mehr Kindergartenniveau. Als ich die Lehrerin darauf ansprach, war es wie das Öffnen eines Wasserhahns. Es sprudelte förmlich aus ihr heraus. Sie berichtete vom Kampf um das Zähneputzen und um Schulbrote statt Burger. »Ich kämpfe an vielen Fronten gleichzeitig und habe zu wenig gemeinsame Zeit mit den Kindern. Die Klasse ist mit 27 Kindern einfach zu groß. Schüler nichtdeutscher Herkunft haben zu Hause meist keine Unterstützung. Schule im Brennpunkt braucht die Kinder den ganzen Tag.«

Ich berichte Ihnen das nicht, um mich im Elend der Bürger zu suhlen. Ich verbinde meine Schilderungen mit einer Frage: Wie, glauben Sie, soll aus solchen Startbedingungen ein erträumtes, glückliches Leben und eine Hornhaut gegen die Verlockungen der fundamentalistischen Heilsjünger entstehen?

Lassen Sie mich Ihnen weitere Beispiele der Leistungsfähigkeit unseres Bildungssystems präsentieren. Die Daten und Personen sind selbstverständlich verfremdet. Die jungen Leute stehen hier auch nicht im Mittelpunkt, sondern das, was wir an ihnen versäumt haben.

Als Erstes gebe ich Ihnen einen kurzen E-Mail-Verkehr mit einem jungen Mann wieder, der mir Folgendes schrieb:

»In einer Woche mache ich Ausbildung als Sozialassistent. Wir haben ein Projekt im Politikunterricht. Für dieses Projekt müssen wir mit unserem Bezirksamt über unseren Bezirk eine Besprechung machen. Ich habe ihnen per Telefon verbinden versuch. Aber ich könnte nicht erreichen. Wenn sie mir einen Termin vereinbaren würde wäre ich sehr glücklich.«

Weil es mit dem Termin nicht so klappte, erbat er von mir Informationsmaterial mit folgender Mail:

»Vielleicht können Sie für mich Informationsmaterials über unseren Bezirksamt stellen. Ich wäre sehr glücklich, da soll ich bis nächste Woche mein Projekt fertig machen. Vielen Dank für ihre Interesse.«

Entscheiden Sie selbst, welche Chance der junge Mann hat, wenn er sich mit diesem Sprachstand um einen Ausbildungsplatz bewirbt.

Ich habe noch weitere Kostproben vom Sprachstand junger Menschen, die zehn Jahre im wahrsten Sinn des Wortes die deutsche Schule durchlaufen haben. Sie waren verwickelt in irgendwelche Rangeleien, wie sie halt in einer Schule vorkommen. In welcher Form sie darüber einen kurzen Bericht niedergeschrieben haben, möchte ich Ihnen nicht vorenthalten.

»Was jetzt in der Pause pasiert ist Es kam Tarek (*Name geändert*) zu mir und sagte Pas auf Abdul (*Name geändert*) will dich angreifen. Dann bi ich zu ihm gegan und meinte warum Erzählst du Scheise über mich. Dann kam er ganz nah an mein gesicht und meinte halt die Fresse und ging in Position und nahm seine hand aus der tasche. Dan gab ich ihn ein Schlag mit dem Kopf und meinte was los mit dir und haltete ihn fest dan nahm mich her Müller (*Name geändert*) mit.«

Die zweite Kostprobe stammt ebenfalls von einem Zehntklässler. »Gestern meinte Bilal (*Name geändert*) und die anderen: immer Opa die beleidigen mich und provosiren mich. Ich bleib ruhig und halte mich vern von ihn. Heute in Cafitaria gabte es zwei schlangen ich stehte mich auf die zweite schlange und hab mir was gekauft darneben wahr Bilal und heider (*Name geändert*). Bilal hat mich geschoppst und hat sich vorgedrengelt dann kamm heider und halte mich von hinten und

Bilal die haben mich provosirt. Dann wir wahren hinter natur-warlt kamm Bilal und kuckte mich an dann habe ich gesargt Kuck nicht Bilal dann meinte er willst du kämpfen dann hat er gesagt du bist nix. Dann hab ich gesaght mein Cousang meint du bist ein Knächt dann meinte er du hund Komm Kämpfen dann hab ich ihn gesagt verkacke nicht freundschaft dann bin ich gegangen. Dann kamm Bilal ins Klassenraum und sagte: Unsere sache ist nicht geklärt. Dann meinte ich hasst gahr de bekommen. Er kamm und sagte hast du verstanden. Dann meint er willst du kämpfen und hat sein jacke ausgezogen dann hab ich mein jacke ausgezogen und wollte ihn angreifen, dann hab ich denn stuhl genommen und auf ihn geschmissen dann ist frau Meier (*Name geändert*) vorne auf denn geschicht dann ist der Stuhl ohne absicht auf Frau Meier gekommen.«

Ich denke, wir sind einer Meinung. Das müssen wir einfach besser hinkriegen.

Um dem Vorwurf der einseitigen Sichtweise zu entgehen, will ich Ihnen auch ein positives Exempel für gelungene Integration vorlegen, das mich mit folgenden Worten einer Zuschrift erreichte.

»Ich musste im Dezember 2013 ins Krankenhaus. Ich bekam eine neue Bettnachbarin. Eine junge Frau ausländischer Herkunft. Na toll, dachte ich. Aus Erfahrung weiß ich, dass 1. Ausländische Mitbürger die Narkose anders vertragen und somit sehr unruhig sind und 2. Meistens kommt viel Besuch mit in Alufolie verpacktem Essen.

Die erste Vermutung stimmte. Sie musste sich laufend übergeben. Die Nacht war sehr unruhig. Ein Freund stellte sich abends als Michael (*Name geändert*) vor, mit modischen Jeans, wo der Hintern in der Kniekehle hängt. Am nächsten Abend erschien er wieder bepackt mit zwei riesigen Tüten. Er schenkte uns je 1 Tafel Schokolade für die Unannehmlichkeiten der vergangenen Nacht … Ein wenig neugierig geworden, begann ich meine Bettnachbarin auszufragen. Es stellte sich dann heraus, dass sie mit 19 Jahren alleine aus Albanien nach Deutschland gekommen ist, um zu studieren. Ohne Deutschkenntnisse, das war sehr schwer. Sie lernte dann Michael kennen und es ging aufwärts mit dem Studium und der Sprache. Sie kommt also aus Albanien und der Freund aus Bamberg. Sie hat in Berlin ihr Studium so gut abgeschlossen, dass sie gleich eine feste Anstellung bekommen hat. Sie ist Architektin und arbeitet in … und wohnt in Neukölln in der …

Nach ihrer Entlassung feiert sie ein großes Fest. Ich habe vermutet, Geburtstag oder Verlobung, denn Michael ist das Beste, was ihr im Leben passiert ist. Den will sie auch heiraten. Nein, sie wird eingebürgert. Wörtlich sagte sie: ›Ich kann doch meinen Michael nicht heiraten, ohne Deutsche zu sein. Dann denken ja alle meine Freunde, ich würde ihn wegen der Staatsbürgerschaft heiraten.‹

Ich konnte ihr nur sagen, dass unser Bürgermeister mit ziemlicher Sicherheit diese Ehrung vornehmen wird.

Ich glaube, solche Menschen braucht unser Land.«

Fragen Sie sich auch, wie es zu solch krassen Unterschieden kommen kann? Das Gros junger Männer, die hier geboren und aufgewachsen sind, kriegt rein gar nichts gebacken. Alles außer Motorraserei, Wettbüro und Sportstudio Fehlanzeige. Ich würde mich freuen, wenn ich mich irre. Aber die Erfolgsgeschichte der jungen Frau, die erst mit 19 Jahren nach Deutschland kam, innerhalb kurzer Zeit die Sprachbarriere überwindet und beruflich schon fest im Sattel sitzt, die werden die beiden gespiegelten halbstarken Knaben wohl kaum hinlegen.

Vielleicht haben Sie schon von unserem Modellvorhaben gehört. Es ist uns in beachtlichem Umfang gelungen, jungen Menschen aus dem benachteiligten Milieu Schulbildung ohne die geschilderten niederschmetternden Einbrüche zu vermitteln. Ja, das geht. Wir haben es in Neukölln mit dem Albert-Schweitzer-Gymnasium und der Rütli-Gemeinschaftsschule bewiesen. Die Schülerschaft hat sich an beiden Schulen nicht verändert. Sie besteht noch immer zu 90 Prozent aus Einwandererkindern, die zum Teil aus polizeibekannten Familien stammen oder selbst schon Routinegäste bei den Ordnungshütern sind.

Die Rütli-Gemeinschaftsschule ist mittlerweile eine übernachgefragte Schule. Sie führt heute jeden 5. Schüler bis zur Abiturprüfung. Zwei Drittel der Schüler erhalten den mittleren Schulabschluss. Der Rest erlangt die Berufsbildungsreife. Einige wenige verlassen die Schule noch immer ohne Abschluss. Anders als früher ist diese Art, die Schule zu beenden, aber nicht mehr der Spitzenreiter, sondern bewegt sich im üblichen Bereich. Das ist aus einer Schule geworden, in der die Polizei bis 2006 fast täglich ein und aus gegangen ist und aus deren Fenstern Stühle geflogen sind. Die Übergabe der ersten 23 Abiturzeugnisse war 2014 für alle Akteure der letzten sieben Jahre ein bewegender Moment. Ich habe keine getrocknet, aber es sollen Tränen geflossen sein.

Das Albert-Schweitzer-Gymnasium war halb leer und stand kurz vor der Schließung. Es hat heute ebenfalls mehr Nachfragen als Plätze, und die Zahl der Abiturienten hat sich verfünffacht, seit wir die Migrantenorganisation Türkisch-Deutsches Zentrum mit ins Boot geholt haben, die die Schüler während des Ganztagsunterrichts coacht. Es war als Modellprojekt Berlins erstes Ganztagsgymnasium, heute hat jeder Bezirk eines. Beide Schulen sind ein belastbares Indiz dafür, dass eine andere Bildungspolitik, eine Schule, die ganz bewusst die Defizite von Unterschichtkindern in den Fokus nimmt, auch Erfolge hat. Wenn wir aber weiter so tun, als ob alle unsere Kinder mit gefalteten Händen in der Bank sitzen, blonde Zöpfe haben und weiße Kniestrümpfe tragen, dann müssen wir wohl weiter über Schulschwänzer, Schul- und Ausbildungsabbrecher sowie Jugendkriminalität diskutieren.

»Sie mit Ihrem Neukölln«, diese Bemerkung begegnet mir immer wieder. »Bei uns ist das nicht so.« Aha, denke ich mir dann. Doch wenn mir mein Rechner E-Mails aus anderen Bundesländern ausspuckt, mit denen Lehrer oder Schulleitungen einfach einmal etwas loswerden müssen, dann erinnere ich mich an diesen Klugschnack. Hier eine Kostprobe.

»Der Migrationsanteil an meiner Schule liegt immer zwischen 80 und 90 Prozent. 30 bis 50 Prozent der Schüler erhalten staatliche Transferleistungen. Ein überdurchschnittlicher Anteil der Schülerinnen und Schüler kommt aus bildungsfernen Elternhäusern. Damit verbunden ist ein überdurchschnittlich hoher Anteil, der weder die eigene Muttersprache noch die Verkehrssprache Deutsch in Schrift und Sprache ausreichend beherrscht. Darüber hinaus beschulen wir eine große Zahl von Schülerinnen und Schülern mit verschiedenstem Förderbedarf, die mit geringer Regelakzeptanz, erheblichen Erziehungsdefiziten und mangelhaftem Vorläuferwissen in die Schulen kommen. Die so zusammengesetzte Heterogenität führt zu einer ›pädagogischen Farce‹ im Gegensatz zu den Ansprüchen und Erwartungen des traditionellen staatlichen Schulwesens. Diese Herausforderung ist verbunden mit einem zusätzlichen zeitlichen und persönlichen Aufwand, der aus professioneller Sicht uns Schulleiter veranlasst, eine Überlastungsanzeige anzumelden. Die Grenzen der Belastbarkeit sind erreicht. Unter diesen Bedingungen werden unsere Schulen ihren gesellschaftlichen Aufgaben nicht mehr gerecht! Die durchschnittlichen Leistungen meiner Schülerinnen und Schüler liegen unter dem Durchschnitt aller anderen Schulen. Unsere Ergebnisse geben die Erkenntnisse nationaler und internationaler Studien in verschärfter Form wieder. Nahezu jedes Engagement wird durch die bestehenden Rahmenbedingungen konterkariert. Ein Anteil von circa 40 Prozent der Schülerinnen und Schüler, die sich durchgehend im unteren Leistungsdrittel befinden, hat kaum eine Chance, in den normalen Arbeitsmarkt zu kommen. Wenn überhaupt, dann im alimentierten Niedriglohnsektor. Bei Nichthandeln stellen diese Schülerinnen und Schüler auf diesen Kompetenzstufen ein individuelles und gesellschaftliches Risikopotential dar. Hier wäre dann eine Integration in gesellschaftlich relevante Handlungsfelder nahezu ausgeschlossen.«

Die Zuschrift ist natürlich viel länger. Ich wollte Ihnen nur die Gefühlswelt einer Schulleiterin irgendwo in Deutschland nach Hause bringen. Dass so etwas nicht immer auf ein positives Echo trifft, erfuhr eine Grundschullehrerin außerhalb Berlins. Sie schrieb einen Brief an die Eltern über die Unarten und völlig indiskutablen Verhaltensweisen ihrer Schützlinge. Schlägereien, Fäkalsprache, aggressives ungehorsames Verhalten auf Ansprache oder völlige, schon morgens um acht Uhr zu verzeichnende Überreizungszustände, weil SuperRTL den Blutzuckerspiegel bereits eine Stunde vor der Schule in die Höhe getrieben hat. Was denken Sie, wie haben die Eltern auf den Brief der Lehrerin ihrer Kinder reagiert? Nein, es waren nicht alle Eltern, die die Probleme auf ein fehlendes pädagogisches Konzept der Lehrerin zurückgeführt und den Brief als den Eltern gegenüber respektlos empfunden haben. Es gab auch Eltern, bei denen der Brief die beabsichtigte Wirkung erzielt hat. Diese befanden sich allerdings in der Minderheit.

Natürlich, ich kann nicht über Schule schreiben und keinerlei Hinweise auf Leistungsunterschiede geben, die aus meiner Sicht Systemveränderungen zwingend erforderlich machen. Ein ziemlich gutes Barometer für die Lebensbedingungen im Sozialraum stellen für gewöhnlich die Empfehlungen beim

Schulübergang von der Grundstufe in die Mittelstufe dar. Üblicherweise liegen in Berlin die Werte für eine Gymnasialempfehlung je nach Wohngebiet zwischen 45 und 60 Prozent. Die allgemeine Regel lautet, dass etwa jedes zweite Kind eine Empfehlung zum Wechsel auf diesen Schulzweig erhält. Die Pädagogen unter Ihnen werden beim Lesen des nächsten Satzes Mühe haben, das Buch in der Hand zu behalten. Im Neuköllner Norden haben wir Grundschulen, die acht bis zehn Prozent ihrer Abgänger für das Gymnasium empfehlen. Dass die oft in Zweifel gezogenen Empfehlungen der Lehrer durchaus eine fundierte Basis haben, erkennt man daran, dass nur 4 Prozent der Berliner Schüler mit einer Gymnasialempfehlung das Probejahr dort nicht bestehen. Hingegen scheitert ein Drittel der Schüler, die trotz einer Sekundarschulempfehlung zum Gymnasium wechseln.

In Berlin gibt es inzwischen 44 Grundschulen, in denen mehr als 80 Prozent der Schülerinnen und Schüler eine andere Mutter- bzw. Familiensprache haben als Deutsch. Medial gefeiert wird in Berlin, dass rund 27 Prozent der Schülerinnen und Schüler mit Migrationshintergrund das Abitur abgelegt haben. Einser-Abis sind auch darunter, keine Frage. Man vergisst nur zu erwähnen, dass bei den deutschstämmigen Schülern 46 Prozent mit dem Abitur abgeschlossen haben. Ein kleiner Unterschied von fast 20 Prozentpunkten. Weitere aktuelle Feindifferenzierungen etwa nach einzelnen Ethnien kann ich Ihnen nicht liefern: Solche Daten werden offiziell nicht mehr erhoben bzw. veröffentlicht, weil das als rassistisch gilt. Ich weiß nur nicht, wie man so Problemzonen erkennen und angehen will.

Ich will noch mit den Ergebnissen eines anderen Berliner Bezirks aufwarten, der früher zu Ost-Berlin gehörte. Dort gibt es viele vietnamesische Schüler, aber auch fast genauso viele Schüler mit libanesischem Pass. Von den 1800 vietnamesischstämmigen Schülern besuchen 630 das Gymnasium, von den

1750 arabischstämmigen 114. Ich möchte die Zahlen nicht weiter kommentieren. (Vorsicht, Rassismus.)

Sind Sie interessiert an einer unterhaltenden Anekdote, die sich zur Abwechslung einmal wieder in Neukölln abspielte? Ich habe diesen Fall öffentlich als die irrste Klage des Jahres bezeichnet. Drei türkisch- bzw. arabischstämmige Schüler müssen das Gymnasium nach dem Probejahr verlassen. Sie haben es nicht gepackt. Sie waren fleißige Sammler, insbesondere was Fünfer auf ihren Zeugnissen anging. Auf 22 brachte es das Trio. Vom Gymnasium zur Sekundarschule wechseln zu müssen ist nicht schön, aber letztendlich auch kein Beinbruch. Dort kann man das Abitur auch machen. Die Eltern sahen das nicht so entspannt und klagten vor dem Verwaltungsgericht, weil das Versagen ihrer Kinder auf eine ethnische Diskriminierung zurückzuführen gewesen sei. Es wären mit 63 Prozent zu viele Migrantenkinder in der Klasse gewesen. Das habe sie runtergezogen. Außerdem gab es auch eine andere Klasse mit weniger Einwandererkindern, beschwerten sich die Eltern. Stimmt, das war die Lateinklasse, in die die drei nicht wollten. Andere Einwandererkinder der Diskriminierungsklasse haben das Probejahr im Übrigen bestanden.

Migranten werden durch die Anwesenheit von anderen Migranten diskriminiert. Wenn der Staat das nicht verhindert, wird er verklagt. Ja, geht's noch? Diese Skurrilität zeigt einmal mehr, zu welcher Flunkerperspektive Eltern neigen können. Natürlich sind an jedem Versagen Schule und Lehrer schuld. Geben diese Ratschläge und Prognosen, werden sie sofort verunglimpft, wenn das nicht ins eigene Wunschbild passt.

Für den Fall, dass Sie der Ausgang interessiert, will ich mit der Nachricht dienen, dass das Verwaltungsgericht die Klage abgeschmettert hat. Die Kläger sind nicht in die Berufung gegangen.

Das war doch einmal eine nette Geschichte. Sie zeigt aber auch, dass sich Eltern – zutreffend oder nicht – durchaus Gedanken machen, wie sich die Bildungsferne anderer Familien auf die Wissensaneignung ihrer eigenen Kinder, man kann auch sagen auf das Lernniveau in der Schule auswirkt. Das führt zu der von mir schon so oft beschriebenen Segregation, der Entmischung in den Schulen.

Für junge Leute ist es spannend und witzig, in einem sozialen Brennpunkt zu leben, wo richtig Action und alles etwas krass und nicht so spießig ist. Das schillernde und rustikale Umfeld verliert allerdings spätestens dann seinen Reiz, wenn man eine Familie gegründet hat und der Nachwuchs in die Schule kommt. Erinnern Sie sich an die nette Episode mit der Verlängerung der Grundstufe in Hamburg? Auch dort waren die Verfechter der klassenlosen Gesellschaft an vorderster Front. Möglichst langes gemeinsames Lernen ohne soziale Schranken, lautete die Propaganda. Zumindest verbal. Denn der Volksentscheid über die Verlängerung der Grundstufe von vier auf sechs Jahre bekam keine Mehrheit. »Doch nicht mit meinem Kind«, haben sich die Eltern gesagt. So weit die Übereinstimmung der Lebensrealität mit den Flugblättern.

Bei uns in Neukölln ist das nicht anders. Unsere Grundstufen orientieren sich schon lange nicht mehr an den Einwohnerlisten, die sie ein halbes Jahr vor Schuljahresbeginn erhalten. Von den darauf befindlichen deutschnamigen Kindern kommt ohnehin kaum eines an. Bei der letzten Einschulung von rund 2400 Kindern hat fast jede zweite Familie beantragt, dass ihr Kind nicht im eigentlichen Einschulungsbereich in die Schule kommt. Eine klare Sprache. Dass so etwas auch nach hinten losgehen kann, erfuhr eine Schule, die es sich zur Aufgabe gemacht hatte, der Segregation die Stirn zu bieten. Dem Elternwunsch entsprechend, fasste sie Kinder mit guten deutschen Sprachkenntnissen in einer Klasse zusammen. Daraufhin blieben die Eltern im Kiez. Das wiederum rief die Tante zweier nicht zu der Gruppe gehörender Mädchen auf den Plan, die rassistische Diskriminierung reklamierte. Aber nicht doch, Sie müssen jetzt nicht glauben, dass dieser Schule der Rücken gestärkt wurde. Der örtliche Schuldezernent und die Landesschulbehörde haben eilfertig in die Schulorganisation eingegriffen und eigenhändig die Schüler neu gemischt. Da haben auch rund 100 Unterschriften der übrigen Eltern der Schule nicht geholfen. Es versteht sich von selbst, dass gerade diese Schule einen hervorragenden Ruf in Integrationsfragen hat. Mit zusätzlichen Sprachkursen für die Mütter, Müttercafé, Bilderbuchkino oder Lesungen in türkischer und arabischer Sprache. Es ist ein Stück aus dem Tollhaus, was dort passiert ist. Aber wie gesagt, meinen Sie bloß nicht, dass irgendjemand ein profundes Körperteil in der Hose hatte, solchem Blödsinn die Stirn zu bieten.

In die Kategorie Unsinn passt auch der eher unterhaltende als zielführende Vorschlag, auf die Erfassung von sprachlichen und kulturellen Hintergründen der Schüler zu verzichten. Bisher müssen Eltern in Berlin bei der Schulanmeldung angeben, welche Sprache ihr Kind regelmäßig zu Hause spricht. Das dient einerseits der Ermittlung der Personalzuschläge, die eine Schule für die betreuungsintensivere Arbeit mit Schülern nichtdeutscher Herkunftssprache erhält. Andererseits kann die Schule auch die Klassen besser zusammensetzen und so beispielsweise verhindern, dass eine Ethnie den Klassenverband dominiert. Wenn wir überhaupt nichts mehr über den sozialen und kulturellen Hintergrund der Kinder wissen, dann können wir auch nicht auf ihre individuellen Bedürfnisse eingehen. Und gerade dies ist der eigentliche Stand der Erziehungswissenschaft. Sie fordert ein stärkeres individuelles Zugehen auf die Problemlagen der Kinder und nicht den Einheitsbrei.

Wenn man über Veränderungen der Bildungspolitik und des Schulwesens redet oder diskutiert, kommt immer schnell die Frage, wer das alles finanzieren soll. Na, wer könnte wohl dafür in Frage kommen, das Bildungswesen zu bezahlen, möchte ich dann immer am liebsten zurückfragen. Von Interesse ist in diesem Zusammenhang die Schulstudie 2014 des Bundes. Zwei Drittel aller Deutschen wünschen sich, dass der Staat mehr Geld für die Bildung ausgibt. Also sind wir wieder an dem Punkt, an dem wir schon öfter waren. Die normalen Menschen sind oftmals vernünftiger als die Politik. Die Bildungspolitik braucht unbestritten einen Paradigmenwechsel. Bis auf die Schulräte und sonstige Oberbeamten in den Kulturministerien sehen das eigentlich alle so. Bildung ist keine regionale Aufgabe. Die Rahmenkompetenz für unsere Schulen muss weg von den Bundesländern hin zum Bund. Es muss ein Ende haben, dass nach jeder Landtagswahl die Arbeitsgruppen von Koalitionsparteien Sandkastenspiele veranstalten nach dem Motto »Was wir schon immer einmal ausprobieren wollten«. Nahezu aberwitzig ist das im Grundgesetz verankerte Kooperationsverbot des Bundes mit den Städten und Gemeinden im Bildungsbereich. Das muss dort schleunigst wieder raus. Zurück zur Frage: Natürlich sind das gesellschaftliche Kosten. Aus meiner Sicht sogar die bedeutendsten. Denn wenn ein Volk seine Bildung verspielt, dann wird es unweigerlich den Anschluss an die Moderne verlieren. Erinnern Sie sich nur daran, wo im Altertum das intellektuelle und kulturelle Zentrum der Welt war und wie es heute dort aussieht. Das ist schon ein bitterer Niedergang.

Neben der Aufgabe der Binnendifferenzierung unter den Schülern gibt es eine weitere »Geheimwaffe«, um die Bildungsferne zu kaschieren. Sie heißt Leistungsreduktion oder auch Normenabsenkung. Das bedeutet nichts anderes, als dass die Anforderungen einfach nach unten geschraubt werden.

In Berlin ist man hier gerade mit Siebenmeilenstiefeln unterwegs. Für den Übergang von der Grundstufe zum Gymnasium wurden die Anforderungen gesenkt. Beim mittleren Schulabschluss hat man der Prüfung nachgehende »Interviews« erfunden. Eine Fünf in einer Fachklausur kann jetzt hinterher durch ein Gespräch mit dem Lehrer weggequatscht werden. Gut, diese Möglichkeit der »Nachprüfungen« ist schon deshalb wichtig, weil man sonst keine Leistungsexplosion vorzeigen könnte: 2012 haben in Neukölln nur neun Prozent der Mädchen die Mathematikprüfung bestanden. 2013 waren es 35 Prozent.

Forderungs- und Leistungsnivellierungen sind so, als ob man einen Hochspringer trainieren will, indem man die Latte immer tiefer legt. So lange, bis er sie nicht mehr reißt. Das macht den Springer zwar fröhlich, aber beim anschließenden Wettbewerb völlig chancenlos. Übertragen auf unsere jungen Leute bedeutet das, dass wir ihnen mit Zertifikaten, Prüfungen und Abschlüssen ein Leistungsniveau vorgaukeln, das sie überhaupt nicht haben. Die Enttäuschung kommt aber spätestens beim Eignungstest für den Ausbildungsplatz oder bei der Berufsausübung. Frustrationsschwelle und Schuldzuweisung sind nur von der Schule auf die Ausbildungsbetriebe verlagert worden.

Wer Skurrilitäten den Zahn ziehen will, für den habe ich noch einen Vorschlag. Haben Sie schon davon gehört, dass es in Deutschland ernstgemeinte Bestrebungen zur Abschaffung der Schreibschrift gibt? Die Kinder sollen nur noch Druckbuchstaben lernen und schreiben. Im ersten Moment habe ich gedacht, dass mich jemand veralbern will. Schreiben ist eine wertvolle Kulturtechnik. Die wollen wir jetzt mir nichts, dir nichts in die Tonne treten? Nach dem hinter dieser Idee steckenden Lehrkonzept sollen die Grundschüler selbst entscheiden können, wie sie die Buchstaben miteinander verbinden.

Kinder können sich doch aber nicht das Schreiben selbst beibringen. Dann bräuchten wir die Schule nicht mehr.

Hintergrund dieses aus meiner Sicht abenteuerlichen Unterfangens sind die Probleme, die »bildungsuntrainierte« (nette Worthülse) Kinder mit der Schreibschrift haben. Sie ahnen, was ich meine? Kinder, die nicht im Kindergarten waren, die keine Malstifte zu Hause haben, die mit einer Schere nicht umgehen können – diese Kinder haben dann auch mit der Schreibschrift enorme feinmotorische Schwierigkeiten. Anders ausgedrückt: Wenn Eltern ihre Kinder völlig unpräpariert ins Leben schicken, dann senken wir eben die Anforderungen, und wenn es sein muss, eliminieren wir die ganze Schrift. Da ist er wieder, unser Hochspringer. So stabilisiert man Defizite und schreibt sie fort.

Für das Bildungswesen erhebe ich zusammengefasst folgende Forderungen:

1. Die Rahmenkompetenz für das Bildungswesen geht auf den Bund über. Das 2006 eingeführte Kooperationsverbot des Bundes mit den Ländern, Städten und Gemeinden wird abgeschafft. Das Grundgesetz muss geändert werden.

2. Bis zum Jahr 2025 werden alle Schulen in Deutschland zu gebundenen Ganztagsschulen umstrukturiert.

3. Die finanziellen Leistungen für die Familienförderung werden analog der Beispiele anderer europäischer Länder stärker als bisher vom direkten pekuniären Transfer in das Familienbudget (Kindergeld, Kinderzulage, Kinderfreibetrag) auf indirekte Förderung durch Investitionen in die Infrastruktur für Kinder (Krippe, Kindergarten, Ganztagsschulen, Klassengrößen, Erzieher, Lehrer, Lernmittel) umgestellt. Hierfür können 50 Prozent der bisherigen Mittel von 180 Milliarden Euro im Jahr umgeschichtet werden.

4. Mit Ausnahme des Übergangs zu grundständigen Gymnasien wird die Grundstufe einheitlich auf sechs Jahre erwei-

tert. Lehrer müssen nach ihrer Ausbildung bei Aufnahme ihres Arbeitslebens die ersten vier Semester in einer Schule im sozialen Brennpunkt unterrichten.

5. Lehrer an Schulen in sozialen Brennpunkten erhalten eine spürbare ruhegehaltsfähige Zulage.

6. Schulen in sozialen Brennpunkten mit einem Anteil von Kindern nichtdeutscher Herkunftssprache von über 50 Prozent erhalten eine freie, nicht zweckgebundene finanzielle Sonderausstattung in Höhe von 100 000 Euro pro Jahr. Die Klassen haben höchstens 25 Kinder.

7. Die Schulen erhalten eine eigene Personalkompetenz dergestalt, dass sie sich ihr Kollegium am Arbeitsmarkt oder in der Universität selbst rekrutieren können.

8. Schulschwänzen hat einen Einschnitt in die finanziellen Leistungen des Staates für die Familie zur Folge.

Die vorstehende Aufzählung ist natürlich weder erschöpfend, noch erhebt sie Anspruch auf Vollständigkeit. Sie stellt lediglich ein mögliches Muster zur Kehrtwende und Einleitung des Paradigmenwechsels dar. Die neue Schule an sich wird hiermit nicht beschrieben. Hierfür gibt es Tausende von erfolgreichen Modellversuchen und Projekten. Zu nennen wären hier insbesondere systemische Ansätze wie zum Beispiel die Schulsozialarbeit oder multiethnische Kollegien.

Kindergärten backen Soft Skills

Ich will mich nicht wieder episch an der Kindergartenpflicht abarbeiten. Mein Blick in die Zukunft ist hier sehr gelassen. Die Kindergartenpflicht, oder auch verbindliche Vorschulerziehung genannt, wird kommen. Ob 2020 oder 2030, das weiß ich nicht. Ob ich es noch erleben werde? Keine Ahnung. Aber fest steht, sie ist unausweichlich. Die Defizite von Elternhäusern treten inzwischen so eklatant zutage, dass wir es uns überhaupt nicht mehr leisten können, die Dinge weiter nach dem Laisser-faire-Prinzip und der Ideologie »Der Staat hat in der Familie nichts zu suchen« ihrem Selbstlauf zu überlassen. Alles andere hieße, mit den Potentialen unserer Gesellschaft zu hasardieren.

Die Erkenntnisse und Erfahrungen der Erziehungswissenschaft sind schlagend. Drei von vier Einwandererkindern, die nicht im Kindergarten waren, verfügen über keine oder nur äußerst fehlerhafte Deutschkenntnisse. Bei weniger als einem Jahr Aufenthalt im Kindergarten verändert sich dieser Wert nicht. Waren die Kinder bis zu zwei Jahre in der Einrichtung, so stellt sich bei noch bis zu 51 Prozent das Sprachproblem. Bei denjenigen aber, die die Kita länger als zwei Jahre besucht haben, reduziert sich das Sprachdefizit auf 25 Prozent. Im Klartext: Wir können zwei Drittel aller Sprachprobleme der Kinder allein durch den Kindergarten lösen. Wenn es also ein in der Praxis erwiesenermaßen so erfolgreiches Mittel gibt, dann muss man sich vielleicht von einer überholten theoretischen (und gescheiterten) Familien-Ideologie verabschieden und sich lieber den Aufgaben der Zeit widmen.

Als Alternative zur Kindergartenpflicht haben ihre Gegner den Sprachtest erfunden. Das Prinzip: Wir testen die Kinder, und wer dann eine Sprachsonderförderung benötigt, der erhält sie. Das Problem ist nur, dass ein Großteil der bildungsfernen Eltern überhaupt gar nicht daran denkt, die Kinder zum Sprachtest vorzustellen. Die Verweigerungsquote liegt in Berlin bei 70 bis 80 Prozent. Das hatte zur Folge, dass diese Abstinenz künftig mit einem Bußgeld von bis zu 2500 Euro geahndet werden kann. Sie können sich sicher vorstellen, welche Bauchschmerzen gerade die Berliner Politik bei der Gesetzesänderung für diese Repression hatte. Aber selbst sie musste sich den Realitäten beugen und konnte nicht länger die Augen davor verschließen, dass gerade die Familien den Kindergartenbesuch und den Sprachtest verweigern, bei denen zu Hause kaum ein deutsches Wort fällt. Deren Kinder Sprachförderung via Satellitenschüssel vom Heimatsender erhalten. Genau sie sind unsere Zielgruppe. Die deutsche Multiproblem-Familie ist in diesem Fall nicht so auffällig.

Es gibt eine Studie über Vorbehalte von Migranten gegen Kindergärten. Für unter Dreijährige sind es nur 14 Prozent, die das Angebot annehmen. Jetzt kommt's, halten Sie sich fest. Insbesondere Einwanderer mit einem niedrigen Bildungsniveau bemängeln die Qualität der Kitas und Krippen. Der Betreuungsschlüssel sei schlecht und die Gruppengröße zu hoch. Sie kritisieren außerdem, dass die Kinder nicht gut genug auf die Schule vorbereitet würden. Diese Aussage hat mir doch den Atem stocken lassen. Dies umso mehr in Anbetracht der Berichte der Lehrer, dass von der Vorbereitung der Kinder auf das Schulleben durch die Eltern oftmals nicht der Hauch einer Spur zu bemerken ist. Unpassende Betreuungszeiten, hohe Kosten, weite Wege und religiöse wie kulturelle Vorbehalte wurden ergänzend als Gründe angeführt. Wenn ich mir diese Scheinargumente alle zu Gemüte führe, dann weiß ich, warum ich für eine Kitapflicht bin.

In Berlin hat Raed Saleh, der Fraktionsvorsitzende der SPD im Abgeordnetenhaus, also immerhin einer der führenden politischen Köpfe des Landes, die Kindergartenpflicht zum Regierungsziel erklärt und zur Diskussion gestellt. Damit ist der Begriff ein gehöriges Stück aus der Schmuddelecke heraus. Zur gleichen Zeit hat sich der Präsident der Hamburger Universität, Prof. Dieter Lenzen, ebenfalls für eine Kindergartenpflicht ausgesprochen. Raed Saleh kommt aus einem Problemgebiet im Berliner Bezirk Spandau. Er weiß, wie dort die Uhren ticken. Der Hamburger Universitätspräsident ist Erziehungswissenschaftler und hat sich gerade mit einem Brandbrief von 14 Hamburger Schulleitungen auseinanderzusetzen, die ebenfalls zunehmende fehlende Schulreife und mangelnde Sozialisation der Kinder beklagen.

Das ermüdende Argument, dass die Kitapflicht in die Wahlfreiheit und das Erziehungsrecht der Eltern eingreift, ist – um den Begriff Unsinn zu vermeiden – einfach nur fad. Eltern behalten doch das volle Wahlrecht. Es steht ihnen frei, eine religiös orientierte, eine humanistische oder eine wertneutrale Kita zu wählen. Und wieso greifen dreimal fünf Stunden in der Woche für Kinder, die eine intensive Förderung brauchen, in das Erziehungsrecht der Eltern ein? Zu ulkig. Die Kindertagesstätte vereinnahmt das Kind doch nicht. Im Gegenteil, sie nimmt den Faden der elterlichen Erziehung auf und bewirkt gleichzeitig Anregungen und Impulse für das familiäre Leben. Im Übrigen bilden sich nur Eltern ein, dass ihre Kinder am liebsten mit ihnen spielen. Selbst wenn es so wäre, können die besten Elternhäuser die sozialen Erfahrungen und Lernprozesse zwischen Gleichaltrigen nicht ersetzen. Außerdem finde ich, es darf nicht der Lust und Laune, aber auch nicht dem Unvermögen von Eltern überlassen bleiben, wie ein Kind ins Leben startet. Ob sein Leben aussichtsreich verpfuscht wird oder ob es seine Chancen auf einen Platz in der Gesellschaft wahrnehmen kann. Ansonsten gilt hier wieder der Tipp, dass das Grundgesetz der staatlichen Ordnung das Wächteramt zugewiesen hat und selbstverständlich auch das Kinder- und Jugendhilfegesetz in die Erziehungsgewalt der Eltern eingreift.

Wenn Sie schon mehr von mir gelesen haben, dann wissen Sie, dass ich eigentlich für eine Kindergartenpflicht ab dem 13. Lebensmonat bin. Sie würde unabhängig von dem Wert für das Kind auch eine signifikante Wirkung auf die Geburtenrate von beruflich qualifizierten Frauen haben. Es ist inzwischen unbestritten, dass eine Betreuungsgarantie und eine verlässliche Versorgung für das Kind die Entscheidung für das Kinderkriegen gerade von gut ausgebildeten Frauen der Mittelschicht erheblich positiv beeinflussen. Ebenso wie sich umgekehrt das Betreuungsgeld, lästerlich Herdprämie genannt, auf den Kindergartenbesuch von Kindern massiv auswirkt, allerdings in negativer Hinsicht.

Ich habe mich in diesem Buch schon darüber ausgelassen, dass alle Unkenrufe eingetreten sind. Die Herdprämie hält genau die Kinder von der Kita fern, die sie am nötigsten brauchen. Es gibt außer dieser kaum politische Weichenstellungen der jüngsten Zeit, die in mir einen vergleichbaren Wunsch auslösten, irgendetwas ganz Hässliches zu tun – mit Marshmallows werfen oder so. Aber die Entscheidung für das Betreuungsgeld ist das, als was es Ursula von der Leyen bezeichnet hat: eine bildungspolitische Katastrophe. Dass meine Partei diesen hanebüchenen Unfug mitgemacht hat, ist ein Skandal, den ich ihr nie verzeihen werde. Den Abgeordneten, die dafür die Hand gehoben haben, soll sie abfallen.

Aber zurück zu den Lebenschancen. Die vorschulische Erziehung ist der entscheidende Baustein zur Überwindung sozialer Schranken. Dort, wo Eltern, warum auch immer, zu einer zielgerichteten vorschulischen Erziehung nicht in der Lage sind, dort muss der Kindergarten an ihre Stelle treten. Es ist auch so, dass keine Mutter oder kein Vater jeden Tag zu Hause das Beschäftigungsfeuerwerk abbrennen kann, zu dem eine gelernte Erzieherin professionell ausgebildet ist. Da helfen alle akademischen Grade nichts.

Eines sei den Ohnemichls außerdem noch einmal ins Stammbuch geschrieben: Dass den Staat die Erziehung nichts angeht, ist ein Schmarrn. Der Staat ist in der Pflicht, dafür zu sorgen, dass die Kinder in seinen Werten erzogen werden. Aber irgendwie scheint es in unserer Gesellschaft noch nicht angekommen zu sein, dass die Grundlagen für ein emanzipiertes Leben nicht erst in der Hochschule gelegt werden. Eine Gesellschaft, die 60 Euro Studiengebühren als Ausschluss des Menschen von seinen Bildungschancen oder als Verstoß gegen die Menschenrechte wertet und damit als unerträglich geißelt, gleichzeitig aber 400 Euro Beitrag für einen Krippenplatz für völlig normal hält, ist einfach meschugge.

Ich bin ein Kindergarten-Radikaler. Ich kann es deswegen nicht lassen, ein paar Sätze über die Kindertagesstätte und ihre Bedeutung zu verlieren. Wenn ich erwähnt habe, dass bei uns die Defizite in Elternhäusern erkennbar zunehmen und die Kosten für von den Jugendämtern geleistete Erziehungshilfen inzwischen das gigantische Ausmaß von 7 Milliarden Euro jährlich erreicht haben, dann kommt man an diesem Fakt nicht guten Gewissens vorbei.

Erziehungsunwillige oder erziehungsunfähige Eltern genießen keine Exklusivität bei Einwandererfamilien. Bildungs- und Berufsstand bieten ebenfalls keine verlässliche Grundlage dafür, wo Kinder gefährdet sind und wo nicht. Auch »Biodeutsche« und etablierte Mütter und Väter neigen manchmal dazu, ihren Kindern nicht die Zuwendung zuteilwerden zu lassen, die sie benötigen. Liebe, Hinwendung und Nähe kann man nicht per Gesetz oder per Brief aus dem Rathaus anordnen oder als Schnäppchen kaufen. Sie sind aber nun einmal das Elixier des heranwachsenden Lebens.

Der »Ersatzkatalysator« ist, wenn Sie so wollen, die Kindertagesstätte. Entweder bereits ab dem 13. Lebensmonat oder ab dem dritten Lebensjahr bis zur Einschulung. »Die unter Dreijährigen« nennen wir sie dann. Für diese Kinder haben wir ja seit 2008 einen Rechtsanspruch auf Betreuung geschaffen. Es hatte schon seinen Grund, dass die damalige Große Koalition eine solch einschneidende und auch finanzintensive Entscheidung getroffen hat.

Bildungsferne und Erziehungsüberforderung werden gern ausschließlich der Verantwortung der Lebensumstände, des Wohnumfelds oder gar der ganzen Gesellschaft zugeschrieben. Nun, daran ist sicher nicht alles falsch. Aber die alleinige Verlastung auf diese anonymen und damit verantwortungsfreien Ebenen würde bedeuten, dass die Eltern keinerlei Verantwortung für ihr Tun oder Unterlassen tragen. Das ist sicher Quatsch. Wir sind uns bestimmt einig, dass es keine wirkliche Begründung oder Entschuldigung dafür gibt, wenn Eltern mit ihren Kindern nicht spielen, mit ihnen keine Ausflüge machen, ihnen keine Geschichten vorlesen oder erzählen, sie nicht zur Bücherei mitnehmen, aber vor allen Dingen sie nicht hin und wieder in den Arm nehmen. Sie durch Anerkennung herauszufordern, ihnen Inspiration zu geben, um sie so zu fördern. Der oft behauptete Zeitmangel ist fast immer nur vorgeschoben. Für Trivialvergnügungen hat man auch Zeit. Ich habe das deshalb etwas mehr ausgewalzt, weil ich die immer wieder unterschätzte Bedeutung und Nachhaltigkeit der Arbeit in den Kindertagesstätten für die Lebensgrundlagen der Kinder herausheben möchte.

Bei uns herrscht in weiten Teilen der Gesellschaft die übereinstimmende Auffassung, dass ein erfülltes, glückliches Leben nur demjenigen winkt, der ein Maximum an erlernbarem Wissen in sich aufgenommen hat. Der also über eine hohe kognitive Kompetenz verfügt. Diese, so ist der Mainstream überzeugt, entspringt dem Intelligenzquotienten, dem IQ. Daraus entsteht die Formel: niedriger IQ = niedrige kognitive Kompetenz. Diese Gleichung steht dann für ein verpfuschtes Leben.

Die Herausbildung der kognitiven Fähigkeiten des Menschen beginnt etwa nach der Vollendung des ersten Lebensjahres und ist bis zum Schulalter im Wesentlichen abgeschlossen. Ja, Sie haben richtig gelesen. Beim Schulanfang ist der Drops schon fast gelutscht. Deshalb hat die vorschulische Erziehung auch in den letzten Jahren in der Wissenschaft eine immer höhere Aufmerksamkeit erlangt. Ich erinnere an das Beispiel aus der Studie der Bertelsmann-Stiftung »Der volkswirtschaftliche Nutzen der Krippenerziehung«, in der der Nachweis geführt wurde, dass die Wahrscheinlichkeit eines Gymnasialbesuchs von Kindern aus der Unterschicht um bis zu 80 Prozent steigt, wenn sie in einer Krippe betreut wurden.

Es ist inzwischen aber außerordentlich zweifelhaft, ob der IQ tatsächlich die ihm angedichtete alles entscheidende Rolle spielt. Ob eine möglichst frühe Aneignung von Wissen tatsächlich das ganze Leben prägt. Oder ob es andere Faktoren gibt, die weit aussagekräftiger und bedeutsamer für die Entwicklung des Kindes sind.

Einig sind sich eigentlich alle Fachleute, dass der größte anzunehmende Unfall, also der Super-GAU, für ein Kind neutrale, desinteressierte und teilnahmslose Eltern sind. Es ist dabei völlig egal, ob sie im Besitz des Abiturs oder einer Säuferleber sind. Es gibt in der amerikanischen Erziehungswissenschaft das »Gesetz« *licking and grooning*, zu deutsch: lecken und kraulen. Es ist abgeleitet aus umfangreichen Studien mit Ratten. Rattenmütter eilen nach Stresssituationen für ihre Babys herbei, um diese ein paar Minuten lang abzulecken, zu putzen und zu kraulen. Das dient der Stressbewältigung. Rattenbabys, bei denen diese Fürsorge verhindert wurde, verhielten sich in ihrem späteren Leben sozial unangepasster und hatten auch eine deutliche, negativere körperliche Entwicklung.

Nun will ich unseren Nachwuchs nicht auf eine Stufe mit Rattenbabys stellen. Aber es ist unbestritten, dass Negativerlebnisse und Stress gepaart mit Nichtbeachtung einen ganz desaströsen Einfluss auf die psychische und auch auf die physische Entwicklung des menschlichen Körpers und die ihm innewohnende Persönlichkeit haben. Schlechte Erfahrungen sind ausschlaggebend für Verhaltensauffälligkeiten.

Prekäre Familienverhältnisse sind für Kinder häufig mit Chaos, räumlicher Enge, Unruhe, Gewalt oder ähnlichen belastenden Situationen verbunden. Wenn es richtig ist, dass dies zu einer Schädigung des Stressbewältigungssystems der Kinder führt, dann muss eine Prävention prioritär darauf ausgerichtet sein, diese Einflussgröße zu minimieren. Wie erwähnt, ist die Therapie hierfür die elterliche Zuwendung. Es gilt in der Erziehung, die empathische Bindung zu stärken. So weit, so gut, werden Sie sagen. Was machen wir aber mit den Eltern, bei denen diese Bemühungen scheitern? An dieser Stelle kommt die Kindertagesstätte ins Spiel. Eine Empathie und ein liebevoller Umgang mit dem Kind sind zur Stressbewältigung nicht naturgesetzlich an die biologischen Eltern gebunden. Diese Rolle kann durchaus von einer anderen Bezugsperson übernommen werden. In der frühkindlichen Entwicklung ist also auch eine Stellvertreterfunktion als Ersatz für die (sozial schwachen) Eltern mit einer nachhaltig positiven Einflussnahme und Wirkung auf die Kompetenzgewinnung verbunden.

Ich bin kein solcher Experte, dass ich den Wissenschaftsstand in Gänze allen Fallkonstellationen zuordnen kann. Mich beeindruckt aber die Vielzahl der Studien, die zu diesem

Thema in den USA stattgefunden haben. Zum Teil mit Beobachtung des Lebenslaufs von Menschen über 40 bis 50 Jahre. Hierbei wurde aus meiner Sicht schlüssig nachgewiesen, dass Menschen mit einer Stärkung ihrer Sozialkompetenzen in der frühen Erziehung später erheblich erfolgreicher Herausforderungen bestehen, weniger zum Drogenmissbrauch oder zur Kriminalität neigen und weniger häufig beruflich scheitern. So gibt es eine Versuchsreihe, die belegt, dass man bereits bei Vierjährigen mit 80-prozentiger Genauigkeit voraussagen kann, ob sie einmal zu Schulabbrechern werden oder nicht, wenn man ihre frühkindliche Erziehung beobachtet und auswertet.

Was sind nun im Unterschied zu dem, was wir erlernbares Wissen nennen, die sozialen Kompetenzen? Diese nichtkognitiven Fertigkeiten werden Ausdauer, Selbstbeherrschung, Neugier, Gewissenhaftigkeit, Mut, Selbstvertrauen, Disziplin, Konzentration, Optimismus, Durchhaltevermögen und Entschlossenheit genannt. Oder eben im Begriff Charakter zusammengefasst. In Neusprech sagt man, der Mensch verfügt über Soft Skills. Wenn man sich dieser Überlegung anschließt, dann muss zwangsläufig die Erkenntnis folgen, dass für die Entwicklung eines Menschen auf dem Weg zu einem erfolgreichen, zufriedenen und erfüllten Leben nicht der Nürnberger Trichter, auch nicht der Kontostand und die berufliche Stellung der Eltern sowie ein IQ von 130 der Freifahrtschein für die Rutschbahn ins Glück ist, sondern eine gelungene Sozialisation.

Denjenigen, die mehr über die nichtkognitiven Fähigkeiten und ihre Bedeutung wissen wollen, empfehle ich das Buch *Die Chancen unserer Kinder* von Paul Tough. Der Charakter ist formbar und damit auch die Persönlichkeitsentwicklung steuerbar. Um aber die erwähnten Stärken zu wecken und zu stimulieren, muss man selbst über kein Universitätswissen verfügen. Anders ausgedrückt, um ein Kind zum Abitur zu führen, müssen Eltern selbst keines haben. Erinnern Sie sich an die Interviews mit den Jugendlichen? Haben uns die jungen Leute davon berichtet, dass sie zur Neugier, Ausdauer, Konzentration und zum Optimismus erzogen wurden? Nein, das haben sie nicht. Ich glaube, dass archaische Verhaltensmuster, tradierte Familienriten und Überreligiosität in der Erziehung der Kinder den gegenteiligen Effekt auslösen. Die Stärkung der Persönlichkeit und des Selbstbestimmungswillens des Kindes steht dort nicht im Vordergrund. Im Gegenteil, diese Eigenschaften werden bewusst unterdrückt. Das ist einer der Gründe, warum diese Bildungsferne wie eine Art Perpetuum mobile nie zum Stillstand kommt, sondern sich wie von selbst ständig erneuert.

Wir reagieren darauf dezent. Mit Angeboten, die man annehmen oder auch ausschlagen kann. Ich halte das für falsch. Eine Gesellschaft muss ihre Zukunft gestalten und sie nicht beobachtend passieren lassen. Wo ihre geübten und bewährten Verhaltensnormen evident in Frage gestellt werden, dort muss sie intervenieren. Beratend, fördernd oder auch repressiv.

Kindergärten werden vielfach nicht ernst genommen. »Den ganzen Tag in der Sonne sitzen, den Kindern beim Schaukeln zusehen und Kaffee trinken – so möchte ich einmal meinen Urlaub verbringen.« Das ist eine bisweilen zu hörende abschätzige Bewertung über das, was in einer Kindertagesstätte den ganzen Tag passiert. Meist sind es Männer, die so reden. Weil die besonders viel Ahnung von Kindern und Erziehung haben. Wenn Kinder mit anderen Kindern spielen, wenn sie malen, singen, tanzen oder eine Theateraufführung proben, dann tun sie genau das, worauf ich gezielt habe. Sie werden dadurch motiviert, Spaß an Dingen zu finden und dranzubleiben. Das trainiert ihre Ausdauer, ihre Neugier, ihr Selbstvertrauen, ihre Konzentration und ihr Durchhaltevermögen. Das formt ihren Charakter. Kinder, die nie etwas selbst getan haben oder tun müssen, die die ersten fünf Jahre ihres Lebens nur vom

Flachbildschirm berieselt werden, haben nicht gelernt, Dinge selbst in die Hand zu nehmen, so wie sie es später mit ihrem gesamten Leben tun müssen.

Deswegen sind Kitas keine Kindergarage und keine Aufbewahrstation, sondern Bildungseinrichtungen. Bildung hat in unserem Land kostenlos zu sein, und jedes Kind hat einen Anspruch darauf. Im Gegensatz zum schwarzen BMW, zum Smartphone und zur Größe des Fernsehers halte ich das nun wirklich für ein Menschenrecht.

Lassen Sie mich eine Analogie ziehen. Ich gebe zu, sie ist unfair und nicht ganz fein. Wenn Einwanderer die Kindereinrichtungen deshalb meiden, weil sie zur Entfremdung der Kinder von den Eltern und ihrer Kultur führen, dann sollte man aber auch den Mund halten, wenn »Biodeutsche« eine Überwältigung ihrer Kinder durch Einwanderer in den Schulen für nicht komfortabel halten.

Über dem ganzen hysterischen Geschrei werden die Vorzüge einer Kitapflicht stets bewusst übersehen und verschwiegen. Die als Zwangsveranstaltung für den Einzelnen verunglimpfte bedeutet im Umkehrschluss aber für die Gesellschaft ebenfalls die Verpflichtung, die Rahmenbedingungen dafür bereitzustellen. Das heißt konkret, sie muss Plätze schaffen. Wie bei der Schulpflicht muss jedes Kind unabhängig von der Kassenlage aufgenommen werden. Pflicht bedeutet Kostenfreiheit. Urplötzlich wäre eine professionelle, alle soziale Schranken überwindende kostenlose Kinderbetreuung in unserem Land Standard. Lieber Gott, wirf Hirn vom Himmel.

Schlussspurt

Bildung ist das A und O. Alles, was man noch vortragen kann, mag wichtig und bedeutend sein. Solange wir aber Chancenungerechtigkeit nicht in den Griff kriegen und Dummheit weiter hoffähig machen, so lange dürfen wir uns auch nicht über die Folgen beschweren. Ich will einige Unteraspekte nur noch der Vollständigkeit halber erwähnen.

Es gibt zurzeit eine leidenschaftliche Diskussion um die sogenannte anonymisierte Bewerbung, bei der in der Anfangsphase weder der Name genannt noch ein Foto eingereicht wird. Die Forschungsergebnisse sind eindeutig. Jemand mit ausländisch klingendem Namen hat geringere Chancen, zum Vorstellungsgespräch oder Eignungstest eingeladen zu werden. Muss Kurt Lehmann fünf Bewerbungen schreiben, muss Bülent Özdemir sieben auf den Weg bringen (*beide Namen fiktiv*). Bei besonders nachgefragten Berufen ist das Verhältnis noch schlechter. Wenn es nicht darum geht, den Betrieben vorzuschreiben, wen sie einzustellen haben, sondern einzig die Intention der allgemeinen Chancengleichheit verfolgt wird, dann könnte solch ein Bewerbungsverfahren schon Charme entwickeln.

Das Rathaus Neukölln ist ein großer Ausbildungsträger. Ständig bereiten wir rund hundert junge Leute auf ihren Beruf vor. Wir suchen händeringend Bewerber mit Migrationshintergrund, weil die Belegschaft eines Rathauses auch die kulturelle Vielfalt der Bevölkerung widerspiegeln sollte. Nicht selten scheitern wir aber an mangelnder Nachfrage oder fehlender Qualifikation. Dennoch kommen 2014 immerhin knapp 40 Prozent unserer Auszubildenden zum Verwaltungsfachangestellten aus der Migrationsbevölkerung.

Bei der Diskussion um weitere Einwanderung fällt immer wieder ein »Ja, aber«. Gemeint ist, dass zu viele unqualifizierte, bildungsferne Menschen die offenen Grenzen nutzen. Als Einwanderung in die Sozialsysteme wird dies bezeichnet. Seit fast 15 Jahren streiten wir darüber, ob Deutschland ein wie in Kanada übliches Punktesystem einführen sollte. Ich wäre dafür, da es uns so manche heutige Diskussion ersparen würde. In Kanada machen die Einwandererkinder infolge einer erfolgsorientierten Einwanderungspolitik im statistischen Durchschnitt bessere Schulabschlüsse als die Einheimischen. Obwohl es zu dieser Frage eigentlich eine große Übereinstimmung der Parteien in Deutschland gibt, kommt die Sache nicht voran.

Zur Erinnerung, im Jahr 2001 hat die sogenannte Süssmuth-Kommission schon einmal Vorschläge für eine konzeptionelle Einwanderungspolitik unterbreitet. Sie waren nicht genehm und landeten im Papierkorb. Das war noch zur Hochzeit der Ansage »Deutschland ist kein Einwanderungsland«. Und wer kein Einwanderungsland ist, braucht dafür logischerweise auch keine Konzepte. Die CDU will da immer noch nicht so richtig ran, weil sie ein Einstellungsangebot als Voraussetzung für eine Einwanderung nicht aufgeben möchte. Na ja, so richtig überzeugend ist das nicht. Insbesondere, wenn man daran denkt, dass auch wir einen Nutzen von den Menschen haben wollen. Ein Alleinstellungsmerkmal haben allerdings wieder die Linken. Für sie ist es menschenverachtend, den Menschen so auf seine angebliche Verwertbarkeit zu reduzieren. »Nützlichkeitsrassisten« nennen sie die Befürworter eines Punktesystems. Ich glaube aber, dass ich mich an dieser Stelle dazu nicht weiter auslassen muss. Der bereits zitierte Ansatz »Kommet alle, die ihr mühselig und beladen seid« ist politisch ein ziemlicher Nonsens.

Ein beliebtes Thema sind die als diskriminierend empfundenen Anforderungen an den Ehegattennachzug aus der Türkei. Ich finde es noch immer nicht zu viel verlangt, dass Menschen, die auf Dauer in ein fremdes Land gehen wollen, über einen Mindestsprachschatz von 650 Wörtern verfügen müssen. Das sind 5 Prozent des Wortschatzes, über den ein deutscher Muttersprachler im Durchschnitt verfügt. Es dient ihrer eigenen Sicherheit, ihrer Kommunikationsfähigkeit und auch dazu, dass sie sich vorher über einen längeren Zeitraum mit ihrer Übersiedlung nach Deutschland innerlich befassen müssen. Ob diese Bestimmungen den Europäischen Gerichtshof überleben werden, war lange ungewiss. Nachdem die Niederlande bereits Schiffbruch erlitten hatten, entschied der EuGH Anfang Juli 2014, dass das Verlangen nach Grundkenntnissen in der deutschen Sprache rechtswidrig sei. Die Familienzusammenführung dürfe nicht erschwert werden. Dazu könnte ich viel ausführen. Aber das ist müßig, nicht immer entwickeln sich Dinge so, wie man es sich wünscht.

Eine klare Position habe ich zu dieser Showveranstaltung namens Islamkonferenz. Nachdem sie nunmehr in eine Religionskonferenz umgetopft worden ist, ist ihre Fragwürdigkeit nicht mehr zu überbieten. Irgendwie verselbständigen sich Dinge manchmal derart, dass sie nur noch ihrem Selbsterhalt dienen. Die Islamkonferenz gehört abgeschafft. Das ist ein erster Schritt zur Normalität des Umgangs miteinander. Wir sollten aufhören, permanent mit Fingern auf den anderen zu zeigen. Wir sollten lieber beweisen, dass in einer modernen Demokratie auch Platz für einen modernen Islam ist. Diese Aufforderung geht natürlich auch an die Muslime, aber bitte ohne Opferlarmoyanz. Das heißt, zeigen, dass Muslime keine Attentäter sind, sondern Nachbarn. Das klappt aber nur, wenn

Ihr Nachbar nicht fragt »Hast du Problem? Kann ich gleich lösen!«, und Sie ihm nicht entgegnen, dass er dorthin gehen soll, wo er dem Ruf des Muezzin näher ist. So einfach ist es zwar insgesamt nicht, aber die grobe Richtung stimmt schon einmal.

Ich spreche oft von einer selbstbewussten, intervenierenden Gesellschaft und geißele diejenigen, die im Rang sitzen, zuschauen und dann den Daumen nach oben oder nach unten richten. Dabei natürlich alles besser wissen. Eine souveräne Gesellschaft muss nicht nur für ihre Werte eintreten dürfen, sondern es auch tun.

Laisser-faire ist kein gutes System. Ich habe zwei Beispiele dazu.

Das erste betrifft säumige Zahler der Kraftfahrzeugsteuer. 1200 Mal hatten wir im Jahre 2013 solche Strategen in Berlin. Allen wurde angedroht, dass ihre Benzinkutsche mit Parkkrallen an die Leine gelegt wird, wenn das Geld nicht fließt. Wissen Sie, wie oft es dann tatsächlich dazu kam? Ganze 23 Mal. In 98 Prozent der Fälle hat das Drohen mit einem empfindlichen Übel zu einer wundersamen Heilung geführt.

Das andere Beispiel ist eine junge arabischstämmige Frau, die eine Ausbildung absolviert. Ohne dass es ihr jemand verboten hatte, trug sie kein Kopftuch. Sie wusste aber, dass es keinen Jubel auslösen würde. Nach der Ausbildung wechselte sie den Arbeitgeber. Ein Jahr später erschien sie bei ihrer früheren Ausbildungsfirma und trug ein Kopftuch. Auf Nachfrage erklärte sie, sie habe es einfach nur mal so ausprobiert. Da auf der neuen Arbeitsstelle niemand etwas dazu gesagt habe, habe sie es dann umbehalten. Die Lehre, die ich daraus ziehe, lautet, dass Migranten durchaus bereit sind, sich den örtlichen Gepflogenheiten anzupassen. Wenn man ihnen diese aber nicht nahebringt und sie frei schwebend entscheiden lässt, dann tun sie das, was sie allein für sich richtig finden.

Sicher kann man einwenden, dass ein Verbot nicht in Ordnung gewesen wäre. Stimmt, ich rede ja auch nicht von einem Verbot. Ich spreche nur von einem freundschaftlichen Hinweis, dass dieses Alleinstellungsmerkmal im Kollegenkreis keine so tolle Idee ist. Überträgt man das Beispiel auf die gesellschaftliche Ebene, dann folgt daraus die Quintessenz: Wenn eine Gesellschaft nicht sagt, was sie will, wenn sie kein Pflichtenheft für die Einwanderer erstellt und wenn sie die Forderung nach Integration nicht erhebt, dann muss sie sich auch nicht wundern, wenn sie keiner erfüllt.

Es gibt Menschen in unserem Land, die sich sehr für eine gemeinsame Zukunft aller engagieren. Die in meinem Bekanntenkreis heißen zum Beispiel Seyran Ateş, Serap Çileli, Güner Balcı, Necla Kelek, Ralph Ghadban oder auch Johannes Kandel. Alle fünf sind durch ein Bad von Schmähungen, Verleumdungen, Sprech- und faktischen Berufsverboten gegangen. Kaum jemand hat sich vor sie gestellt. Keiner wollte der Nächste sein, auf den die PC losgeht. Ich finde das nicht in Ordnung. Ich glaube auch nicht, dass es uns schmückt. Ich bin der festen Überzeugung, dass die Lobgesänge auf das Buch von Kirsten Heisig anders geklungen hätten, wenn sie noch leben würde. Wir sollten die Kräfte, die für einen modernen, menschenfreundlichen Islam eintreten, nicht den (eigenen) gesellschaftlichen Bremsklötzen zum Fraß vorwerfen. Ausdrücklich in ihrem Wirken bestärken sollten wir sie. Das diente der gesamten Gesellschaft.

Meine letzten beiden Gedanken. Dann haben Sie es bis zum Ende des Buches geschafft. Der erste gilt noch einmal den Kindern. Sie setzen bewusst den inhaltlichen Schlusspunkt. Wer sich keine Gedanken um sie macht, dem ist auch die gesamte Gesellschaft einerlei. Egal, was Ihnen ein solcher Mensch sonst noch erzählt. Glauben Sie ihm kein Wort.

Ich bin Mitglied im Beirat der Telekom-Initiative »Ich kann was«. Wir versuchen dort, durch finanzielle Förderung Projekte zum Laufen zu bringen, die Kinder in ihren Kompetenzen stärken. Jedes Jahr gehen 750 bis 900 Vorschläge ein. Der vielfältigsten Art und mit unterschiedlichsten Zielrichtungen, aber alle hochkreativ von engagierten Menschen. Wir bemerken, dass die Anträge in den letzten Jahren zahlenmäßig immer mehr zunehmen, die sich den Alltags- und Grundkompetenzen der Kinder widmen. Es geht zum Beispiel um vernünftiges Essen. Um die Auswahl der Nahrungsmittel, Brot statt Burger und die Esskultur. Also wie zelebrieren wir unsere Nahrungsaufnahme. Zu Hause und in der Schule. Es ist traurig, dass Organisationen wie Die Tafel oder brotZeit e. V. von Uschi Glas Ehrenamtsprogramme organisieren müssen, damit Kinder ein Frühstück und Pausenbrote erhalten.

Der Anteil nahezu bewegungsunfähiger Kinder steigt ebenfalls. Falsche Ernährung und Bewegungslosigkeit führen schon in frühester Kindheit zu beängstigenden Deformationen des Körpers. Es gibt Kinder, die können bei der Einschulung nur mit Mühe unfallfrei geradeaus laufen, geschweige denn rückwärts. Ihre Bewegungsabläufe sind völlig gestört. Genauso wie das Zusammenspiel der Sinne mit den Muskeln. Ihre Sinne sind halt genauso wie die Muskeln untrainiert.

Der dritte Aspekt neben Essen und Bewegung ist das Sozialverhalten. Also das schlichte Training, wie man einem anderen Menschen begegnet: Wie artikuliere ich meine Wünsche? Wie formuliere ich meine Gefühle? Kinder, die in ein ganz starres, keinerlei Kreativität zulassendes Familienleben gepresst werden, denen die Aufnahme von Kulturgütern verwehrt bleibt, geraten in einen Zustand völliger Lebensuntüchtigkeit. Genau das dürfen wir aber nicht zulassen. Das lebensuntüchtige Kind heute ist der unangepasste Außenseiter morgen. Die Reparaturkosten kommen uns dann teuer zu stehen.

Der letzte Absatz eines Buches gehört immer der Danksagung. Ich bedanke mich bei all denjenigen, die mir nicht nur ein bisschen ihrer Lebenszeit geopfert haben, sondern mir auch den Blick in eine andere, in ihre Welt gestatteten. Ohne sie hätte es das Buch nie gegeben. Das gilt für die schlichten Begegnungen mit Menschen des Alltags genauso wie für die Streiter auf intellektueller Ebene. Die, die offen mit ihrem Namen den Diskurs anregen wollen, beweisen Courage. Weil sie sich überhaupt mit mir unterhalten haben oder auch im Bewusstsein gegensätzlicher Auffassungen in den Disput getreten sind.

Ohne Inhalte gibt es kein Buch. Ohne Technik und handwerkliche Fähigkeiten auch nicht. Ich danke Daniel Schulz, der, nachdem er 2000 Seiten für mich geschrieben hat, sich wieder seinem Mathematik-Studium widmen kann. Ich danke auch Ute Menzel, deren Nächte im Berliner Umland mitunter kurz waren und nun wieder dem Schlaf gehören.

Eigentlich danke ich auch den Frauen in den langen schwarzen Mänteln und den Männern mit den weißen Strickkäppis. Sie haben mich zu diesem Buch herausgefordert. Viele meiner Gedanken blieben einfach so im Raum stehen. Ich bin auch sicher, dass ich nicht alle Hoffnungen von Ihnen auf Erhellung erfüllen konnte. An der einen oder anderen Stelle habe ich meine eigene Ratlosigkeit herbeigeschrieben. Allerdings wohl nur deswegen, weil die, die eigentlich dafür da sind, ihren Auftrag auch nicht erfüllen. Die daraus gezogene Konsequenz empfinde ich als schändlich: Wir haben für viele Dinge keine Antworten, also verbieten wir das Fragen.

Heinz Buschkowsky
Neukölln ist überall

402 Seiten. Gebunden mit Schutzumschlag
ISBN 978-3-550-08011-1
www.ullstein-verlag.de

**Deutschlands bekanntester Bürgermeister redet
Klartext.**

Heinz Buschkowsky schlägt Alarm: Gewalt auf den
Straßen, hohe Arbeitslosigkeit, Überfremdungsängste
bei der einheimischen Bevölkerung – das ist die Realität
in Berlins berühmtem Problembezirk.
Doch es gibt viele Neuköllns. Buschkowsky sagt, was
sich in Deutschland dringend ändern muss.

»Ein aufregender, hochpolitischer Zustandsbericht.«
Frankfurter Allgemeine Zeitung

»Ein authentisches Buch, lesenswert und ernst zu
nehmen.« *Süddeutsche Zeitung*